区域经济学原理

魏 婷 主编

文化发展出版社
Cultural Development Press
· 北京 ·

图书在版编目（CIP）数据

区域经济学原理 / 魏婷主编. — 北京：文化发展出版社，2020.12 （2024.1重印）
ISBN 978-7-5142-3161-8

Ⅰ. ①区··· Ⅱ. ①魏··· Ⅲ. ①区域经济学－教材 Ⅳ. ①F061.5

中国版本图书馆CIP数据核字（2020）第223581号

区域经济学原理

主　　编：魏　婷

责任编辑：张　琪　　责任校对：岳智勇　马　瑶
责任印制：邓辉明　　封面设计：侯　铮
出版发行：文化发展出版社（北京市翠微路2号 邮编：100036）
网　　址：www.wenhuafazhan.com
经　　销：全国新华书店
印　　刷：三河市华东印刷有限公司

开　　本：787mm × 1092mm　1/16
字　　数：263千字
印　　张：12.375
版　　次：2020年12月第1版
印　　次：2024年1月第2次印刷

定　　价：45.00元
I S B N：978-7-5142-3161-8

前　言

区域内的自然资源状况、人口分布状况、交通状况、产业布局特征等，对于该区域的社会经济活动和生产活动的影响极大。区域经济在国民经济中占有十分重要的地位，国民经济区域化和区域经济国际化已成为当今世界经济的两个明显趋势。要使一个区域的经济发展达到整体最优效果，就离不开理论支持，区域经济学就是在这种情况下应运而生的。区域经济学作为一门相对独立的学科，大体形成于20世纪50年代。随着区位研究由微观领域向宏观领域的不断扩展，以及各国政府为解决区域问题而开展了各种区域规划工作，区域经济学获得了迅速发展。

本书围绕“区域经济学原理”展开探讨，在内容编排上共设置七章：第一章研究区域经济与区域经济发展，内容涉及区域经济与区域经济系统、区域经济学与相关学科、区域经济发展及其分析过程与方法；第二章论述区位理论与集聚经济理论、区域经济均衡与非均衡发展理论、区域产业结构及其演进、区域经济可持续发展理论；第三章基于区域空间形成与产业集群效应视角，研究经济活动的区位、产业集群形成及其作用、产业集群的发展机理与特征；第四章围绕区域经济增长与发展的关系、区域经济增长的因素、区域经济增长与发展理论、区域经济发展阶段理论展开探究；第五章对区域发展模式与产业结构优化、区域经济管理组织及其创新机制、区域经济管理的不同模式与主要方法进行全面分析；第六章研究区域竞争力提升与区域治理理论，内容包括区域形象塑造及其营销策略、区域竞争力评价指标体系构建及其提升路径、区域治理及其运行；

第七章探究区际分工与区域贸易、区域间经济联系与总部经济理论、区域创新系统与区域创新发展。

本书体系结构科学合理,构成要素完整,呈现条目化、专题化,层次清晰,重点突出;内容精练、紧贴前沿。在总结、研究、提炼的基础上,本书对区域经济学进行探究,具有重要的应用价值。

笔者在撰写本书的过程中,得到了许多专家学者的帮助和指导,在此表示诚挚的谢意。由于笔者水平有限,加之时间仓促,书中所涉及的内容难免有疏漏之处,希望各位读者多提宝贵意见,以便笔者进一步修改,使之更加完善。

作　者

2020年11月

目　录

第一章　区域经济与区域经济发展初探

区域经济发展既是世界各国共同面临的突出问题，也是当前中国最为关注的热点问题，如何采取有效措施，建立健全区域经济机制，促进东西部经济发展，不仅是一个十分重要的理论问题，也是一个关系国民经济持续稳定、经济发展以及社会安定和民族团结的重大现实问题。本章主要研究区域经济与区域经济系统、区域经济学与相关学科、区域经济发展以及区域经济分析的过程与方法。

第一节 区域经济与区域经济系统解读

一、区域的特性与类别划分

如何界定和划分区域，这是区域经济理论研究中面临的首要问题。然而，迄今为止，学术界对“区域”一词并没有明确的定义，其研究对象与范围也完全取决于研究目的和问题的性质。所谓区域应该是国家的一个特殊的、经济上尽可能完整的地区。也就是说，区域是能够在国民经济分工体系中承担一定功能的经济区概念。区域定义之所以难以界定，其原因有两点：①根据研究目的，区域的大小可以在相当大的范围内变动；②区域的邻接性问题，即在把国家划分成区域时，不能出现飞地。区域含义呈现“色谱”特征，比如：地理学家一般把区域定义为地球表壳的地域单元；政治学家则将区域看作是国家管理的行政单元；而社会学家定义区域为具有相同语言、相同信仰和相同民族特征的人类社会聚落。

所谓区域是指根据一定的目的和原则而划定的地球表面的一定范围的空间，并具有相对完整的结构，能够独立发挥功能的有机整体。它的内涵包括以下四个方面：

（1）内聚力、结构、功能、规模和边界是构成一个区域的五个基本要素。其中，内聚力是区域形成和演变的基础，决定了区域内部的结构和功能，进而决定了区域的规模和边界。正是由于这种内聚力的存在，从而在一个区域各组成部分之间形成了一种相互依存的关系，并由此产生一种共同的区域利益和区域意识。

（2）区域既是一个实体概念，又是一个抽象的空间概念，具有典型的二重性。所说的区域，通常是指地球表面存在的特定范围的空间，即特定的地区。区域是一个客观实际存在，小至均质性社区街道这种具体的、微观角度的地域功能单元，大到全球地域。在理论研究中，“区域”一词又经常被看成是一个抽象的、观念上的空间概念，没有严格的范围、边界以及确切的方位。正因如此，在区域经济学文献中，“区域”和“空间”这两个概念往往可以相互换用，而不必做细致的区别。

（3）区域具有一定的等级体系，不同等级区域的规模可能相差甚大。按照地域规模的大小，国内区域大体可分为地带级、大区级、省区级、市级、县级、乡镇级等多个层次。

当然，区域并非是无限可分割的，它具有一定的最小规模，即单元区规模。

（4）区域具有客观性和动态性两个最根本的特征：一方面，区域是一个客观存在的现实现象，由此可以根据一定的目的对其加以描述，进而划区，并揭示其一般规律性；另一方面，区域又处于不断演进变化之中，随着社会经济的发展，区域的内聚力将不断发生变化，继而导致区域特别是经济区域的结构、功能、规模和边界也随之发生变化。根据区域类型的不同，区域边界可能是一条明确的边界线，也可能是一条相互交叉融合的边界带。由于社会经济的不发达，在两个经济区域之间可能会暂时出现一些空隙地带，即飞地。

（一）区域的特性

（1）空间性。人类活动总是在时间和空间两个不同的维度中进行，经济活动也是一样，不管是物质生产还是非物质生产，不管是发展的哪个阶段，最终都要落实在一定的区域空间范围内。地域空间的一部分被赋予特定的资源、环境与人口特征而形成特定的区域。

（2）整体性。从地理空间角度看，地表区域内各组成成分间存在内在联系，并经过这种长期的相互联系而相互渗透、融合，形成一个不可分割的统一整体。区域的整体性是形成区域同一性的原因。从经济角度看，区域的整体性表现在区域能够独立地生存与发展，具有相对完整的经济结构、人口结构、文化结构与城镇体系等。

（3）等级差异性。就目前中国社会发展的区域而言，多数学者主张将其划分为三个层面：①依据社会经济发展的状况，将中国划分为东部、中部和西部；②按照区域内各部分地理位置上的相邻性、经济合作上的密切性、社会发展上的相似性等标准，将中国划分为东北、华北、华南、华东、华中、西南、西北七大区域；③根据管理上的需要，按照国家省级行政区划标准，划分成省（自治区、直辖市、特别行政区）、市、县、乡镇，这些行政区域是中国区域社会的中坚力量。

（4）可变性。可变性是指区域界线的模糊性。通常每一个区域的特征，在其中心区域的典型地段表现得最清楚、最完善，但到分区的边缘，其特征就慢慢地与相邻区域的特征融合起来。可变性是指对同一地表空间，由于人们研究区域的目的不同，划分的角度、指标不同，可得到的区划方案也不同。

（二）区域的类别划分

1. 类型区与系统区

（1）类型区。类型区属于同质区域。类型区是依据区域的相同性或相异性的关系，即区内的相同性和区际的相异性来划分的，显然这是一种静态的排列。类型区的划分需要有明确的标识，这种标识可以是自然的，也可以是经济的，然后通过主成分法去提炼和归纳。类型区在区域研究中之所以显得重要，关键在于它所表现出来的是一个区域在自然景观和经济景观上的类型差异性。在对类型区的研究中，必须防止一种倾向：经济发展使得经济性的标识日趋重要，导致人们常常忘记了还有自然的存在，或者把自然当作了经济的附属物。

（2）系统区。系统区属于极化区域。系统区是区域之间位置关系和相互作用关系的一种表现形式。系统区的划分是将位置相连的区域放在一起，并不强求自然和经济的统一性，而仅仅是去研究它们之间的相互关系。在研究中，可以先研究整体的特征，再研究各部分的特征。

2. 行政区与经济区

（1）行政区。从国家管理的角度认识区域，一般认为区域是国家管理的行政单元，国家按照需要划分出各类行政区而形成行政体系，这种体系的每一个部分都是一个区域。行政区是一种管理区域，它含有地理区的特点，也带有经济区的特征，涉及一个国家的政治、文化、民族、国防、历史等多方面的内容。行政区与经济区最大的区别就是，行政区有固定的政府对整个区域进行管理。在完善的市场经济条件下，所谓行政区经济是不存在的，只存在真正意义上的“区域经济”。

（2）经济区。经济学认为，区域是国家经济体系中的一个完整的经济地区，具有完整的经济结构、完善的经济运行机制，是一个完整的经济单元。经济单元与行政单元在地域空间上的一致，是我国区域经济发展在目前阶段的一个重要特征。区域经济作为市场经济的重要组成部分，需要有完善的法律法规作为保障，也需要创造一种公平竞争的市场环境，营造优良的市场秩序，这是各级政府进行经济区域管理的重要任务。

3. 核心区、外围区与过渡区

（1）核心区。核心区一般是一国发展最快的区域，集中国家大部分的科技力量和工业企业，是国家的政治、经济、文化和对外贸易的中心。核心区聚集了主要的大城市，这些区域的集中发展往往控制着附近的区域，因此也有可能阻滞落后地区的发展。

（2）外围区。在我国，外围地区是指以广大西部地区为主的、以资源产业为中心的区域。这类区域的发展条件较差，其发展需要大量的投资和先进的技术，而这些又是依靠区域自身力量所难以解决的。外围区在发展初期，投资的效率一般较低，这与外围区的基础设施和投资环境落后有直接的关系，所以对外围区的开发，往往是从基础设施的建设开始，把改变外围区落后的发展环境作为首要任务。

（3）过渡区。过渡区是介于核心区和外围区中间的区域，它又可分为三类：

第一，经济已有一定的基础，但仍然以农业为主体的地区。

第二，由于技术进步较慢、体制改革跟不上先进地区、失掉市场或资源枯竭等而开始出现生产停滞、人口外流、市政设施落后、人均收入增长较慢、失业严重的地区。

第三，以能源和原材料生产为主的地区。

总之，要发展这些地区，需要大量的投资，以保证经济和社会等各方面的发展。

二、经济区域与区域经济

（一）经济区域

1. 经济区域的代表性观点与内涵

（1）经济区域的代表性观点。关于经济区域有以下三种代表性观点：

第一，所谓区域应该是国家的一个特殊的经济上尽可能完整的地区。这种地区由于自然特点、以往的文化积累和居民及其生产活动能力的结合成为国民经济总链条中的一个环节。这是最早从经济学角度对区域概念进行界定，一直沿用至今。

第二，区域是有内聚力的地区。它是通过选择与特定问题相关的特征并排除不相关的特征而制定的，即区域包含的地区具有同质性，经济上有密切的相关性、协调运转的整体性、相互交叉的渗透性。这种定义强调了区域内事物同质性的一面，是比较狭义的说法。

第三，最科学的区域分类，就是那些遵循行政管理范围的边界划分而成的区域。区域是基于描述、分析、管理计划或制定政策而作为一个应用性整体加以考虑的一片地区。它既可以根据内部的均质性划界，也可以看作是一个结节区，它由一个专业化的城市中心来满足全区的需要。这是按照内部同质性或功能一体化原则划分的。

（2）经济区域的内涵。经济区域是指便于组织、计划、协调、控制经济活动而从整体加以考虑，并考虑行政区划基础上划分的一定的空间范围。它具有组织区内经济活动和区外经济联系的能力，常由一个以高级循环占重要比重的中心城市、一定数量的中小城镇以及广大乡村地区所组成。“高级循环”指由金融业、贸易、服务业、信息产业、现代化工业、商业批发业等组成的循环系统。如果缺乏这种高级循环系统，则无法组织区域内的经济活动，也无法组织区际的经济联系，区域不能独立地生存和发展。一般情况下，这种高级循环系统主要集中在较高等级的中心城市。

区域经济研究中的“区域”不是单指某一种区域类型。依据研究的需要，既可以是行政区域，也可以是经济区域，还可以是自然区域（如流域）。从学科性质的角度看，区域经济学中的“区域”应该是指经济区域，因为这样才能有利于探讨区域运行的经济学规律。从实践角度看，按行政区域来探讨经济运行，有利于提高区域经济学的社会实践功能。在现实生活中，许多跨行政区域的研究成果，由于无法进行卓有成效的行政协调，从而大大削弱了区域研究成果的社会价值。可见，从经济区域角度探讨区域经济运行规律应是未来的发展趋势，从行政区域角度探讨区域经济运行规律应是现实的最佳选择。

2. 经济区域的类别划分

（1）我国经济区域划分的演变过程。中华人民共和国成立以来，我国的经济区域划分在不同时期，为适应不同的需要，采用了不同的标准，形成了复杂的演变过程。概括起来主要包括：①沿海、内地与边疆；②大行政区和经济协作区；③一线、二线和三线地区；④东部、中部和西部地带；⑤经济特区和经济技术开发区；⑥计划单列城市和地区。目前，以行政区域作为分析对象是现实且可行的，因为我国的行政区域在几十年的传统经济体制催化下，事实上已具备经济区域的特性，这主要表现为现有的行政区域已经形成较为清晰的区域共同利益。

（2）常见的经济区域划分方案有两种：

第一，依据属性划分。依据不同属性，将经济区域分为五类：①聚类经济区，属均质区，是指经济发展水平、速度、方向、经济结构或产业优势等方面相似的经济区。②协作经济区，是根据各地经济发展条件、经济联系而组织起来的地域单元，是区域经济横向联合的重要形式。③城市经济区，又称为城市经济圈，是以城市为核心，以经济腹地为外围而结成的区域，既可以形成单极中心，又可以形成多极中心。④自然经济区，是指自然区的界限与经济区的界限基本一致，两者基本重叠的区域。⑤行政经济区，是指经济区与行政区的界限完全一致，兼备行政区与经济区两种职能的区域。需要注意的是，我国的县级行政区具有长期稳定的界限，内部经济结构紧密，形成一个有机整体，可视为基层的行政经济区。

第二，依据衡量指标与表述内容划分。依据衡量指标和表述内容，将经济区域分为四类：①经济地带，属于内部具有同质性的经济区域，如我国的东、中、西三大地带，日本的表日本和里日本，美国的东部大西洋沿岸、中部大平原、落基山地和西部太平洋沿岸等，都是比较典型的经济地带。地形、气候等自然条件以及在自然条件下所产生的居民集团的差别，都可作为划分经济地带的依据。②大经济区，是由异质的，但在功能上联系密切的核心和边缘所共同组成的，内部具有很强聚集性的经济区域。这种经济区域在发达国家的发育程度很高，如日本围绕京滨和阪神形成了两个大都市经济区，我国沪宁杭都市区亦是此类型。③功能性经济区，指在经济地带或大经济区内具有相同职能的经济区域。④行政经济区，是指因地方政府经济管理行为的增强而形成的经济区域，通常在实行中央计划经济体制的国家中较为典型。由于行政区的划分原则与经济活动的地域分异规律之间没有必然的联系，因此这些在行政区基础上形成的经济区域与客观存在的经济地带和经济区在地域空间上并不一致。

（二）区域经济

区域经济通常是指某一特定经济区域内部的社会经济活动和社会经济关系或联系的总和。它是一种以某种经济活动或以特定的经济极点（城市）为中心的具有宏观经济意义的地域性综合经济体系，是经济区域的实体性内容。在行政区划概念上，区域经济是以政府的行政辖区范围界定的一个经济圈，诸如县（市）域经济、市（地）域经济，乃至省域经济。

在市场资源配置概念上，区域经济是以资源替换的作用范围界定的一个经济圈，诸如泛珠三角经济区、泛长三角经济区、环渤海湾经济区，乃至世界范围的亚太经济区、东欧经济区、西欧经济区等。上述两者之间的关系，可以概括为前者是后者形成的基础，后者是前者发展的导向。

区域经济是一个国家经济的空间系统。具有不同特性和水平的区域经济，在空间上相互依存和联系，构成一国的国民经济整体。区域经济是国民经济的组成部分，因此要了解一个大国的国民经济，不能不把它分解成为若干区域经济或地区经济。当然，国民经济并不是区域经济或地方经济的简单累加，不能简单地以对某一区域的经济分析来取代对一个大国整体经济的分析。在我国的区域经济研究中，一直是在相对意义上使用“区域经济”概念的，它既可以是一省、数省的经济，也可以是包括很大一部分国土的条形地带经济。

通常情况下，由于限制资金、劳务、技术等要素和商品的流动以及国界的存在，每一个主权国家都可以构成一个经济区域。而且，经济区域有时是跨越国界的，典型的如欧盟这样的区域经济一体化组织。但是，作为区域经济学研究对象的经济区域，则只能是某个主权国家的组成部分。

三、系统与区域经济系统

（一）系统

1. 系统与系统科学

区域是一个系统，用系统的科学理论和方法研究区域发展规律，探讨区域发展和可持续发展途径，是区域经济学最新发展方向。

（1）系统、要素与子系统。系统一词最早出现于古希腊语中，原意是指事物中共性部分和每一事物应占据的位置，也就是部分组成整体的意思。系统定义的形式虽然形形色色，但万变不离其宗，所有的定义都包含对系统的三个基本属性特征的概括。

第一，系统必须由两个或两个以上的要素（部分、元素、环节）所组成。要素是构成系统的最基本单位，因而也是系统存在的基础和实际载体，系统离开了要素就不称其为系统。要素以一定的结构构成系统时，各种要素在系统中的地位和作用是不尽相同的。

第二，系统的各要素之间、要素与整体之间以及整体与环境之间存在着一定的有机联系，从而在系统的内部和外部形成一定的结构或秩序。

第三，任何系统都有特定的功能，即整体具有不同于各个组成要素的新功能，也就是通常所说的“整体大于部分之和”，这种新功能是由系统内部的有机联系和结构所决定的。

系统和要素的概念是相对的。由要素组成的系统，本身又是较高一级系统的组成部分。在高级系统中，它的地位是一个元素，就称此元素为较高级系统的子系统。

（2）系统与环境。环境是指存在于系统以外的事物（物质、能量、信息）的总称，或者说系统的所有外部事物就是环境。所有的系统都是在一定的外界环境条件下运行的，而环境是一种更高级的、复杂的系统。系统与环境的分界称为系统的边界。环境通过边界对系统施加的影响称为扰动。

系统与环境是相互依存的，系统必然要与外部环境产生物质的、能量的和信息的交换，系统与环境的交互影响就产生了输入与输出的概念。外界环境给系统一个输入，通过系统交换与处理，必然会产生一个输出，再返回到外界环境。所以，系统部件是输入、处理和输出活动的执行部分。系统与环境之间存在输入与输出的交互影响，或者说，系统与环境之间有着物质、能量和信息的交换，该系统就称为开放系统（Opened system）。如果一个系统与环境之间没有物质、能量和信息的交换，该系统就称为封闭系统（Closed system）。在自然界和人类社会中，绝对封闭和孤立的系统是不存在的，任何系统都要受外界环境的影响，因而都是开放的。环境的变化对系统有很大的影响，因此系统必须适应外部环境的变化。能够经常与外部环境保持最佳适应状态的系统才是理想的系统，不能适应环境变化的系统是难以存在的。

坚持环境适应性原则，就是不仅要注意调节系统内各要素之间的相互关系，而且要考虑系统与环境的关系，只有系统内部关系和外部关系相互协调、统一，才能全面地发挥出系统的功能，保证系统整体向最优方向发展。

（3）系统的结构与功能。系统的结构与功能是系统科学的基本范畴，是一切系统不可分割的两个方面，系统科学就是从系统的结构与功能的观点出发去研究整个客观世界。所谓结构，是指系统内部各组成要素之间的相互联系、相互作用的方式或秩序，即各要素之间在时间或空间上排列和组合的具体形式。系统的结构是系统保持整体性及具有一定功能的内在依据。与系统结构的概念相对应，把系统与外部环境相互作用所反映的能力称为系统的功能。系统功能体现一个系统与外部环境之间的物质、能量和信息的输入和输出的转换关系。

功能是系统内部固有能力的外部表现，它归根结底是由系统的内部结构所决定的，结构的变化制约着系统整体的发展变化，结构的改变必然引起功能的改变。结构和功能的关系不是一一对应的，功能具有相对的独立性。功能对结构不仅具有相对独立性，而且对结构有巨大的反作用。功能在与环境的相互作用中会出现与结构不相适应的异常状态，当这种状态维持一定时间时，就会刺激、迫使结构发生变化，以适应环境的需要。

2. 系统科学的基本原理

（1）整体性原理。系统科学不同于传统科学，其显著特点之一就在于它对系统整体特性的强调，它把所研究的对象看成一个整体系统，这个整体系统又是由若干部分（要素与子系统）有机结合而成的。其核心思想在于：一个系统作为整体，具有其要素所不具有的性质和功能；整体的性质和功能不等同于其各要素性质和功能的叠加；整体的运动特征，只有在比其要素所处的更高的层次上才能描述清楚；整体与要素遵从不同描述层次上的规律。

（2）调控性原理。负反馈控制是系统稳定性的机制，正反馈控制是系统适应性的机制。各系统之间的协同是系统从无序走向有序的根本原因，而子系统之间的协同也需要进行协调控制。任何稳定有序的系统都具有调控性，具有自我调节、自我控制的能力。

（3）联系性原理。系统的整体性是系统诸要素相互联系形成的，因而系统的所有联系是多样的。系统内部的强有力的联系使系统整体保持了质的规定性，系统的外部联系使系统与环境之间形成输入与输出的关系。

（4）动态性原理。系统内部诸要素的相关性及系统与外部环境的相关性都不是静态的，而是动态的，都会随时间不断地变化。这一原则在系统工程中表现得尤为明显，因为系统工程往往是大型复杂的实践过程，对象内部复杂的相互作用和环境的多变性，使工程本身呈现出动态特征。因此，必须把实施工程任务看作一个动态过程，密切注意系统内外的各种变化，掌握变化的性质、方向、趋势、程度和速度，采取相应的措施调整工程的方案、计划，改进工作方法，在变化中求得系统优化。

（5）最优化原理。系统整体性能的最优化是系统科学所追求并要达到的目的。由于整体性是系统科学最基本的特点，所以系统科学并不追求构成系统的个别部分最优，而是通过协调系统各部分的关系，使系统整体目标达到最优。

（6）有序性原理。各要素之间通过联系形成系统整体，要素之间的联系不是杂乱无章的，而是按照等级和层次进行的，因而必然产生时间和空间上的组合方式和排列顺序，所以系统都是有序的。系统的有序性是系统有机联系的反映。

（7）模型化原理。对区域系统进行分析，不仅要揭示系统的结构和功能特征，也要描述清楚系统内部各组成部分之间的相互依存关系和时间、空间上的联系，尽可能把握系统与环境之间的相互作用方式和强度，即要对系统及其环境进行定性、定量综合研究，并用规范的语言、尽量简化的形式描述研究过程和研究结果。模型化是对区域进行深入研究的必须过程。模型，特别是数学模型，是区域系统分析必不可少的工具。

系统科学的原理还有很多，上述七个原理是最基本的，其中整体性原理是基础，把握了整体性原理，就把握了系统科学的实质。

（二）区域经济系统

任何区域都是由自然环境系统和社会经济系统相互联系、相互制约形成的复合系统——自然-社会-经济系统。自然-社会-经济系统是一个庞大的开放系统，由人口、环境、资源、产业等许多子系统构成，有一定结构并能完成一定功能的整体，是一个在空间中存在、在时间中变化的动态系统。这种变化不仅受内外环境的制约，而且有自身的相对稳定性和阶段性交替出现的规律。

1. 区域经济系统的重要组成

区域经济就是在不同类型区域内形成的经济系统，它涵盖国民经济的各个部门，即农业、工业、交通运输、邮电通信、文化、教育、科技、卫生、城镇、金融、国家机关和人民团体等，在国民经济运行中有机地联系在一起，构成一个系统整体，在这个系统整体内有着相互联系、相互作用、相互制约的关系。所有这些部门不是简单地机械堆积，而是一个有机联系的地域生产综合体和国民经济综合体。因此，区域经济是在一定自然条件（包括自然资源）和社会经济条件基础上建立起来的集各个经济部门为一体的经济系统整体。

经济区域不是一个抽象的概念，任何一个区域经济系统都是一个充满物质内容的经济实体和社会实体。任何区域经济实体都是由农业、工业、建筑业、交通运输业、商贸业等组合而成的地域单元。在一个经济区域内各产业相互联系，互为制约，共同促进经济区域的发展。按照系统科学的思路研究区域经济系统，最重要的内容是区域的产业构成和地域构成。

（1）产业构成。在区域产业构成研究中，传统计划经济首先强调工业和农业，或农业、轻工业和重工业，然后是农、工、建、运、商五大物质生产部门，而市场经济则重视第一、二、三产业的关系。

农业作为区域经济的基础部门，不仅养活着区域的人口，为人们提供粮食、油料、蔬菜、肉、蛋、奶等基本生存资料，而且为工业发展提供原料，为工业产品提供广阔的市场。任何经济区域的发展都离不开农业，现代工业往往是在农业基础上发展起来的，在少数地区虽然首先发展起工业部门，但农业生产也会很快地跟上来。随着现代工业的发展，农业不断地用工业武装起来，不断地实现农业现代化。虽然农业地位相对下降了，但农业生产的范围仍在不断扩大，农业在经济区域形成发展中的作用仍然是十分明显的，是其他任何产业部门所不能替代的。农业在经济区域中的作用主要表现为满足区内农副产品与轻工食品的需要和从事专业化生产以满足区外的需求。

工业是工业社会的主要产业部门，也是经济区域的主要物质部门和基本骨架。工业是资金积累的主要来源、生产资料的唯一生产部门、生活资料的重要生产部门，为农业、运输业、通信业等提供装备。就此意义讲，没有现代工业，也就没有经济区域。经济区域是在形成现代工业以后，随着工业部门的大分工并出现工业地域专业化之后逐渐形成的。

现代工业部门十分繁多，但各个经济区域并不是所有的工业部门都同步发展，而是根据各地域的具体条件充分发挥各自的优势，着重发展几个主要部门，重点发展几个主要产品，以其产品与其他地域进行交换，以地域内的现代工业促进农业、交通运输业、第三产业和城市的发展。一般经济区域的主要专门化部门往往为工业部门，可见工业在经济区域中的骨干作用。工业也是城市的主要物质内容，许多现代城市都是在现代工业基础上形成的，工业的主要专门化部门往往也是城市的主要专门化方向。

交通运输业在实现劳动地域分工和经济区域形成发展过程中发挥着十分重要的作用，是实现部门分工和地域分工的保证和进行经济联系的桥梁。在一个经济区域内，把国民经济诸部门联结成为以中心城市为核心的统一整体，主要依靠交通运输业；而把各个经济区域区别开来并实现各自的主要专门化，进而又把各个经济区域紧密联系起来，更要靠交通运输业，一个经济区域内的交通运输业的发展状况与工农业和城镇的发展状况有直接联系。交通运输业可以通过各种线路、港口、枢纽等，把城市与农村、工业与农业、区内与区外紧密地联系起来。因此，交通运输业是经济区域的网络和命脉。

除交通运输业以外，其他第三产业（服务性部门）均直接为农业、工业、建筑业和人民的物质文化生活提供服务，在经济区域形成发展过程中也是一个不可缺少的重要部门。第三产业在完善区域的经济内容、促进各部门的协调发展，形成合理的产业结构、加快经济区域的发展速度等方面都发挥着重要作用，其中商业以发展经济、保障供给为宗旨，搞好流通，从市场需要出发，帮助国民经济生产部门生产更多更好的适销对路的商品，保障满足人民物质和文化生活的需要；邮电通信业作为国民经济中为社会传递信息的部门，通过提供快速、高效、优质的各种通信方式缩短空间距离，节省社会劳动时间，把社会生产、交换、分配和消费各个环节有机联系起来，为经济建设和人民生活服务；城镇和村落建设是经济发展的空间和活动集散地，是经济的中心，是城乡联系的纽带和桥梁；教育为国民经济发展培养劳动后备力量和不同水平的各种人才；科技为工业、农业等部门发展提供支撑和先进技术；卫生为劳动者提供保健和医疗；政府机关作为上层建筑，肩负着管理经济社会的重任。第三产业在经济区域内主要采取集中分布的形式，多集中于城市之中，通过各种网点直接为各部门和城乡人民生活服务。第三产业的发展水平受制于经济区域内的工农业和建筑业发展水平，同时又反过来积极促进工农业和建筑业的发展。

（2）地域构成。区域经济系统的地域构成包括两种典型模式，即中心城市-城镇-农村模式和中心城市-近郊-远郊-农村模式。这两种模式可以组成复合型、有层次的复杂模式。城市是经济区域的核心，在经济区域内发挥着组织、集散、传输等重要作用。城市又是一种特殊类型的经济区域，工业、交通运输业和其他第三产业部门主要集中于城市内，城市的发展又离不开郊区农业。一个地域的中心城市的发展水平及其主要专门化部门，基本能反映该经济区域的生产力发展水平和主要专门化方向。因此，在经济区域的形成发展过程中，城市发挥着重要的核心作用。城市是作为与广大农村具有不同特点的经济实体而存在于经济区域内的，在地域分布上以点状的形式表现出来，与农村和农业分散分布的形式有所不同。随着农业的不断现代化和农村建设的发展，城乡的差距将不断缩小，但中心城市在经济区域中的组织核心作用将不会改变。

2. 区域经济系统的主要功能

功能是系统外在作用的能力，是系统本身固有的。从系统论的观点看，系统结构是系统内部组成要素之间的相互关系和相互作用的方式，是系统的内部组织；系统功能则是系统与外界环境的相互作用的能力，是系统结构的动态的外部表现。区域经济系统的结构与功能是密切联系的，一定的系统结构对应着一定的功能，而且结构决定功能。通常所说的经济发达地区、经济欠发达地区、经济不发达地区的划分，以及生态环境恶化地区、生态环境脆弱地区、生态环境良性循环地区的划分等，都是从系统功能的角度出发，对不同功能地区进行的划分。

区域经济系统结构决定功能，但功能对结构有反作用。前者如上海，因为有雄厚的技术经济基础，各产业、各部门逐渐形成的物质交流和技术协作联系，使上海具备了强大的加工能力、进出口能力和引进外资、消化国外先进技术的能力；后者如深圳，先赋予它对外开放窗口作用的要求，并通过给予优惠政策、引进人才、加快基础设施建设等途径使其功能完善，这种功能反过来诱导了其外经外贸业的发展和各涉外行业、部门之间的联系与协作。

3. 区域经济系统的特性

（1）动态性。区域经济系统的动态性表现在地域空间和时间上的相互关系。随着时间的推移，系统在空间布局上和物质的量上都在不断地变化着和运动着。系统各要素之间的关系，即工业、农业、交通运输业、邮电通信业等之间都在不断地变化着；系统与外部环境的关系，即区域经济系统与自然生态环境的关系也在不断变化，处于动态状态，而非静态。因此，在区域经济发展过程中，一定要不断掌握系统的动态变化，根据动态变化来合理调整产业结构、生产布局以及区域经济的发展方向和速度等。

（2）复杂性。区域经济系统的复杂性表现在多个方面：一是系统的多要素性，即组成区域经济系统整体的要素，有自然的，有经济的，有社会的；二是系统的多层次性，即区域生产布局的多层次性和空间结构的多层次性；三是系统的多维性，即系统状态变量的多维性，就其系统的多个质点，描写它的状态就需要三个坐标、三个动量，共六个变量，系统有多少层次，就需要多少组变量来描述，要描述各层次的关系，就需要更多的变量；四是系统的多方向性，即组成区域经济的众多要素，其中大量属于非线性相互作用的不可逆系统，这种非线性相互作用导致系统演化发展过程的多方向性。在区域经济发展过程中，要充分考虑其复杂性，根据实际情况，因地制宜，分类指导，合理布局。

（3）层次性。在区域经济系统中，经济资源的配置或生产布局充分显示了系统的纵向层次性，即全国生产布局、省域生产布局、市域生产布局、县域生产布局或全国生产布局、地方（区域）生产布局，以及纵向结构性，即为产业结构的层次性，如三次产业结构，农、轻、重结构，第一产业内部的农、林、牧、渔结构，第二产业内部的轻、重结构等。同时每个层次又对应着生产、分配、交换、消费过程和科技、文化、教育、人口、资源、环境等各个方面，可见每个层次系统运行发展都牵动和影响着其他系统。因此，在区域经济发展过程中，重要的是通过系统分析和综合，将战略目标、战略重点、战略布局等逐级分解，因地制宜，综合均衡部署经济发展。

（4）开放性。区域经济总是处于不断地发展变化过程中，是一个开放的系统，系统与周围环境、系统与要素之间、系统与结构和层次之间相互联系、相互作用，进行着物质、能量和信息等的交换和转换，而且这种相互交换与转换的过程是无穷无尽的。为此，在区域经济发展过程中，一定要充分发挥其开放性的作用，加速其物质流、能量流、信息流的交换，促进其持续、健康、快速发展。

（5）区域性。区域经济系统是建立在区域的地理位置、自然条件（包括自然资源）、生态环境、社会、经济、技术基础之上的。也可以说，在什么样的区域内，就会产生与此相应的经济，特别是在科学技术落后的年代，更是如此。随着科学技术的发展，知识经济的兴起，全球经济一体化的拓展，经济发展受区域限制的因素越来越小，甚至不受地域的限制，如信息经济。但农业、采掘业等无论何时都会受到区域的自然条件、自然资源的影响和限制。在什么样的气候条件下，就会发展与此相适宜的种植业；有什么样的矿藏资源，就会发展什么样的采掘业。从总体上看，区域经济系统的区域性特点仍很突出。如我国的东、中、西三大地带和六大经济协作区，每个地带、区域都有明显的区域特点；再如，省、地（市）、县各级区域经济也有明显的区域特点。为此，在区域经济发展过程中，一定要从区域的比较优势出发，抓住区域的特点，发展具有区域特色的区域经济。

（6）综合性。区域经济本身和发展过程都具有明显的综合性，即区域经济发展资源利用的综合性、区域经济发展布局的综合性、区域经济发展环境保护的综合性、区域经济发展指挥系统运作的综合性等。为此，在区域经济发展过程中，必须要用系统的综合观点对区域经济发展的自然、社会、经济条件进行综合分析与评价，综合协调各种生产关系，综合配置各种生产要素。

4. 区域经济系统的基本规律

（1）发展要素的空间配置规律。区域经济系统要素一般分为经济发展要素和空间构成要素，而发展要素的空间配置是解决区域经济发展的各种要素在区域之间如何配置的问题。资源的空间配置之所以成为一大问题，是由于资源的相对稀缺性和资源禀赋的空间分布存在差异。一方面，相对于人类无限的欲望而言，资源的供给是有限的，即稀缺的，经济活动就是产生于人们去克服资源稀缺性的种种努力和实践；另一方面，资源在空间的分布又是不均衡的，资源禀赋存在较大的空间差异，而且有些资源如土地、矿藏、政策、法规等是不易或不能移动的。

（2）空间结构优化和演进的规律。发展要素在空间的配置和流动，造就了地域空间结构，促进了空间结构的优化和演进。空间结构是区域经济系统经济发展要素运动落脚在地域上的表现。静态地看，空间结构的基本形态表现为核心-外围的二元结构。根据西方空间结构理论，核心-外围结构是极化-扩散机制作用的结果。这表明经济发展在空间上是非均衡的实质。区域空间结构的形成是区域经济非均衡运动的结果。动态地看，在极化与扩散的作用机制下，经济空间结构并非长期稳定不变，而是随着区域经济的发展而发生变化，不断进行优化和演进，即经济活动的地域过程表现出一定的方向。

（3）发展要素的组织及联系规律。从区域经济系统内部看，发展要素的运动表现为要素的组合，这种组合具有内在稳定性和连续性。所谓内在稳定性是指在特定空间范围内，区域经济系统的运动呈现出各种要素围绕专业化部门而形成经济联系、组织和结构。这种组织和结构，反映了在区域共同利益基础上的经济活动的内在联系，由于这种密切的经济联系，区内经济活动显示出本地性特点，具有同质性特征，这正是区域经济运行区别于国民经济运行的重要特征。区域经济是具有特色的国民经济，其原因就在于不同的区域这种经济联系的方式不同。所谓连续性，是指经济活动联系是不间断的，而且是不断发展的，随着区域专门化部门的变化而变化。

（4）区域非均衡协调发展规律。区域经济系统运动的根本目的是既要保持系统整体的量的扩张，又要促进系统质的改善，即系统结构的优化和升级。换言之，区域经济系统运动的重要规律之一，是既要保持国民经济的高效运转和适度增长，又要促进各区域经济的协调发展和共同繁荣，也就是呈现出区域非均衡协调发展的特征。

第二节　区域经济学与相关学科

区域经济学是研究区域经济的特点和区域之间关系的科学，它要回答的问题是：一个区域是如何实现经济发展的，各个区域之间是怎样相互联系的，以及它们在全国劳动地域分工中的地位如何等。①

区域经济学是研究区域经济一般规律的科学，具有很强的综合性，需要经济地理学、发展经济学和产业经济学等作为研究的知识后盾。

（1）区域经济学是应用经济领域其中的一个学科，它是以经济地理学为基础逐步发展起来的。地理学中的部分方法既可以应用于区域经济学中，也可用于探索经济问题，二者

①丁生喜．区域经济学通论［M］．北京：中国经济出版社，2018.

应该并行发展。经济地理学具有重要作为，区域经济学是无法取代的。从 20 世纪 90 年代至今，经济地理学不断地发展，取得了较大的成果。无论是区域经济学，还是经济地理学，都有着各自的特点，并随着学科的发展，二者日趋融合。①

（2）发展经济学是二战后逐步发展起来的经济学科。它主要的研究对象是发展中的国家，主要探讨经济发展的问题，并能够提供经济发展方面的理论。发展经济学的理论体系主要包括三个方面：①宏观发展理论；②微观分析理论；③结构发展理论。它的研究主要涉及八个方面的领域范畴：①经济增长速度；②二元经济结构；③资本积累以及外资利用；④人口问题以及就业问题；⑤产业发展战略；⑥技术革命以及技术引进；⑦收入分配；⑧对外贸易模式。

区域经济学与发展经济学有着十分密切的关系，前者的诸多概念以及理论是以后者为基础逐步形成的。二者的区别在于：发展经济学是以发展中的国家为研究对象，探讨他们的经济增长问题；而区域经济学的研究对象更加宽泛，既可以是国家，也可以是乡镇，因此在应用发展经济学的概念或理论时，必须对它们进行改造。另外，发展经济学中没有体现出地理学的内容，所以区域经济学领域中的问题会将地理环境纳入其中来研究，并长期进行研究。基于学科发展的现状及趋势，区域经济学持续引入经济学的相关理论，发展经济学研究的成果也包含在其中。

（3）作为现代经济学重要的组成部分，产业经济学是一种应用经济理论，主要对特定经济问题进行深入分析，以实现经济增长为目标。该学科的研究对象是以产业部分为研究对象来探讨企业组织以及产业组织的行为，是以这些组织在经济活动过程中形成的关系来研究，研究的目的主要包括三个方面：一是改进企业关系；二是优化产业结构；三是提高企业以及产业经济的竞争力。因此，产业经济学是推动经济发展的重要经济理论。

区域经济研究的另一个重要领域是产业问题，关于产业发展以及结构演变等方面的理论，充分借鉴了产业经济学的内容。在产业研究方面，区域经济学与产业经济学的差异主要体现在：区域经济学是限定区域范围的产业研究，产业经济学则侧重产业结构的探讨，若产业经济学以特定区域为基础研究产业结构，则加入了区域元素后成为限定于特定区域的研究，因此也可称作区域产业结构。在区域经济学中的产业研究，侧重为产业布局提供决策依据，并最终要形成相应的布局方案。区域经济学以及产业经济学是相互借鉴、共同发展的关系。

---

①安虎森，孙久文，吴殿廷．构建中国特色的区域经济学理论体系——兼论马克思主义理论研究和建设工程《区域经济学》教材的中国特色［J］．区域经济评论，2019（5）：74-81.

一、区域经济学的主要来源

溯本清源，区域经济学界普遍承认区域经济学有两个来源：一个是地理学，一个是区位论。

（一）地理学来源

区域经济学的地理学来源主要有两个方面：一是区域的概念，二是地理环境及资源条件对经济发展的作用。

1. 通过地理学建立区域的概念

人们对区域的认识，首先是考察各种不同空间和地点的特征，再进行深入研究，探索其分布的情形。地理上的区域和区域之间通常并不是明显接替的，而是存在一个相当范围的过渡地带。所以，地理学家从一开始就认为区域之间的过渡不是跳跃的，而是渐进的、互相衔接的，这种思想一直影响到今天人们对经济区域的认识。

所谓区域的界限实际上都是人为划分的，且是为了某种区别的目的而划分的。例如，欧洲和亚洲的分界线是乌拉尔山和高加索山，它们虽然是两大洲天然的障碍，但古代生活在这条线两侧的人在人种上的巨大差别，才是划分的主要理由。再如，蒙古高原和内蒙古高原的分界，完全是由于蒙古国的独立所造成的一个划分。也就是说，人们通常是先找到一个表面的、突出的、标志性的景观——可能是山脉，也可能是河流，再将其确定为标志或者是界限，以此将两边的区域分开。自从有了区域的概念，才有在此之上的与区域有关的各类学科。所以，应当把区域概念的建立作为区域经济学产生的起点。

2. 地理环境及资源条件对经济发展的作用

地理学认为，人类和自然都应属于区域的特征，但在某些地区，如城市地区，人类的作用可能更明显些，而在另一些地区，如极地、高原、海洋等，自然的作用可能更明显。把一个地区的自然特征和人类所从事的经济活动结合起来考虑，地理环境及资源条件就成为经济发展的初始条件。

地理环境及资源条件加入区域经济研究当中，使区域经济的内容更加丰富，但同时区域经济研究的起点也发生了变化。人与自然的关系在区域经济当中占据了相当的位置，这使人们对区域经济的研究不可能是纯经济学的，而必须要考虑自然环境的容量、资源条件的限制，从而使区域经济的研究具备了一定的自然科学的性质。

然而，由于经济的区域和自然的区域在大多数情况下并不能够完全重合，这就增加了区域研究的难度，而经济因素的变化很快，所以经济的区域也处在一种变化的过程当中，使人们很难完全依照自然科学的研究方法去研究经济区域。地理学对区域经济学的影响在今天不但没有减弱，反而不断加强。

（二）区位论来源

区位理论是微观经济理论，它要解决的问题主要是厂商如何进行布局才能实现成本最低或利润最大。区位理论是区域经济学的理论基础，它的许多理论和方法都成为区域经济学理论的组成部分，例如区域分工理论、比较优势理论、资源禀赋理论、相互依存理论、区域市场和区域利益理论等。

区位论产生时期，工业的发展使生产力迅速提高，地区间的经济联系不断扩大，商品销售地与原料供应地的范围愈来愈广，企业区位问题成为研究的对象。农业布局的目的是寻找最佳的土地利用模式，工业布局的目的是寻找生产成本最低点的厂址，但其基本做法都是先研究运费对产业布局的影响，再研究劳动费与聚集因素对产业布局的影响。到20世纪30年代以后，克里斯塔勒、廖什、胡佛等学者扩展了区位论的范围，将城市等级、生产市场区和贸易流量与运输网络中的服务区位问题纳入进来，标志着近代区位理论发展时期的到来。从区位理论到区域经济学的飞跃，发生在20世纪50年代以后。艾萨德对区位论研究的内容进行了总结，标志着区域经济学的正式形成。

二、现代区域经济学的流派

（一）新经济地理学派

20世纪90年代，以保罗·克鲁格曼（Paul Krugman）、藤田昌久（Masahisa Fujita）等学者为代表的新经济地理学派形成。其形成背景是：20世纪70年代，以报酬递增和不完全竞争为基础的迪克西特-斯蒂格利茨（Dixit-Stiglitz）模型提出并得到广泛应用；经济全球化的迅速发展及其引发的一些投资、贸易、要素流动和区域政策问题对经济地理学的研究提出了新的要求；相应模型处理手段的建立、计算机科学技术的飞速发展为经济学探索“经济空间”的含义提供了技术上的支持。

新经济地理学使区域经济学成为主流经济学，因此探讨区域问题所选用的模型一般来自经济学。它的理论以三个命题为基础：①收益递增。伴随生产规模的持续扩大，产量不断增多，能够使生产成本进一步降低。不同区域间以专业化贸易为手段，达到规模经济。②不完全竞争模型。该模型的建立者是印度经济学家迪克希特以及美国经济学家斯蒂格利茨，而将不完全竞争模型应用到区域经济领域的是美国经济学家克鲁格曼。不完全竞争现象的存在，是某个特定区域的制造业得到充分发展后，一个地区形成工业地区，而另一个地区还处于农业耕种阶段，但两个地区的特征将逐渐固定，并且形成了各自的优势，这也促成了中心区以及外围区的逐步形成。③运输成本。美国经济学家保罗·萨缪尔森将“冰山”理论用于运输成本的核算，他认为在运输途中产品的价值将会在一定程度上受到损失。以上述的三个命题为基础，新经济地理学派提出了一种新的研究框架，即“中心-外围”模型，将其用于空间经济研究中，克鲁格曼认为这种模型的均衡条件需要三个方面作为支撑：一是成品份额，即在支出中的比例；二是运输成本，一般需要以倒数衡量；三是均衡规模经济。该经济模型为经济学问题的研究提供了有效手段。

新经济地理学派认为，区域经济学有五大传统，并依照这五个方面向前发展。

（1）区位理论。它分为两个部分：一部分是韦伯的工业区位论，分析的是厂商的区位决策问题。另一部分是中心地理论，由克里斯塔勒和廖什提出，这个理论分析了制造业和市场营销中心的定位和作用，并认为中心地方应当是层级的。依据这个传统，艾萨德从理论上对“中心地方理论”进行了阐述。克鲁格曼认为“中心地方理论”及其模型化是区域经济学今后研究的方向之一，主要理由是：“规模经济要求生产地点的个数尽可能少，而增加地点却可以降低运输成本，每一个厂商都要权衡规模经济与运输成本……除非你可以描述不完全竞争的市场结构，否则不可能说清楚中心地方是如何形成的。”

（2）城市地理学。在城市地理学中，人们借助于物理学的公式来描述城市地理现象，如“城市位次规模法则”“城市地理联系率”等。这里面隐含了市场结构的假设，也隐含了垄断竞争。如果厂商的规模报酬不变，那么全国设立一个工厂就够了，也就用不着去分析市场潜力了。

（3）积累因果关系。该理论由瑞典发展经济学家缪尔达尔以及德裔美籍发展经济学家赫布曼等人创立，属于发展经济学范畴。充分发挥该理论的作用是英国经济学家艾伦·普里德，并且用它来研究地区增长问题。克鲁格曼指出，相对于发展经济学，将超发展理论用于区位问题研究的效果是更好的。比如在通常情况下，公司会青睐于具有更大市场前景的区域，在这些地区公司数量会逐渐增多，这种趋势又驱使市场进一步扩大，通过上述形式的积累，集中趋势更加显著。

（4）外部经济。即指生产者在特定地区的聚集，会带来诸多优势，这些优势也是聚集的原因。外部经济能够有效地推动地区发展，研究者对于这种积极作用的研究尚停留在表层。因此，在未来的发展中，它也是区域经济领域的重要研究内容之一。

（5）地租以及土地利用。在农业区位论中，德国经济学家杜能创立了一个地租模型，在该模型中从中心区域到周边区域地租持续降低。克鲁格曼指出，该模型主要涉及三个方面的理论：一是均衡理论；二是价值理论；三是土地价格理论，并认为该理论应用的发展前景是广阔的。尽管如此，该模型也存在一定的局限性，它只反映了扩散效应，并没有反应由外围区域到中心区域的集中现象所带来的影响，因此该方面在未来的研究中也将会成为重点。

（二）区域政策学派

区域政策学派研究的重心是将制度要素引入区域分析当中，研究政府及其体制对区域发展的影响，并通过制定相应的区域政策协调区域发展。所以，该学派研究的重心是区域政策问题。

目前，区域政策问题在欧洲引起了相当的重视，主要原因在于欧盟成立之后，欧盟内部各个国家之间的关系转变成为一种“国家地区”与“国家地区”之间的关系。如何在欧盟的层面上协调各国的利益，也就是地区利益，成为欧盟经济政策研究的重心之一。正是在这样的背景下，区域经济政策的研究才成为欧洲各国区域经济学家的工作重心之一。

区域政策的主要特征是积极的区域倾斜和集中化，因而区域政策的内容主要有：①通过政府的干预而导致生产的空间转移。政府可以选定可支持的部门，并由这些部门的分布来影响空间结构，从而提高地区的经济竞争力、改善贸易平衡、发展自身的研发能力等。②产业和部门规划。国家通过制定援助规划，促进某些产业和部门的发展，或是延缓其衰退的过程。③缩小区域差距。国家通过财政政策、金融货币政策等实现转移支付，帮助落后区域的发展，缩小地区差距或者抑制地区差距的扩大。缩小区域差距是区域政策最直接的内容。

纵观世界各国所提出的区域政策，其主要目标可概括如下：①提高区域内现有资源的利用水平；②更有效地在区内各种用途间分配资源；③实现区域内最佳增长；④在区域间有效地再分配生产要素，以使总收入与总增长最大化；⑤实现区域间增长率的均等化；⑥实现区域间收入的均等化；⑦为缓解通货膨胀压力而缩小区域差异；⑧减少区内拥挤而造成的外部成本，形成最佳空间结构。上述目标在许多情况下并不是相容的，所以必须依据不同的区域和不同的发达程度做出选择。

第三节　区域经济发展概述

一、区域经济发展的本质特征

区域经济发展作为区域经济学研究的主要领域之一，有别于一般的经济发展，表现出以下本质特征：

（一）时间维度上的区域经济增长

特定的区域商品及劳务的增长指的是区域经济的增长，而数据化及模型化体现的是现代经济增长的理论特征，具体体现在通过数学计量手段联系经济增长相关的变量，从而构造模型对未来进行指导，并起到预测未来的作用。具有代表性的理论有新增长模型、新剑桥增长模型、新古典增长模型、哈罗德-多马模型等经济增长模型，而来自主流经济学的一个重要理论分支指的是现代经济增长理论，它继承了主流经济学传统，将时间序列数据作为模型的基础，沿着时间维度推导结论和描述未来。①

（二）空间维度上的空间结构演化

人类经常活动的场所叫作空间，通过空间可以反映出各种社会经济活动，在多种因素的影响下，经济活动产生了一定的集中及扩散作用，会对区域经济的非均衡增长起到推动作用。而且，通过区域经济的非均衡增长形式，在一定空间范围内将会引发各种社会经济客体和现象的形态、聚集规模、相互结合关系等发生相应变化。

所谓的区域经济的空间运动体现得较为全面，具体表现为传输能源流、信息流、人流、物流等动态过程。在地域空间中体现出社会经济系统与系统内部的各子系统及其环境之间的相互关系及作用既是集聚、组合及分化各社会经济活动的动态过程，也是人类社会经济活动区域选择的结果。区域空间结构的演变过程便是区域经济空间的运动过程，同时对区域经济增长以及区域空间结构演化进行考察，然后从两者中寻找内在的联系，这便是

①赵胤斐，冯晖，张冰心，等．基于区域经济学视角的我国城市商业物流配送体系构建研究［J］．商业经济研究，2018（11）：116-118.

区域经济学有别于其他经济学研究的显著特征。

（三）区际关系上的吸引与辐射的交互

劳动分工及生产专业化的扩大，是通过在空间上各要素的均匀分布形成区际劳动的分工，加之出现的是社会制度性空间，从而建立一种排他性产权的模式，具体表现在具有行政管辖疆界的国家或区域中。劳动分工进一步的演变，可推动不同区域间的经济联系，本质是变换不同空间区域的资源配置及制度变迁，而区域是在市场经济条件下形成一个开放的系统，使得区域之间存在合作与竞争的双重关系。区域体现出吸引和辐射两种作用，其中吸引指的是在聚集力作用下，从其他区域集聚经济发展中获取相关资源及要素的形式；而辐射则指的是经济活动在特定区域经济中扩展及影响其他区域。区域间的经济发展处于一种不平衡的状态，这是由于区域间产业结构、分工与专业化程度、要素禀赋等不同的作用造成的，而在区域关系中，强势的区域具有一定优势，体现出较强的辐射及吸引能力，而弱势区域则体现出较弱的吸引和辐射能力。

二、区域经济发展动力与机制

所谓机制原指机器的构造和动作原理，生物学和医学在研究一种生物的功能（例如光合作用或肌肉收缩）时，常借指其内在工作方式，包括有关生物结构组成部分的相互关系及其间发生的各种变化过程的物理、化学性质和相互关系。阐明一种生物功能的机制，意味着对它的认识已从现象的描述进到本质的说明。所以，所谓动力机制是指在事物运动与发展过程中各种动力的作用原理与传导过程，其本质是描述动力与事物运动与发展的内在联系。

经济发展的动力机制则指在经济发展过程中，各种经济动力的作用机理及其传导过程，反映经济发展动力与经济发展之间的内在联系。研究经济发展的动力与动力机制是揭示经济发展规律的重要途径。

（一）区域经济发展动力

区域是一个空间概念，要素与经济活动主体在区域空间上的聚集是区域产生的根本原因。聚集是推动区域经济发展的根本力量，聚集经济是区域经济的本质特征，因而聚集是区域经济发展的根本动力。

1. 聚集动力的相关特性

(1) 聚集动力的方向性。方向性是聚集动力的特点，偶尔也出现负向性。例如，区域经济一旦进入聚集经济状态，聚集动力与区域经济的方向性便处于一致的状态，当然偶尔也会伴随负向性，也就是与区域经济发展方向相反，因而对区域经济的发展起到负面影响。如果区域经济处于聚集的萧条状态时，区域经济的发展速度将会因为延续原有的聚集方式出现减慢的现象，甚至出现倒退。

（2）聚集动力的动态性。聚集的动态性体现在区域空间上，聚集度随时会发生变化。因为区域是一种开放的空间，流动性的要素是容易流入及流出的，对于那些新的企业或产业而言，区域外的企业更容易迁移至特定的区域空间，甚至出现区域内的企业迁移至其他区域的现象；区域性要素的境况会随时发生，比如区域内自然环境的改善。上述变化均会带来聚集度的变化，从而导致聚集动力的变化。

（3）聚集动力具有加和性。区域经济的发展集中体现在聚集过程，而聚集度不断提升的过程正是区域经济不断发展的过程，并且区域经济发展的增加将会引发聚集程度的增加。区域经济的根本发展动力是集聚动力，不过该动力并非是唯一的动力，而是聚集动力与其他类型动力相互结合推动区域经济的发展。

（4）聚集是区域经济发展的内生动力。在特定区域的空间范围内容易发生聚集过程，造成的聚集现象是由区域经济发展的内在因素导致的，所以聚集是区域经济发展的内在动力。

2. 区域聚集效应

区域的聚集效应是指社会经济活动因区域空间聚集产生的各种影响或经济效果。区域聚集效应可从分工与专业化、规模经济、外部经济和市场效率等方面进行考察和分析。

（1）分工效应。所谓分工效应，是指由于聚集而给区域经济活动主体带来的分工与专业化方面的影响。分工与专业化具有聚集需求，分工与专业化的发展需要相应的外在环境与条件。企业分工专业化的深化，客观上要求企业具备一定的生产规模，手工作坊式的生产，分工专业化起不到应有的作用。因而，聚集是分工与专业化实现的条件和基础。

分工与专业化生产作为近现代经济的一种生产方式，是推动经济增长的重要力量之一。分工与专业化生产之所以能够产生巨大的经济利益，是因为：分工与专业化能够促进劳动生产率的提高；分工和专业化生产有助于生产要素投入的节约；分工与专业化生产有助于提高企业的经营管理效率。分工与专业化使得复杂的生产程序变得较为简单，而且由于分工比较明确，生产技术的可控程度增强，企业管理工作的复杂程度则会降低，效率得到提高；分工与专业化有助于技术创新和进步，有助于大规模生产设备的采用，从而扩大了技术应用的潜力；分工与专业化促进了生产方式的发展，使得大规模专业化生产成为可能，社会产品日益丰富。

（2）规模效应。所谓规模效应，是指由于聚集导致经济规模增加而给区域经济活动主体带来的利益影响。规模经济是区域聚集经济的一个重要方面，既包括生产方面的利益（即生产规模经济），也包括消费方面的利益（即消费规模经济）。前者主要表现为单位产品成本随产量的扩大而递减，后者则表现为单位消费品或消耗品的平均支出随聚集规模的扩大而下降。

产生规模经济的原因有很多方面，其中最为重要的是投入的不可分性。在组织社会经济活动过程中，总有一些投入是不可分的，它与一定区间上的规模大小无关。以生产性投入的不可分性为例，假定某生产活动唯一的投入是某种特定的资本品，这些资本品如果在物质上将其分割，则可能会变得毫无用处或至少失去其原有的生产功能，因而它们是不可分的。这种不可分的投入广泛地存在于社会活动的各个范围和领域，不仅单个企业内部、产业内部，而且整个城市内部、区域内部都存在着投入的不可分性问题。前者如企业内部的固定成本、产业内部的技术培训与信息收集成本等，后者则如城市基础设施、交通、管理、污染控制等公共物品的投入，都具有明显的不可分性。与之相联系，不仅在生产领域，而且在诸如文化、娱乐、教育、住房等消费领域也存在类似的状况。所以，在城市经济和区域经济中，不可分的投入是导致各种规模经济的一个决定性因素。

不可分投入的另一种表现形式为设置成本。经济活动的组织，毫无疑问都要花费设置成本。就企业而言，其设置成本主要表现为准备工作所花费的各种成本，一旦设置成本已经付出，则产出与其要素投入必须成正比，这样产品平均成本则随产量的扩大而降低。在这种情况下，规模收益递增的现象十分明显。在区域经济活动中，类似的设置成本在各个领域中广泛存在。除了企业以外，整个行业的创立、公共物品的生产、社会文化团体的组建等都存在着类似现象。产业规模扩大致使管理、销售、生产及相应投入等效率得到提升，这是产业形成规模经济的原因。

首先，扩大生产规模是为提高专业化劳动分工及增强生产线作业。提高个人技能，降低产品需求及原料供应的随机变动，满足所需产品及原料的存货，从而提高企业的生产力。

其次，通过产品贮藏、产品运输及广告宣传等销售活动扩大企业的生产规模，从而形成规模经济，企业产品所分担的销售费用也随之降低。实现企业合理规模，需要充分满足市场所需及相应的技术条件，而产业空间集中的社会经济活动，将充分的社会经济条件及市场条件提供给企业，从而确保实现企业的合理规模。空间集中的社会经济活动，将充分的社会技术及市场条件提供给企业合理规模，同时聚集大量熟练的劳动力，为企业规模的扩大提供了必需的劳动力市场，这便是经济聚集引发的结果。

（3）外部效应。所谓外部效应是指由于聚集产生的区域内的经济活动主体带来的外部经济方面的利益。外部性的产生与人类社会经济活动存在相互作用，各种外部经济效应的存在是聚集经济产生的重要原因。由于社会经济活动的空间集中，各种行为的相互依赖与摩擦的状态格外强烈，因此外部性特征更为突出。总而言之，因社会经济活动及行为主体的相互作用而产生的外部性经济利益大致有以下方面：

1）经济活动主体获取更好的信息和技能。经营活动存在于现代经济的不同产业中，发展因素占主体地位，通常认为产出在一个企业中可能是另一个企业的投入，只要出现其中一个因素就可以激发改革创新，并有效促进经济发展。上述的经济利益信息是产生聚集经济的又一重要原因。

2）大数法则利益。聚集了各种行为的个体扩大活动空间，即使很小的活动依然可以将个体与空间发生相互关联的联系，使得社会经济活动更加有效。比如，那些有偏好的消费者使得需求和生产得到减缓，导致厂商的利益受损，而有一些社会经济活动可以使各种不同能力的居民找到适合自己的工作，因此提高居民就业。大量的经济活动主体集中在一起，可实现特定区位优势资源的利益共享。

3）多样性经济利益。这种经济利益多发生在城市中，这种城市具有一定的异质性，不同身份的居民通常由社会组织、厂商及居民等人群构成。他们之间无时无刻不产生交互作用，从而体现出各种外部经济利益，其中也包括风俗、知识及思想观念的交融。因此，居民的社会生活文化更加丰富多彩，还激发出新的发明、新的思想及知识。另外，汇集在居民及厂商之中，为市场提供产品及服务来满足人们的需求，从而为分工及专业化的发展提供了社会基础，以上这些都是由多样性特征所产生的外部经济效果。

4）市场效应。所谓市场效应是指由于区域聚集而给区域内的各个经济活动主体带来的市场效率提高的利益，空间聚集所带来的市场效率的提高是显而易见的。

第一，聚集导致市场空间范围内的经济活动主体之间的经济联系增多。市场既是进行商品交换的场所或领域，又体现一种交换关系。同一产业内的企业之间表现为竞争与合作的关系；不同产业的企业之间体现一种竞争与互补的关系；厂商与消费者之间以及下游产业与上游产业之间存在着供给与需求的关系等。经济活动主体，包括城市居民在区域空间上的聚集，将导致这种经济联系增多。

第二，聚集导致市场需求增大。区域空间内大量人口的聚集，带来了巨大的市场需求，这种需求一方面表现为消费者个体的需求，也包括企业为保证其生产和扩大再生产所需的原材料、劳动力、能源和相关设备的需求。消费者和厂商数量的增加，将导致市场需求的增加。

第三，聚集导致市场供给能力的增强。同类厂商的聚集将直接导致某种产品市场供给量的增加，而不同类型厂商的聚集将导致市场上供给产品种类的增多。数量增加和品种增多的直接结果是市场供给能力的增强。

第四，各类经济活动主体在空间上的聚集，使生产者与消费者、原料生产商与厂商以及具有内在经济联系的经济活动主体之间的空间距离拉近，在发生经济联系或进行交易时可节约时间和交易费用。另外，空间聚集又导致市场竞争加剧。为取得竞争中的有利地位，各经济活动主体必须努力提高工作效率并规范市场行为，从而导致市场运行效率的提高。

3. 聚集动力的测度

为了表征特定空间上的聚集动力的状态，需要进行聚集的测度。表示聚集动力状态的指标是聚集度，即单位面积上聚集的要素或经济活动主体的数量。根据聚集对象的不同将聚集度分成要素聚集度和经济活动主体聚集度，而为反映不同类型的要素或主体在特定空间上的聚集状态，又将聚集度分成总量聚集度和分量聚集度。利用聚集度进行聚集的测度时，由于均采用单位面积上的聚集为标准，消除了因内涵式聚集和外延式聚集的不同所带来的差异。

特别需要指出的是，由于要素可分为流动性要素与非流动性要素，在聚集度的计算中，非流动性要素主要决定聚集度的初值，流动性要素则决定聚集度的变化，在研究聚集经济变化时具有十分重要的意义。在区域经济发展的理论研究中应特别关注流动性要素的变化，以及由此引起的聚集度的变化。

（二）区域经济发展的动力机制

区域经济发展的动力机制，指在区域经济发展过程中各种聚集动力的作用机理及其传导过程，反映聚集动力与区域经济发展之间的内在联系。聚集之所以能够成为动力，是因为聚集效应的存在，而聚集过程之所以发生，是因为存在着流入、流出和乘数三种效应。

1. 聚集过程的内在效应

聚集过程之所以能够发生、发展，以及聚集动力的作用过程和传导机制的存在，是因为聚集过程中存在着三种效应，即流入效应、乘数效应和流出效应。关于三种效应的讨论，是揭示聚集动力机制的关键。

（1）流入效应。所谓聚集的流入效应，是指客观上存在导致经济活动主体或要素向特定空间聚集的动机或力量。为说明问题，以厂商为例。企业的经济活动涉及“何时、何地、为何、如何”的问题。根据已有的研究成果得知厂商的生产目的是明确的，即追求利润最大化，当根据市场需求厂商决定生产什么和何时生产以后，厂商目标实现取决于价格、产量和成本。同等投入的情况下，劳动效率决定产量并影响成本。要素价格决定成本，于是具有满足厂商生产可能性要求，能够提高劳动生产率，并具有较低要素价格的优势区位成为厂商的必然选择。即优势区位存在厂商向其聚集的驱动力，也就是所说的流入效应。

（2）乘数效应。不管何种经济活动，在具体的生产过程中，经济活动主体都会与其他经济主体产生关联，该联系实现了经济主体的劳动价值。然而，生产各要素的组合及其内在联系决定了生产的效率，生产要素无法单独发挥作用。所以，实现经济活动主体目标的前提和基础是经济联系，而在特定的空间上，聚集的经济主体之间的联系与主体数量的增加为倍数的关系，这便是乘数效应。

（3）流出效应。这是相对于流入效应的一种相反的效应，即由于某种原因，使经济活动的主体或流动性要素从特定区位流出的现象。产生这种效应有两方面原因：①经济活动内容发生改变，但现有的区位条件无法满足要求，所以引发流出效应，如厂商生产了新的产品，而原有区位的资源条件无法满足生产要求而发生的流出效应；②存在其他更大领域的竞争，当其他区域的流入效应超过本区域的流入效应时发生的流出效应，因此其他区域的特惠政策也会导致本区域的企业迁出。

2. 聚集过程内在效应的交互作用

聚集过程的内在机理体现在乘数效应、流出效应及流入效应，而且归结出造成经济发展动力的原因是聚集。该过程的形成得益于流入效应、流出效应和乘数效应的交互作用。其中的流入效应是以特定的空间集聚为起点，在乘数效应的作用下形成新的流入效应，从而导致聚集度的不断提高。

通过流入效应与乘数效应的交互作用，可以帮助人们确定所在的特定区位是何区域城市，如何形成和发展，为何在此区位，而非在其他的区位。通过流出效应与乘数效应的交互作用，在城市与城市、区域与区域之间的竞争中，人们可以确定为何有些城市或区域的经济发展较快，而有些城市或区域的经济发展则较慢，甚至出现倒退。

可逆性是乘数效应的特征，并兼具正的乘数效应与负的乘数效应。表现为正的乘数效应时，说明是流入效应大于流出效应；当流出效应大于流入效应时，表现为负的乘数效应。

第四节　区域经济分析的过程与方法

一、区域经济分析的过程

区域经济分析的过程是从区域某一研究问题出发，界定研究范围和确定研究目标，之后进行调查研究并收集资料，再对相关数据、资料进行分析和处理，建立适用模型，进行模拟运算和仿真试验，然后对运算和试验结果进行比较和评价，最后整理成完整的方案或综合的有效信息，供区域决策者参考使用。其过程如图 1-1 所示。

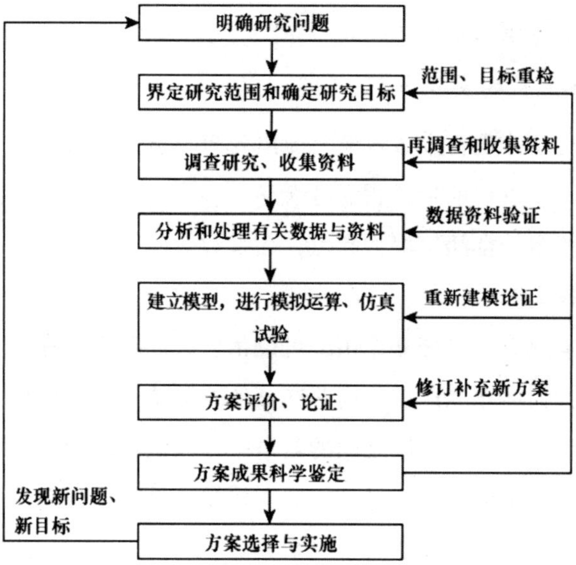

图 1-1　区域经济分析的过程

二、区域经济分析的方法

区域经济分析的方法体系是指分析并揭示区域经济总体变化、内部元素间关系及其外部联系的各种方法以及根据一定的规范对这些方法进行归类所形成的结构系统。

（1）区域经济要素间相互关系分析类方法。这类方法主要是对区域经济要素、区域经济子系统之间的相互关系进行定量分析，包括相关分析、灰色关联分析、回归分析、模糊贴近度分析、投入产出分析、主成分分析、因子分析等。

（2）区域空间分布模式分析类方法。这类方法主要是对区域经济要素的空间分布特征及规律进行分析，包括均值、方差、标准差、变异系数、峰度、偏度、锡尔系数、变差系数、威廉森系数等统计特征值分析方法和概率分析方法、分形分析方法等。①

（3）区域网络分析类方法。这类方法主要是对区域交通通信网络、行政区划、经济区域等的空间结构进行定量分析，包括几何学网络分析、图论分析，以及网络优化、城市交通模型、城镇体系模型等。

（4）区域经济类型分析类方法。这类方法主要是对区域经济现象的类型和各种经济区域进行划分，包括模式识别、判别、对应、聚类分析，以及经济区划等。

（5）区域要素空间变化规律分析类方法。这类方法主要是对区域要素进行分析以展示其空间变化规律，包括回归分析、趋势面分析、克拉克分析、克吕格分析、空间自相关分析、空间关联分析、空间洛伦兹曲线分析、对应分析等。

（6）区域发展过程模拟仿真与预测分析类方法。这类方法主要是通过模拟或分析区域经济现象随时间运动和变化的过程以定量地揭示规律，并对其未来发展趋势做出预测或得到仿真结果，包括回归分析、时间序列分析、区域增长收敛性分析、马尔可夫分析，以及灰色系统模型、系统动力学模型、模糊数学模型、元胞自动机等。

（7）空间相互作用分析类方法。这类方法侧重于定量分析区域要素在区际流动的方向与强度，包括线性规划模型、投入产出模型、人口流动模型、引力模型、重力模型、潜力模型、极大熵模型（空间相互作用模型）等。

（8）区域经济结构分析类方法。这类方法旨在分析区域经济的产业结构、空间结构特征，包括多样化指数、集中化指数、专业化指数、区位商、聚类、投入产出、洛伦兹曲线、基尼系数、对应、主成分、因子、基础-非基础分析模型等。

（9）区域空间决策分析类方法。这类方法主要是对区域经济活动的空间行为决策进行定量分析，包括线性规划、多目标规划、多维灰色规划、层次决策（AHP）、风险型决策、（非）确定性决策、模糊决策、灰色局势决策、蒙特卡罗、功能对比、生产函数模型、价值工程、计量经济分析等。

（10）区域经济运行诊断分析类方法。这类方法主要是对区域经济运行是否存在病理及病理原因进行分析，包括转移-分享分析、投入产出分析、成本-效益分析、相对增长分析、波特钻石模型分析、聚类分析、主成分分析、判别分析等。

---

①邢淑兰，杨孝安．经济学视域下流通产业与区域经济增长相关性分析［J］．商业经济研究，2018（3）：167-170.

（11）区域经济优化调控分析类方法。这类方法主要是运用系统控制论等有关原理与方法研究区域经济优化调控问题，包括线性规划、非线性规划、动态规划、目标规划、网络规划、现代控制论方法、耗散结构论、协同学、大系统理论、灰色去余控制理论等。

（12）区域系统复杂性分析类方法。这类方法旨在研究区域经济系统中的复杂性问题，包括突变论、混沌理论、分形分析、小波分析、神经网络分析、模糊网络分析、遗传算法、元胞自动机等。

思考与练习

1. 区域经济系统的特性主要有哪些？
2. 论述区域经济发展的本质。
3. 区域经济分析的方法主要包括哪些？

第二章　区域经济学的理论审视

区域经济学是以区位理论为基础，借助经济地理学的许多概念，运用了微观的、中观的、宏观的经济理论以及多学科综合分析的方法，并且吸收了其他许多学科的研究成果而发展起来的新兴学科。本章主要论述区位理论与集聚经济理论、区域经济均衡与非均衡发展理论、区域产业结构及其演进、区域经济可持续发展理论。

第一节 区位理论与集聚经济理论阐释

一、区位理论

区位理论，又称空间理论，是研究人类活动，包括产业、城市和区域经济活动的空间组织及优化的理论。经济活动的存在和运动都会占据一定的空间，从而在空间上形成一定的地理分布和移动。只有这种分布和移动比较合理，才能获得较好的经济效益，因此区位理论的产生与社会分工和经济发展紧密相关。①

根据区位理论产生与发展的时间，有古典、近代与现代之分。一般而言，古典与现代区位理论主要区别在于立论依据以及考虑问题的范围和内容的差异。古典区位理论主要是指农业区位论和工业区位论；近代区位理论主要指中心地理论、市场区位论等；现代区位论则包括从运输区位论到新经济地理理论中的区位理论的大量内容。根据分析区位因素的侧重点和各个历史阶段的社会要求不同，可分为不同的区位理论学派，其中影响最大的有成本学派、市场学派、行为学派。

（一）区位理论的成本学派

成本学派又称最小费用区位论，是最早的区位论流派，其理论核心是根据企业生产的最低成本，确定企业的最优区位。

1. 农业区位理论

农业区位理论侧重研究人类农业经济活动中的空间选择和空间分布规律。德国经济学家杜能的《孤立国同农业和国民经济的关系》一书的出版标志着经济区位理论的诞生，杜能被推崇为经济活动区位理论的鼻祖、农业区位理论的奠基人。

（1）杜能农业区位论的前提条件。

第一，在“孤立国”中只有一个城市，且位于中心，其他都是农村和农业土地。农村只与该城市发生联系，即城市是“孤立国”商品性农产品的唯一销售市场，而农村则为该

①夏添，孙久文，林文贵．中国行政区经济与区域经济的发展述评——兼论我国区域经济学的发展方向［J］．经济学家，2018（8）：94-104.

城市供给全部工业品。

第二，“孤立国”是天然匀质的大平原，各地农业发展的自然条件等都完全相同，宜于植物、作物生长。荒地圈的存在使孤立国与外部世界隔绝。

第三，“孤立国”内没有可通航的河流和运河，马车是城市与农村间联系的唯一交通工具。

第四，农产品的运费与重量及产地到消费市场的距离成正比例关系。

第五，农业经营者以获取最大经济收益为目的，并根据市场供求关系调整他们的经营品种。

（2）农业区位论的内容。

1）杜能区位理论的基本经济。农业布局的区位选择实际就是在单位面积土地上获得最大利润的问题。市场上农产品的销售价格决定农业经营的产品和经营方式；农产品的销售成本为生产成本和运输成本之和；而运输费用又决定着农产品的总生产成本。因此，某个经营者是否能在单位面积土地上获得最大利润（P），将由农业生产成本（E）、农产品的市场价格（V）和把农产品从产地运到市场的费用（T）三个因素所决定，它们之间的变化关系可用公式表示为

$$P = V - (E + T) \tag{2-1}$$

按照杜能理论假设的前提进一步分析，“孤立国”中的城市是全国各地农产品的唯一销售市场，故农产品的市场价格都要由这个市场来决定。因此，在一定时期内“孤立国”各种农产品的市场价格应是固定的，即 E 是个常数。杜能还假定，“孤立国”各地发展农业生产的条件完全相同，所以各地生产同一农产品的成本也是固定的，即 V 也是个常数。因此，V 与 E 之差也是常数，故上式可改写成

$$PT = K \tag{2-2}$$

式子中 K 表示常数，也就是说，利润加运费等于一个常数。其意义是只有把运费支出压缩为最小，才能将利润增至最大。

2）结论：农业圈层布局。根据区位经济分析和区位地租理论，杜能提出六种耕作制度，每种耕作制度构成一个区域，而每个区域都以城市为中心，围绕城市呈同心圆状分布，这就是著名的“农业圈”。

第一圈——自由式农业圈。自由式农业圈为最近的城市农业地带，主要生产易腐难运的产品，如蔬菜、鲜奶等，本圈大小由城市人口规模所决定的消费量大小而决定。

第二圈——林业圈。供给城市能源、建筑用材等，由于重量和体积均较大，不便运输，从经济角度讲必须在城市近处产出，形成林业圈。

第三圈——轮作式农业圈。轮作式农业圈没有休闲地，在所有耕地上种植农作物，以

谷物（麦类）和饲料作物（马铃薯、豌豆等）的轮作为主要特色。

第四圈——谷草式农业圈。谷草式农业圈为谷物（麦类）、牧草休耕轮作地带。生产谷物和畜产品，以谷物为主。

第五圈——三圈式农业圈。此圈是距城市最远的轮作农业圈，也是最粗放的农业圈。生产谷物和畜产品，以畜产品为主。

第六圈——畜牧业圈。此圈生产的谷麦作物仅用于自给，而生产的牧草用于养畜，以畜产品如黄油、奶酪等供应城市市场。此圈之外，则为无人利用的荒地。

（3）农业圈的修正模型。杜能根据假设前提得出的农业空间地域模型过于理论化。因为现实存在的国家中，找不到与“孤立国”中所设想的自然条件完全相同的土地，不可能有那种既不靠河流边，也不在通航运河边的唯一的大城市，而且在具有一定国土面积的国家中，除了首都，还会有许多小城市分散在全国各地。为了使其农业圈模式更加符合实际条件，杜能根据市场的变化、可通航河流和其他小城市的存在对“孤立国”农业区位模式产生的巨大影响，对“农业圈”进行了修正。当“孤立国”内有一个大城市及其他小城市的情况下，小城市周围的农场需供应小城市农产品，同时小城市需供应周围地区农业生产资料，从而形成以小城市为中心的独立模式。

（4）杜能的农业区位论。杜能农业区位理论对后世经济区位理论发展产生了深远的影响：一是理论研究方法的创新，杜能所采用的“孤立化”的研究方法，利用这一方法是为了排除其他要素（如土质条件、土地肥力、河流等）的干扰，只探讨一个要素（即市场距离）的作用，即不考虑所有的自然条件差异，而只是考察在一个均质的假想空间里，农业生产方式的配置与距城市距离的关系，这种研究方法即人们通常所利用的两种基本科学方法（演绎和归纳法）之一的演绎方法；二是杜能首次将空间摩擦对人类经济活动的影响加以理论化和体系化，其研究不仅仅停留在农业的土地利用上，对城市土地利用亦具有重要指导意义。

2. 工业区位理论

德国经济学家阿尔弗雷德·韦伯在《工业区位论：区位的纯理论》一书中，以工业（制造业）生产活动为研究对象，论述了工业生产活动的区位选择原理，创建了系统的工业区位理论体系。韦伯被誉为工业区位理论的奠基人，其工业区位理论也是成本学派最具有代表性的区位理论之一。工业区位理论的理论核心就是通过对运输、劳动力及集聚因素相互作用的分析和计算，找出工业产品的生产成本最低点，作为配置工业企业的理想区位。

（1）韦伯工业区位理论的假设条件。为了理论演绎的需要，韦伯首先做了下列若干基本假设：

第一，研究的对象是一个均质的国家或特定的地区。在此范围内只探讨影响工业区位的经济因素，而不涉及其他因素。

第二，工业原料、燃料产地分布在特定地点，并假设该地点为已知。

第三，工业产品的消费地点和范围为已知，且需求量不变。

第四，劳动力供给亦为已知，劳动力不能流动，且在工资率固定的情况下劳动力的供给是充裕的。

第五，运费是重量和距离的函数。

第六，仅就同一产品讨论其生产与销售问题，不考虑生产的相互作用。

（2）区位三角形。假设在一个市场和两个原料产地的情况下，市场和原料产地之间的连线将形成一个三角形。如果市场 C 需要某种产品，生产该产品主要需要 M_1 和 M_2 两种原料，则在三角形内必有一点 P，是生产该产品工厂的最佳厂址，如图 2-1 所示[①]。这就是著名的“韦伯区位三角形”。

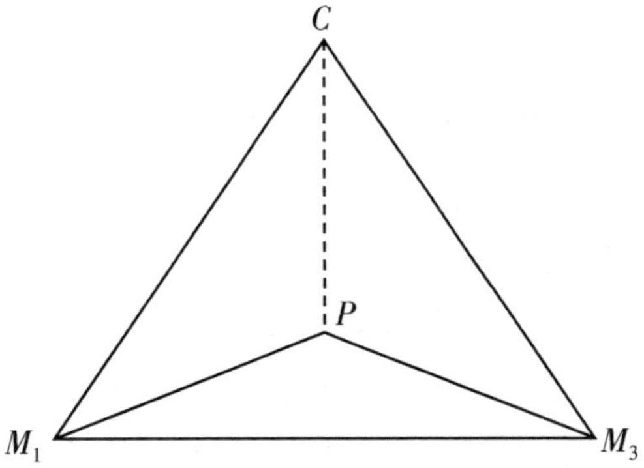

图 2-1　韦伯区位三角形

由于一个工厂往往不只有一个原料地，韦伯假定有 n 个原料地，将一个市场和几个原料产地之间用直线连接起来，就形成了一个多边形，韦伯将其称为“区位多边形”。在区位多边形中，选择工厂的最优区位，必须满足的条件为

$$\min F = f \times \min\left(\sum_{i=1}^{n} M_i R_i + R_k \right) \qquad (2-3)$$

式中，F 为单位产品总运费；f 为运费率；M_i（$i=1, 2, \cdots, n$）为单位产品消耗的 i 原料、燃料重量；R_i 为 i 原料、燃料的运距；R_k 为产品运距。

（3）劳动成本影响工业区位的分析。韦伯从运输成本的关系角度论述了工业区位模式

①丁生喜．区域经济学通论［M］．北京：中国经济出版社，2018.

之后，用影响工业区位的第二项因素——劳动力成本进行了分析。他认为劳动力成本是导致以运输成本确定的工业区位模式产生第一次变形的因素。所谓劳动力成本，是指每单位产品中所包含的工人工资额，或称劳动力费用。

当劳动力成本（工资）在特定区位对工厂配置有利时，可能使一个工厂离开或者放弃运输成本最小的区位，而移向廉价劳动力（工资较低）的地区选址建厂。其前提是在工资率固定、劳动力供给充分的条件之下，工厂从旧址迁往新址，所需原料和制成品的追加运费小于节省的劳动力费用。在具体选择工厂区位时，韦伯使用了单位原料或单位产品等运费点的连线即等费用线的方法加以分析。同时，他还考虑了劳动力成本指数（即每单位产品的平均工资成本）与所需运输的原料和成品总重量的比值，即劳工系数的影响。

（4）集聚与分散因素影响工业区位的分析。集聚因素是指促使工业向一定地区集中的因素，可分为一般集聚因素和特殊集聚因素。它们主要通过以下两方面对工业企业的经济效益产生影响：

第一，生产或技术集聚，又称纯集聚。它对工业效益的影响主要通过两种方式：①由工厂企业规模的扩大带来的；②同一工业部门中，企业间的协作使各企业的生产在地域上集中，且分工序列化。

第二，社会集聚，又称“偶然集聚”。它是由企业外部因素引起的，也包括两方面：①一是由于大城市的吸引、交通便利以及矿产资源丰富等原因使工业集中；②一个企业选择了与其他企业相邻的位置，获得额外利益。

生产集聚是一般集中因素，社会集聚则是特殊集中因素。前者是集聚的固定内在因素，后者则是偶然的外在因素。在讨论工业区位时，应主要注意一般集中因素，而不必太注意特殊集中因素。集聚因素如同劳动力成本可以克服运输成本最小区位的引力一样，由其形成的集聚经济效益也可使运费和工资指向的工业区位产生偏离，而形成工业区位的二次变形。分散因素与集中因素相反，指不利于工业集中到一定区位的因素。受此影响，一些工厂宁愿离开工业集聚区，搬到或新建在工厂较少的地点去，但前提条件是要看集中与分散的比较利益的大小。

（5）确定工业区位的步骤。工业区位因子的地区差异导致不同地点设厂的收益差异，因而确定工业区位的步骤包括：①根据运费因子来确定工厂的最优区位；②根据劳动费因子对工厂区位进行修正；③根据聚集（分散）因子对工业区位进行再修正，得出合理区位。

（6）韦伯的工业区位论简评。韦伯的工业区位论是经济区位论的重要基石之一。其进步性主要体现在：

第一，韦伯首次将抽象和演绎的方法运用于工业区位研究中，建立了系统化的工业区位理论体系，为后世区位论学者提供了研究工业区位的方法论和理论基础。

第二，韦伯理论的最大贡献之一是最小费用区位原则，即费用最小点就是最佳区位点。继他之后的许多区位论学者的理论仍脱离不开这一经典法则，仅仅是在其理论基础上的修补而已。

第三，韦伯理论不仅局限于工业布局，对其他产业布局也具有指导意义。特别是他的指向理论已超越了原有仅仅论及工业区位的范围，而发展成为经济区位布局的一般原理。

当然，由于理论与现实之间存在客观差距，韦伯的工业区位理论也存在一定的局限性。

3. 运输区位理论

区位论的研究十分重视运输因素，但运输因素本身有很多问题需要研究。美国学者胡佛于 1931 年与 1948 年分别写了《区位理论与皮革制鞋工业》和《经济活动的区位》两本书，考察了运输成本问题。

（1）运输成本的构成。运输成本由两部分构成：①线路运营费用；②站场费用。前者是距离的函数，后者在大多数时间是常数。此项研究奠定了运输区位论的理论基础。

（2）研究结论。

第一，若企业用一种原料生产一种产品，在一个市场出售，且在原料与市场之间有直达运输线，则企业布局在交通线的起点或终点最佳，因为在中间设厂将增加站场费用。

第二，如果原料地和市场之间无直达运输线，原料又是地方损重原料，则港口或其他转运点是最小运输成本区位。

运输区位论的建立对区位论的发展起到了很大的促进作用。由于仅用运费来说明产业布局的指向存在很多问题，因而对运输因素的深入研究则可以更准确地对其进行解释。运输区位论建立以后，引出了人们对市场区位的研究，加速了古典区位论向现代区位论的转化。

（二）区位理论的市场学派

市场学派又称最大利润区位论，产生于 20 世纪 20 年代，在区位论中晚于成本学派。20 世纪初，资本主义社会进入了垄断资本主义阶段，商品的价值实现成为企业经营者最重视的问题。同时，第二、第三产业取代第一产业成为国民经济的主导部门，以及交通运输网的发展和运输效率提高，单位产品运输成本迅速降低，运输对企业区位的制约作用逐步弱化，而市场问题则上升为企业盈利、生存的关键，导致区位论的市场学派产生和发展。区位论对市场因素的研究，标志着古典区位论向现代区位论的转化。

产业布局必须充分考虑市场因素，尽量将企业布局在利润最大的区位。在市场的激烈竞争中，商品销售问题日益突出，这时在考虑生产成本与运费的同时，还必须充分考虑到市场划分与市场网络合理结构安排。围绕这两个问题，产生了许多市场区位论，包括注意市场区划分和占领地域扩大化的半宏观区位理论，以及市场网络合理结构的宏观区位论。

研究市场划分的主要理论有谢费尔的空间相互作用理论，费特的贸易区边界区位理论、帕兰德的市场竞争区位理论、罗斯特朗的盈利边界理论以及吉·李的自由进入理论等。其中，空间相互作用理论受到了许多学者的关注。研究市场合理结构的理论主要有克里斯塔勒的中心地理论和廖什的市场网络理论，是近代区位论的重大贡献者。

1. 中心地理论

中心地理论也称为中心地方论，是由德国地理学家克里斯塔勒提出的。在他的重要著作《德国南部的中心地——关于具有城市职能聚落的分布与发展规律的经济地理学研究》（中译本《德国南部中心地原理》）中，系统地建立起了这一对地理学尤其是聚落地理学具有重大影响的中心地理论。

（1）基本概念。中心地是指区域内向其周围地域的居民点提供各种商品和服务的中心城市或中心居民点。由中心地提供商品和服务的职能称为中心地职能。中心地职能主要以商业、服务业为主，同时还包括社会、文化等方面的活动，但不包括中心地制造业方面的活动。

中心性或者中心度，可理解为一个中心地对周围地区的影响程度，或者说中心地职能的空间作用的大小。需求门槛是指某中心地能维持供应某种商品和劳务所需的最低购买力和服务水平。在实际中，需求门槛多用能维持一家商业服务业的最低收入所需的最低人口数来表示。这里的最低人口数，就称为门槛人口。在其他条件不变的情况下，消费者购买某种商品的数量取决于他们准备为之付出的实际价格，此价格就是商品的销售价格加上为购买这种商品来往的交通费用。显然，实际价格是随消费者选择商品提供点的距离的远近而变化的。距离越短，交通花费越少，商品的实际价格越低，该商品的需求量也就越大；否则相反。由此可以得出，商品销售范围就是指消费者为获取商品和服务所希望通达的最远路程，或者是指中心地提供商品和劳务的最大销售距离和服务半径。

（2）假设条件。

第一，有一个匀质平原，在平原上各个地点自然条件相同。

第二，生产发展的条件、人口分布、每人的购买力水平与消费习惯都是均匀一致的。

第三，市场是统一的，在各中心地商品和服务的质量价格完全相同。

第四，生产者和消费者都是理性的经济人，生产者追求利润最大化，消费者要节约交通费用。

（3）六边形市场区。在一个均质平原上，由一个中心地为所有人提供商品和服务显然是不可能的。超额利润的存在必然吸引其他中心地的厂商加入进来，为了避免相互竞争引起销售额下降，第二个中心地必须与第一个中心地相隔一定距离，不能相距太近。以后，在这块平原上由于新的中心地厂商的不断自由进入，竞争结果使各厂商经营某类商品的最大销售范围逐渐缩小，直到能维持最低收入水平的门槛范围为止。这样，就使某类商品的供给在均质平原上最终达到饱和状态，而每个中心地的市场区都成为圆形，且彼此相切。但是，相切的圆形市场区，如果不重叠的话，圆与圆之间必然会出现空隙，这将使居住在这些空隙里的居民得不到服务。但在相互激烈竞争的情况下，这种现象不可能长期存在下去。各中心地都试图把这片空白区吸引到自己的市场区内，竞争的结果就是使它们之间的距离进一步缩短，以致各中心的销售范围都有一部分相互重叠。这时，居住在重叠区内的居民就有两个可供选择的区位。按照消费者最近供应地购物的假设，重叠区就被平均分给两个相邻的中心地，其中位于平分线上的居民到两个相邻的中心地的距离是相等的，故这条线被称为无差别线。由于重叠区被无差别线分割，圆形的市场区即被六边形的市场区所取代，从而推导出正六边形市场区这一便于组织中心地与服务区相联系的最有效的全覆盖的理论图式。

（4）市场等级序列。根据前面的论述，中心地商品和劳务的需求门槛、利润和服务范围，是与中心地规模、人口分布密度、居民收入水平及商品与服务的种类密切相关的。例如，在一个规模较小、人口密度和居民收入都很低的中心地，其每个单位面积内的商品销售量和服务需求水平很低。不同规模的中心地，其需求门槛和销售范围也是不同的。它们在空间地域上的这些差异，经过互相作用和人类经济活动的干扰，就将形成规律有序的中心地-市场等级体系。

就区域内各城镇而言，大城市的商业服务设施和商品种类向高级发展，多而全；中等规模的城市具有中高级或仅能维持中级水平，服务项目较少；小城市具有中低或只有低级水平，种类少而不全。一般城镇（县城、建制镇）只有基本生活性商业与服务业，水平很低，种类更少。就城市内部而言，市级中心、区级中心和小区级商业服务中心也有类似的分异规律。

就不同商业、服务行业而言，有些行业经营品类多，有些则少；有的以高级为主，有的以低级为主。商品的种类、级别不同，其需求门槛和服务范围也不一样，由此形成的等级序列可归并为：低级商品和服务，售价低，顾客购买频率高，需要量大，需求门槛低，销售距离短或服务半径小；高级商品和服务，因质量好、耐用、更新慢，故售价高，需要量相对少，购买频率低，运费占售价的比重小，致使其门槛高，销售距离长或服务半径大。高级商业服务中心提供高级到低级的全部商品和服务，中级商业服务中心提供从中级到低级的全部商品和服务活动，而低级商业服务中心只提供低级的商品和服务。需求门槛和服务范围也依次由高到低、由大变小。

2. 中心地理论的发展

1939 年德国经济学家廖什发表了《经济的空间秩序》一书，后经修改再次出版，改名为《经济区位论》，提出了与中心地理论相似的市场区位理论。廖什理论的特点是把生产区位和市场结合起来，从市场区的概念入手，并把其作为解决问题的起点。他提出，生产和消费都在市场区中进行，生产者的目标是谋求最大利润，最低成本、最少公里的区位不一定能保持最大利润，因此正确地选择区位要谋求最大市场或市场区。

廖什对克里斯塔勒的中心地理论做了如下补充：

第一，在现实生活中，市场区和中心地的分布模式是不规则的和多样的。

第二，交通线对市场区的范围和分布影响很大，在主要交通干线两侧必然会集中更多的工业、商业和人口，形成富裕区，而在两条交通线之间交通不便的地方则很少有企业和人口集聚，为贫穷区。富裕区与贫穷区间隔分布是现实经济生活中经济景观的重要特点。

第三，在富裕区的中心地和市场区范围内，一般拥有更高级的经济活动和更为稠密的交通网络，而贫穷区则较少。

第四，由于交通方便，可以延长商品销售的经济距离，因此市场区会在交通干线上向两边延伸，形成矩形，而不再是标准的六边形。

由于中心地理论是以匀质区域假说为基础，艾萨德补充研究了在人口分布不均匀条件下的中心地模式。基本观点是：在绝大部分地区，人口的空间分布是非均匀的，中心地附近人口密度会比较高，随着中心城市向外围延伸，人口密度逐渐下降。人口密度的不同将对中心地模式中市场区的大小发生重大影响。在人口密度高的中心城市附近，单位面积土地产生的商品和服务需求量大于人口密度较低的地区，较小的市场区面积就能够满足企业较高销售量的需求。因此，在人口密度大的地区市场区范围通常比较小，或者说，同样大面积的地区中心地比较多；相反，在人口密度比较低的地区，市场区范围比较大，同样大小的面积范围内中心地个数比较少。

（三）区位理论的行为学派

区位理论的行为学派是一种考虑与分析人的主观因素（对环境的知觉和相应的行为），从而对工厂区位进行决策的学派。它采用对个体主观因素的群体客观分析法，考虑了人的心理过程。

20 世纪 60 年代后期，美国数量地理学家普赖斯详细研究了行为因素对工业区位的影响，发展了史密斯的空间成本曲线和盈利边际理论，发现企业的布局行为与企业掌握的信息量以及运用信息的能力密切相关，这为区位分析的行为因素定量研究奠定了基础。20 世纪 70 年代以来，对于区位问题出现了两种行为地理研究方法。一种是空间行为法，即从普遍性观点研究人的行为对区位规律的影响，如企业主总是想挑选一定区位使成本低、利润大、独占市场，消费者总希望价格低、距离近、挑选性强。对于这些问题，在区位论的成本学派和市场学派最终也是考虑的，但不自觉。另一种是行为空间法，从特殊性观点出发来研究人的行为对区位的规律的影响，它采用类型区调查，得出结论，然后应用到同类型地区中去。无论哪种方法，就区位研究而言，都要考虑以下方面：

1. 决策者行为

工业区位的决策者是经理及高级技术管理人员，他们在决定设厂时要考虑该地区社会文化生活、已有设施、相关企业经营状况，以及中央和地方政府的财政、税收政策、科技水平和协作条件等。不同的决策人掌握的信息量和对信息的运用能力有差别，因而做出的区位决策也不同。

2. 消费者行为

消费者包括生产消费者和生活消费者。生产消费者重视产业协作条件、上下游企业的发展水平与竞争状态以及集聚经济效益。生活消费者是一般居民，由于民族、收入水平、居住地区等差异，消费行为也有很大差别，这就要求生产者不断调整生产、服务内容与方式，以适应消费者行为变化及消费市场的需求。

3. 被雇佣者行为

企业从事生产经营活动需要大量管理人员、技术人员和工人，他们的择业目标不同，并且在不同时期会有变化。例如，一些人注重劳动报酬，他们倾向于在收入高的地区就业；一些人注重生活质量，企业所在区域的生活环境就成为他们选择就业地区的主要条件。另外，同一个劳动者，在他初期工作与积累丰富经验之后对企业的要求也会不同。因此，企业需要针对不同人群进行心理分析，确定最优区位。

二、集聚经济理论

（一）集聚与集聚经济

集聚是指或因生产过程社会化分工，或因利用某些共同生产资源，或因市场，或为扩大地区同种产品的生产能力促使企业在地域上的集中。集聚经济一般是指因社会经济活动及相关要素的空间集中而引起的资源利用效率的提高，以及由此产生的成本节约、收入或效用增加。

集聚经济产生的原因可以概括为四个方面：①空间集中能够产生规模经济效应。②空间集中能够产生大数法则利益。经济活动涉及众多的参与者，如果经济活动分散在较大的空间，交易的偶然性就较强，交易的风险也就增大。而通过集聚，每一项经济活动都会有足够多的个体与之相适应，从而降低了风险。③空间集中能够产生互补性利益。任何一项经济活动都不是孤立存在的，而是需要相关的经济活动的支持或配合。④空间集中能产生信息传递利益。空间的集中使交往的次数大大增加，大大便利了信息交换和技术扩散。

（二）集聚的主要类型

1. 经济联系集聚

经济联系集聚的目的在于加强地区内企业之间的经济联系，为企业发展创造更有利的外部条件。它又分为两种类型：纵向经济联系和横向经济联系。

（1）因纵向经济联系而形成的集聚。纵向经济联系是指企业之间互为投入、产出的关联关系。纵向经济联系有前向与后向联系之分：前向联系是指与后续加工过程之间发生的生产联系，如炼钢业的前向联系产业依次为轧钢、机器制造、金属加工等；后向联系是指与前续加工过程之间发生的生产联系，如炼钢业的后向产业依次为炼铁、炼焦、烧结、选矿、采矿等。另外，还有分支产业，如由炼焦的副产品（煤焦油、煤气）做原料的焦化学工业，由炼铁过程排出的矿渣做原料的矿渣水泥。

（2）因横向经济联系形成的产业集聚。横向联系是指那些围绕着地区主导专业化部门形成的产业群体之间的关系。如以石化工业为地区主导专业化部门的地区，围绕石化工业建立起来的石化设备生产与维修企业，石化产品运输企业、销售企业以及石化科研机构。

2. 指向性集聚

指向性集聚是为充分利用地区的某种优势而形成的产业（企业）群体。具体可分为以下三种：

（1）同指向同产业部门集聚。这是基于地区一种区位优势而集聚了大量同产业部门的企业，如在产棉区或纺织品消费市场区集聚了大量棉纺织工业企业。同类企业集聚在一个地区，便于开展专业化协作，且有助于加强平等竞争、共同提高技术装备水平和产品质量，从而使每个企业都能分享集聚所带来的好处。还可共同使用交通、供水、供电等公共设施，以及为这类产业服务的科研、信息机构，从而产生外部经济效益。

（2）同指向多产业部门集聚。这是基于地区的同一优势而集聚了大量不同部门的产业，形成多产业群落，如利用地区的廉价劳动力集聚了纺织、服装、食品、家具制造等不同部门的产业。这些产业存在横向与纵向的经济联系，可带来较多的外部经济效益。

（3）多指向多产业部门集聚。这是基于地区的多种区位优势而集聚了大量不同产业部门的企业，形成多产业群落，如在一些大城市集聚着金融业、商业、房地产业、工业等产业部门。首先，多种类型的企业集聚在一个地区，可以形成比较完整的产业结构、技术结构和产品结构体系，彼此之间互为对方的原料供应商和产品使用者，从而缩短了运距，减少了运费，节约了时间，提高了效益；其次，可以满足消费者对商品的多样化需求，吸引更多的客源，开拓市场；最后，可以协调各种不安定的因素，克服由于偶然性、季节性、周期性所导致的经济波动。

（三）集聚经济效益

从微观角度看，由于区域的主导产业在生产上或在产品分配上有着密切联系（经济技术联系），或布局指向相同，它们往往成群地按一定比例布局在区域的某个优越的地区内，形成一个高效率的生产系统，改善了企业生产的外部环境，使区域整个生产系统的总体功能大于各个企业功能之和。这种由于产业集聚获得的超出各个组成部分的效益，称为集聚经济效益。

1. 集聚经济效益的主要表现

集聚经济效益主要表现在：第一，增加地区人口与就业；第二，使地方为出口提供投入的企业得到扩大生产；第三，增强地区财政收入。集聚经济发展的连锁反应与正反馈效应如图 2-2 所示。

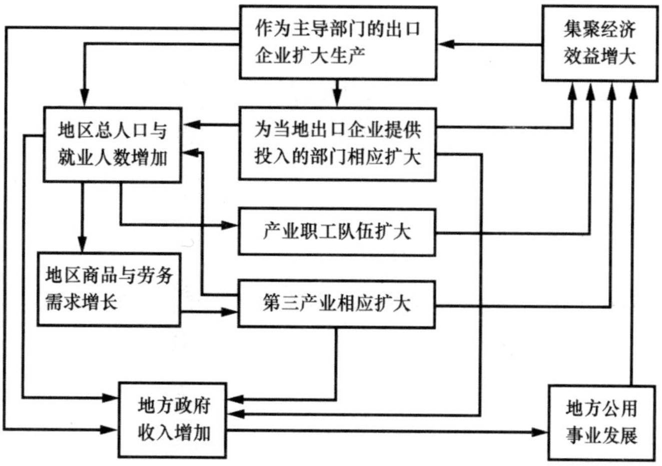

图 2-2　集聚经济发展的连锁反应与正反馈效应

2. 集聚经济效应的重要特点

集聚经济效应的特点可以概括为空间性、外部性和规模性三个方面，具体如下：

（1）空间性。集聚效应是因为企业和居民在空间上的彼此靠近而获得的。

（2）外部性。集聚效应是空间上集中的企业和居民，通过外在因素在客观上互相为对方提供利益而使经济利益增加或费用减少。

（3）规模性。集聚效应以一定的规模为前提，通过微观主体的内在规模经济来实现，即只有取得自身的规模效益，才能使外在利益得以转化为现实的利益。

（四）产业集聚的地域合理规模评价标准

地域合理规模体现在两个层面：①地域内每个企业的合理规模；②地域内整体产业布局的合理规模，后者以前者为基础。产业集聚地域合理规模的评价标准主要有以下三点：

第一，构成该产业的单个企业的经济效益是否最好。市场经济条件下，每一个企业都是独立的经济人，追逐利润最大化是其根本目标。一个企业与同类企业是否布局在特定地方，取决于是否能获取最大的利润。

第二，社会效益是否最大。从社会效益方面评价产业布局的优劣，主要是指产业布局对地区发展所做的贡献。产业布局在特定地区取得经济效益并不是唯一目标，而能为该地区提供税收、安置就业、提高该地区的人均国民收入等也很重要。有的企业布局在特定地区会产生很大的环境污染，那么即使它能产生很大的经济效益，也不能考虑。

第三，地区产业结构是否最优。区域产业结构是全国经济空间布局在特定区域组合的结果，产业结构的优劣决定了该地区经济发展的速度和质量。地域内整体产业布局的合理规模，主要表现为某一产业的合理规模和三次产业的结构与规模是否合理。

总之，实现产业布局的地域合理规模，既是企业的自主选择，也是政府部门的规划决策。在市场经济条件下，主要通过区域产业政策来调整。

（五）集聚规模的影响因素

区域集聚规模的影响因素主要包括：①地区资源条件是影响产业集聚规模的基础因素。它既是促进产业集聚的因素，也是限制集聚规模的因素，如矿产资源、水资源、土地、劳动力等。②地区的经济基础，特别是公共基础设施的承受能力，是限制集聚规模的主要因素，如交通道路运输、供水、供电、污水排放处理、通信系统的完备程度等。③地区及地区核心城市的管理水平、组织能力、城市的承载能力、政策环境等软环境条件，对集聚规模影响很大。④居民的文化教育、观念、开放程度、生活条件、素质对产业集聚也有吸引能力。⑤地区的自然地理位置、知名度。⑥生态环境的承受能力。这些因素有的是积极因素，有利于产业集聚，有的是消极因素，限制产业集聚，或两方面的作用都有。

（六）集聚不经济

产业的集聚规模在一定范围内是地区经济发展的推动力量。在知识经济条件下，单个企业的合理规模表现出适当聚集的态势。一个地区的原材料和能源的供给、资金和劳动力的供给、基础设施的承受能力、环境的排污能力、政府的管理水平等，在特定时期都是有一定限度的，在这个限度内聚集，就能实现节约，实现规模效益。但是，聚集效益服从边际效益递减规律，聚集超过一定界限，程度越强，其效益越低。无论什么地区，在特定时期及特定经济技术条件下，可能达到的集聚规模总有一定限度，超过了这个限度，就会由集聚经济转化为集聚不经济，导致原材料供应紧张、生产及销售成本上升、利润下降，加重区域辅助产业的负荷，增加区域管理的复杂性。集聚不经济表现为两个方面：①因不合理集聚造成的不经济；②因集聚过度造成的不经济。

1. 不合理集聚造成的不经济

不是任何类型的集聚都会给地区经济带来利益。例如，把一个钢铁厂与一个矿渣水泥厂布置在一起，一方面起着资源综合利用、利益互补的作用，另一方面也会造成矛盾，水泥厂会与钢铁厂争水源、电力、运力、公用设施。若把一些相互没有经济联系，又指向不同的产业硬拼在一起，就会相互争夺有利区位因素，这就是不合理的集聚。

2. 集聚过度造成的不经济

即使把经济上、生产上有密切联系的企业布局在一起，若集聚过度也会造成不经济。例如，过度集聚会造成地区间生产力布局不均衡，影响地区间经济的协调发展。在自由市场经济条件下，集聚一旦形成就会形成集聚累积效应，加剧生产力在地域分布的极化效应，从宏观角度看，这种极化效应是不利于地区整体经济发展的。过度集聚规模超过地区的承受能力（物力、运力、基础设施能力）就会导致经济膨胀，阻碍地区经济的进一步发展。

其实集聚的有利因素和不利因素从一开始就是共存的，只是两种因素的对比关系不同，当区域中出现集聚不经济时就会产生扩散，表现为资金、技术、材料、信息、人才等生产要素直接外流或者企业外迁、在区外设分厂等。

第二节 区域经济均衡与非均衡发展理论

一、均衡发展理论

均衡发展或均衡增长是区域经济发展的一种方式。区域均衡发展理论主要认为经济是有比例、相互制约和相互支持发展的。新古典区域均衡发展理论是区域均衡理论的代表之一，是建立在自动均衡倾向的新古典假设基础上的。根据该理论，市场机制是一只“看不见的手”，人们普遍坚信，只要在完全竞争市场条件下，价格机制和竞争机制会促使社会资源进行最优配置。这一理论包括莱宾斯坦（Harvey Leibenstein）的临界最小努力理论、纳尔逊（Richard R. Nelson）的低水平均衡陷阱理论、纳克斯（Ragnar Nurkse）的贫困恶性循环理论等。①

这一理论是建立在一系列严格假设条件之上的。这些假设条件包括：

（1）生产中有资本和劳动力两种要素，并且可以相互替代。

（2）完全的市场竞争模型。

（3）生产要素可以自由流动，并且是无成本的。

（4）区域规模报酬不变和技术条件一定。

（5）发达地区资本密集度高、资本边际收益率低、不发达地区劳动密集度高、工资低。

该理论认为，区域经济增长取决于资本、劳动力和技术要素的投入状况，而各个要素的报酬取决于其边际生产力。在自由市场竞争机制下，生产要素为实现其最高边际报酬率而流动。在市场经济条件下，资本、劳动力与技术等生产要素的自由流动，将导致区域发展的均衡。因此，尽管各区域存在着要素禀赋和发展程度的差异，劳动力总是从低工资的欠发达地区向高工资的发达地区流动，以取得更多的劳动报酬。同理，资本从高工资的发达地区向低工资的欠发达地区流动，以取得更多的资本收益。要素的自由流动，最后将导致各要素收益平均化，从而达到各地区经济均衡发展的结果。

---

①谢蔓．应用型区域经济学专业人才培养的策略探究［J］．中国商论，2016（19）：186-188.

（一）临界最小努力理论

莱宾斯坦在《经济落后和经济增长》一书中提出临界最小努力理论，主张发展中国家应努力使经济达到一定水平，冲破低水平均衡状态，以取得长期持续的经济增长。如果经济发展的努力达到一定的水平，但是提高人均收入的刺激小于临界规模，那么就不能克服经济发展的障碍、冲破低水平均衡状态。为使一国经济从落后状态向比较发达状态转变，取得长期持续的增长，这个经济必须在一定时期受到大于临界最小规模的增长刺激。

莱宾斯坦的命题建立在这样一个经验证据上面，即人口增长率是人均收入水平的一个函数。从长期来看，发展中国家推动人均收入上升的刺激力量一般小于人均收入上升时所遇到的阻力。因此人均收入始终保持在仅能维持生存的均衡点上，引起一个反复轮回的所谓恶性循环。但是，如果外来的刺激力量十分巨大，使人均收入持续地大幅度上升，这时即使消费水平因收入的增加而提高，也不至于把增加的收入全部用于消费，同时诱发的人口增长也为经济发展提供了条件。在这种情况下，发展中国家就会有力量摆脱其恶性循环，迈向持久性的成长。也就是说，一国的经济从落后状态向比较发达状态转变，就必须在一定的时期受到大于临界最小规模的增长刺激。

（二）低水平均衡陷阱理论

低水平均衡陷阱理论是在莱宾斯坦提出的“准安定均衡”理论的基础上，由发展经济学家纳尔逊进一步提出和完善的。该理论假设当人均收入超过维持生命的水平时，人口就要迅速增长，但当人口增长率达到“自然的上限”以后，收入的增长使人口下降。其理论的主要内容是：不发达经济的痼疾表现为人均实际收入处于仅够糊口或接近于维持生命的低水平均衡状态，很低的居民收入使居民储蓄和投资受到极大的限制。如果以增加国民收入来提高储蓄和投资，通常亦导致人口的增加，从而又将人均收入推回到低水平稳定均衡状态之中。这是不发达经济难以逾越的一个陷阱。该理论主要涉及人均资本与人均收入增长、人口增长与人均收入增长、产出的增长与人均收入增长三方面的关系。纳尔逊认为发展中国家人口的过快增长是阻碍人均收入迅速提高的陷阱，必须进行大规模的资本投资，使投资和产出的增长超过人口的增长，才能冲出陷阱，实现人均收入的大幅度提高和经济增长。

纳尔逊认为，形成低水平均衡陷阱的四个经济技术条件包括：①人均收入水平和人口增长率的高度相关性；②人口基数过大和人均收入过低，使得任何投入的额外追加都难以提高人均收入，进而使储蓄和人均投资的增加亦十分困难；③耕作制度的落后，使发展中国家最为看重的资源之土地严重短缺；四是所采用的生产方法缺乏效率。除此之外，若干经济因素和经济活动中只改变收益分配格局而不增大国民收入总量的“零和效应”，也会阻碍经济的发展。另外，发展中国家还存在种种阻碍进步和发展的社会、文化方面的问题。

持续的经济增长要求打破低水平均衡陷阱，在现有经济资源不变和没有外部刺激的情况下，要走出陷阱，就必须使人均收入增长率越过人口增长率。因此，必须多管齐下，综合治理。其主要措施有六种：①从制度上创造有利于经济发展的政治氛围和社会环境；②出台计划，缩小家庭规模，改变社会结构，鼓励节俭消费，倡导居民储蓄，培养企业家精神；③改变收入分配格局，避免公平伦理观念影响效率原则，并促使财富向投资者集中；④依靠国家综合投资以及国民经济发展计划和规划的确定，加大突破陷阱的力量；⑤吸引外资以增加投资和收入；⑥是通过技术进步来提高现有资源的使用效率。

（三）区域均衡发展理论的评述

新古典区域均衡理论从纯粹供给的角度论述，认为区域长期增长取决于资本、劳动力和技术三个要素，各个要素报酬取决于其边际生产力。然而，其没有考虑区域空间特征，生产要素的流动并不像设想的那样灵活。

（1）从资本的流动性看，由于大部分资本是固定资本，资产专用性使其转移存在巨大转移成本。

（2）从资本的流动方向看，投资者不仅要考虑利润最大化，更要看投资环境的综合条件，发达地区对投资者的吸引力可能更大。

（3）劳动力并非完全流动，其迁移受信息非对称及制度与非制度因素影响。

区域均衡发展理论显然是从理性观念出发，采用静态分析方法，把问题过分简单化了，与发展中国家的客观现实距离甚远，无法解释现实的经济增长过程，无法为区域发展问题找到出路。在经济发展的初级阶段，非均衡发展理论对发展中国家更有合理的和现实的指导意义。

二、非均衡发展理论

区域经济差异一直是区域经济学研究的核心问题之一，也是世界各国经济发展过程中的一个普遍性问题，其中的非均衡发展理论，最初是发展中国家实现经济发展目标的一种理论选择。由于区域与国家在许多地方的相似性，使得该理论与均衡发展理论在做区域开发与规划时经常被借鉴和引用，作为区域经济发展战略选择的理论基础。不均衡增长理论的基本观点可概括为以下方面：

（1）落后地区真正缺乏的不是资源本身而是把资源投入使用的方法与能力，应该优先考虑那些能最大限度地吸引投资的项目。

（2）经济发展初期，由于资源约束，应该首先发展带头产业，从而推动其他部门的发展。当经济发展到高级阶段，国民经济各部门发展需要一定的协调以维持稳定、全面的增长时，均衡增长便成为必然。所谓均衡的恢复不是压力、刺激和强制的结果，不均衡才是常态。

（3）均衡增长与不均衡增长是从不同角度、不同时期、不同阶段考虑的。强调不均衡增长的目的是为实现更高层次的均衡增长。均衡增长是目标，不均衡增长是手段。

不均衡发展理论遵循经济非均衡发展的规律，突出重点产业和重点地区，有利于提高资源配置的效率。由于发展中国家一般处于资本稀缺的经济发展的初级阶段，相对于均衡增长而言，不均衡增长理论更具有吸引力。这也是几十年来区域不均衡发展理论在发展中国家日益受到广泛关注和普遍采纳的原因。

（一）不均衡增长理论

不均衡增长理论是由著名的经济学家赫希曼在《经济发展的战略》一书中提出的。该理论主张发展中国家的投资应有选择地在某些部门进行，其他部门通过其外部经济作用而逐步得到发展的经济战略。

发展中国家主要稀缺的资源是资本，若实行一揽子投资，则资本稀缺这一瓶颈将无法突破，从而也就无法实现均衡增长。赫希曼指出，发展的路程好比一条“不均衡的链条”，从主导部门通向其他部门，从一个企业通向另一个企业，从一个产业通向另一个产业。经济发展通常采取跷跷板的推进形式，从一种不均衡走向新的不均衡。因此，发展政策的任务不是取消而是要维持紧张，即维护不成比例或者不均衡，使不均衡的链条保持活力。不发达经济取得经济增长的最有效选择是采取精心设计的不均衡增长战略。

首先选择若干战略部门进行投资，当这些部门的投资创造出新的投资机会时，就能带动整个经济的发展。一般来说，新的投资工程刚开始时，它总要利用以前的工程创造的外部经济，同时它自己也创造能被以后的工程所利用的新的外部经济。投资工程可以划分为两大类：一类是对外部经济利用多而创造少，具有收敛级数性质的投资；另一类是对外部经济利用少而创造多，具有发散级数性质的投资。发展政策当然要鼓励、促进利用少而创造多的发散性投资，但实际状况往往是两类投资交叉进行。

赫希曼是首先提出产业之间的前向联系和后向联系概念的经济学家。前向联系产业一般是制造品或最终产品生产部门，后向联系产业一般是农产品、初级产品生产部门。赫希曼进而认为，应该根据联系效应理论，把投资重点放在中间的基本工业上，会引起前向联系效应和后向联系效应，带动整个地区经济的发展。在项目选择上，应该优先选择那些能产生最大引致投资的直接生产性部门，以其优先增长来带动其他部门的发展。即一个国家在选择适当的投资项目进行优先发展时，应当选择具有显著的前向联系效应和后向联系效应的产业，而联系效应最大的产业就是产品需求收入弹性和价格弹性最大的产业，在发展中国家通常为进口替代工业。可见，不均衡增长理论是从资源有效配置的角度，考虑如何把有限的资源分配于最有生产潜力即联系效应最大的产业，通过这些产业的优先发展以解决经济发展的瓶颈问题，并带动其他产业发展。这就是赫希曼不均衡增长理论的核心。

（二）循环累积因果理论

经济学家冈纳·缪尔达尔（Kad Gimnar Myrdal）于1944年在其《美国的两难处境》中提出循环累积因果理论。社会经济的变动并不如新古典主义者所说的那样，是由单一的或少数的因素决定的，而是由技术进步、社会、经济、政治、文化和传统等多种因素决定的。

把社会经济制度看成是一个不断演进的过程，认为导致这种演进的技术、社会、经济、政治、文化等多方面的因素是相互联系、相互影响和互为因果的。如果这些因素其中一个发生了变化，就会引起另一个相关因素也发生变化，后者的变化反过来又推动最初的那个因素继续变化，从而使社会经济沿着最初的那个变化所确定的轨迹方向发展。可见，社会经济的各个因素之间的关系并不守恒或者趋于均衡，而是以循环的方式在运动，而且这种循环不是简单的循环，它具有积累的效果。总体来看，循环累积因果理论重点强调了社会经济过程中存在的三个环节，即最初的变化，接着是一系列传递式的相关的变化，最后又作用于最初的变化，并产生使其上升或下降的进一步变化，从而构成循环。

缪尔达尔的循环累积因果理论强调以下几个环节：起始的变化、第二级的强化运动、最后的上升或下降过程。他认为这个原理是反映了社会经济因素变化的客观运动，既是对现实世界的正确描述，又是制定政策的可靠依据。由于缪尔达尔的理论分析运用了“整体性”方法，强调经济同社会其他因素的互补性，他的理论也被认为是西方经济学的重大发展。

（三）倒U形理论

1965年美国经济学家威廉姆森（Jeffery G. WilHamson）发表了《区域不均衡与国家发展过程》一文，通过对20世纪50年代24个国家有关区域差异的国际性数据进行横向比较研究后，威廉姆森发现这些国家的区域差异格局在时间上呈现倒U形。其中贫穷的发展中国家如巴西、哥伦比亚、菲律宾与波多黎各等国的区域差异呈扩大的趋势，而发达国家如美国、加拿大、法国和意大利等国的区域经济差异却在持续缩小。

与此同时，威廉姆森又进行了单个国家区域收入差异变化的分析，并指出：在经济发展的早期阶段，区域差异逐渐扩大，但在经济发展的成熟阶段，这一差异趋于收敛。据此，威廉姆森认为区域差异遵循“全国增长轨迹上的倒U形曲线”。威廉姆森的倒U形理论表明，在到达拐点之前的相当长一段时期内，区域发展差异是不断扩大且难以消除，而且根据发达国家的发展经验，即便旧的差异缩小了，新的差异又会出现。积极活动的空间集中式极化是国家经济发展初期不可避免的现象，由此产生的区域差异将随着经济发展的成熟而最终消失。

倒U形理论的内在含义是经济发展与区域差异之间的相互作用和相互依赖性。具体地说，在经济发展的初期阶段，区域差异的扩大是经济增长的必要前提。因为用于国家经济发展的资源在此阶段是有限的，只有将有限的经济资源集中在较少的区域使用，才能实现最迅速的经济进步，否则将导致经济效率的损失。在经济发展的后期阶段，可供支配利用的经济资源比较充裕，进而鼓励新增长点出现的可能性增大；新的增长点的出现不仅可以缩小区域差异，进而还能促进国家整体经济发展水平的进一步提高。

第三节 区域产业结构及其演进

一、区域产业结构分类原则与体系

（一）区域产业结构分类原则

区域产业结构分类要遵循以下三个原则：

（1）区域产业结构分类要以区域优势为基础。区域产业结构是围绕区域优势建立起来的，区域优势不同的地区，产业结构也不相同。在分类中要突出能发挥区域优势的产业，包括具有绝对优势的产业和具有相对优势的产业。①

（2）区域产业结构分类应相对完整，应具有较紧密的关联性与动态性。区域经济的平稳发展既依赖于具有优势的专门化产业的快速发展，又需要与专门化产业相配套的一般产业的多元化综合发展。不同功能的产业相互关联与互补，形成完整的区域产业结构。专门化产业的功能是“发展”，一般产业的功能是“稳定”，缺乏任何一个环节的功能产业都

①曹细春，谢显慈．区域经济学的发展及其趋势探讨［J］．中国商贸，2014（11）：139-140，142.

可能影响区域经济的健康发展。因此，区域内各种形式的专门化产业应与一般产业的发展有机地结合起来。

（3）区域产业结构分类应反映区域分工的要求。区域分工是区域产业结构分类存在的基础。没有区域分工，各地产业结构都一样，那就无所谓产业结构分类。区域分工反映"区域"在经济活动中的意义：在全国统一市场条件下，各区域之间彼此分工，任何一个区域都为其他所有区域服务，其他所有的区域反过来也为该区域服务。国土面积越大，"区域"数目越多，区域分工的深度和意义越大，彼此互利的作用越大。

（二）区域产业结构分类体系

按照以上原则可以把区域产业做以下功能性分类：

（1）辅助配套产业。为地区专门化产业提供产中、产前、产后辅助配套的产业，其功能是确保专门化产业的顺利健康发展。从产业的关联性来看，辅助产业与主导产业有着最直接、最密切的纵向和横向的联系，完全是为主导产业服务的。在建设规模、速度及顺序上，辅助产业都应当按照主导产业发展的要求去做。区域主导产业不同，辅助配套产业也就不一样。

（2）区域专门化产业。区域专门化产业是指那些能发挥区域优势的、具有区域分工意义的、主要为区外服务的产业。区域专门化的程度称为专门化率，是指专门化产业在区域产业结构中所占比重与该产业在全国产业结构中所占比重之比。在区域各专门化产业中，根据专门化程度的大小及其与区域经济发展阶段的适应程度，又可分为主导专门化产业和一般专门化产业。即除主导产业外的地区专门化产业，包括前一发展阶段退下来的主导产业、处于形成中的未来的主导产业（潜导产业）、其他一般性专门化产业。根据区域动态比较优势原理，在重视主导专门化产业发展的同时，也不应忽视一般专门化产业的发展，以形成相互联系的替代链，使区域经济始终拥有起带头作用的产业，以促使经济持续、稳定、健康地发展。

（3）非专门化产业。非专门化产业是指专门化率小于1或略大于1的、主要满足区内需求的自给性产业，包括区内基础设施、生活服务产业和需求量大、不宜运输、发展要求不高的所谓普适性产业。区内基础设施主要有交通通信网、电力网、农田水利、城市基础设施等。生活服务产业包括商贸行业、餐饮、旅馆、仓储、社区服务、家政服务等。普适性产业涉及日常蔬菜、鲜活食品、奶制品、体积庞大的易碎物品及砂土、砖石类建材等。

区域产业结构分类既突出了区域产业的重点——主导产业，又兼顾了非专门化产业，组成了区域产业结构的完整体系；既强调了区域经济的专门化发展，又兼顾了综合发展；同时还清楚地反映了主导产业替代演进的区域产业结构发展规律。

二、产业结构的演进理论与趋势

按照一定的分类而形成的产业之间的比例，就是产业结构。随着经济的发展，区域产业结构会发生相应的转换和演变。所谓产业结构的演进是指区域产业结构依据经济发展的历史和逻辑顺序演变，不断达到更新阶段和更高层次的过程，即产业结构的高级化或高度化过程。这种结构变化不是随意的，而往往表现出一定的规律性。

（一）产业结构的演进理论

1. 配第-克拉克定理

在17世纪，英国经济学家威廉·配第（William Petty）在他的名著《政治算术》中就指出：制造业比农业，进而商业比制造业能够得到更多的收入。在经济发展中，这种不同产业之间相对收入上的差异，会促使劳动力向能够获得更高收入的部门移动。

20世纪50年代，科林·克拉克就此问题做了进一步研究。克拉克搜集和整理了若干国家按照年代的推移，劳动力在三次产业之间移动的统计资料，得出如下结论：随着经济的发展，即随着人均国民收入水平的提高，劳动力首先由第一产业向第二产业移动，当人均国民收入水平进一步提高时，劳动力便向第三产业移动。劳动力在产业间的分布状况是第一次产业将减少，第二次、第三次产业将增加。这就是所谓的配第-克拉克定理。

配第-克拉克定理不仅可以从一个国家经济发展的时间系列中得到印证，而且还可以从处于不同发展水平的国家在同一时点上的横断面的比较中得到类似结论。也就是说，人均国民收入水平越高的国家，农业劳动力在全部劳动力中的比重相对越小，而第二次、第二次产业的劳动力所占的比重相对越大；反之，人均国民收入水平越低的国家，农业劳动力所占比重相对越大，而第二次、第三次产业的劳动力所占的比重相对越小。

2. 霍夫曼定理

德国经济学家霍夫曼（Hoffman）对工业化过程中的工业结构演变规律作了开创性研究。其研究的重点是制造业中消费资料工业和资本资料工业在工业化的不同阶段的比例关系的变动趋势。他将制造业划分为消费资料工业、资本资料工业和其他工业三种。消费资料工业的净产值和资本资料工业的净产值的比值，就是所谓的霍夫曼比例，也称霍夫曼系数，用公式表示如下：

霍夫曼系数=消费资料工业的净产值/资本资料工业的净产值

霍夫曼在《工业化的阶段和类型》一书中将工业化过程分为四个阶段：

第一阶段：消费资料工业在制造业中占统治地位，资本资料工业不发达，霍夫曼系数为5左右。

第二阶段：资本资料工业的增长速度高于消费资料工业，但消费资料工业在制造业总产值中所占的比重仍大于资本资料工业比重，霍夫曼系数为2.5左右。

第三阶段：消费资料工业所占比重与资本资料工业所占比重大致相似，霍夫曼系数约为1。

第四阶段：资本资料工业所占比重大于消费资料工业，霍夫曼系数小于1。

资本资料生产属于重工业，消费资料生产属于轻工业。重工业在工业生产中的比重增大是工业化过程中的必然趋势。当工业化达到一定的程度之后，重工业的比重将大体上处于一个稳定的状态。从区域的角度出发来分析轻重工业的比例，必须注意区域经济的特殊性。由于各区域并不要求形成完整的工业体系，且各区域都有自己的区域优势，加之无限制的区域贸易的存在，在各个国家内部将形成重工业区域与轻工业区域的区别，所以用霍夫曼比例衡量区域经济结构的变化，有一定的局限性。

（二）产业结构的演进趋势

1. 知识技术集约化

从资源利用的角度看，产业结构由劳动密集型产业为重心逐渐向资本密集型产业为重心，再向知识技术密集型产业为重心的方向发展，这一趋势称为知识技术集约化。这意味着劳动力、资本、技术等资源要素在经济活动中的地位和作用将随工业化发展而发生变化。

2. 高服务化

从整个国民经济角度来看，产业结构由最初的第一次产业占优势向第二次产业占优势，再向第三次产业占优势的方向发展，这一趋势简称为高服务化。随着工业化的发展，首先是农业产值所占份额大幅度下降；然后是工业产值份额大幅度上升，并在产业结构中占有优势比重；进入工业化后期，工业产值份额下降，服务业产值份额持续上升，并最终占有优势比重。

3. 产业结构高度化

产业结构高度化也称产业结构高级化，是指一国经济发展重点或产业结构重心由第一产业向第二产业和第三产业逐次转移的过程，标志着一国经济的发展水平、发展阶段和发展方向。

（1）从产业结构的结构比例看，高度化有三个方面的内容：

第一，在整个产业结构中，由第一次产业占优势比重逐级向第二次、第三次产业占优势比重演进，即产业重点依次转移。

第二，产业结构中由劳动密集型产业占优势比重逐级向资金密集型、技术知识密集型占优势比重演进，即向各种要素密集度依次转移。

第三，产业结构中由制造初级产品的产业占优势比重逐级向制造中间产品、最终产品的产业占优势比重演进，即向产品形态依次转移。

（2）从产业结构高度化的程度看，高度化有四个方面的内容：

第一，产业高附加值化，即产品价值中所含剩余价值比例大，具有较高的绝对剩余价值率和超额利润，是企业技术密集程度不断提高的过程。

第二，产业高技术化，即在产业中普遍应用高技术（包括新技术与传统技术复合）。

第三，产业高集约化，即产业组织合理化，有较高的规模经济效益。

第四，产业高加工度化，即加工深度化，有较高的劳动生产率。

第四节　区域经济可持续发展理论阐释

一、发展循环经济促进区域可持续发展

区域可持续发展的一个重要方面，是发展循环经济。通过对生产资源的循环利用，使资源利用效益达到最大，从而达到发展经济、节约资源的可持续发展的目的。

（一）循环经济的学科基础及工业生态学

1. 循环经济的学科基础

探询循环经济的学科基础，是研究循环经济的哲学渊源、指导原则和基本规律，对明确循环经济研究目标和手段十分重要。①

（1）生态学基础。生态学是研究生物与环境之间的一门科学。正如仿生学一样，循环经济学也是研究人类仿照自然界物质代谢、循环、共生等的规律，并用以安排经济活动。一个生态系统，包括生物有机体及其周围一切空间和所有直接或间接影响生物有机体的环境。对生物的生长、发育、繁殖、形态特征、生理功能和地理分布等有影响的环境条件，

①韩玉刚，曹贤忠．中国区域经济学研究重点的回顾与展望［J］．经济问题探索，2013（9）：71-76.

即为生态因子。生态系统的规律可以总结为整体、协调、循环、再生等，这些生态规律已经被应用于农业、工业等领域的循环经济实践中。

（2）经济学基础。从经济学诞生之日起，资源配置特别是稀缺资源的配置就是经济学的研究对象。在生态环境逐渐稀缺的条件下，经济学将研究的对象拓展到生态环境也就不足为奇。各国政府之所以要推进循环经济的发展，其中还涉及一个外部性的问题。如果一种商品的生产或消费会带来一种无法反映在市场价格中的成本，就会产生一种“外部性”。外部性是指一些产品的生产与消费会给不直接参与这种活动的企业或个人带来有害或有益的影响，其中有益的影响称为“外部经济”，否则就是“外部不经济”。

生态环境属于公共产品。作为公共产品的环境，由于消费中的非竞争性往往导致“公地悲剧”——过度使用，由于消费中的非排他性往往导致“搭便车”心理——供给不足。通过发展循环经济，在提高自然资源利用效率的同时，也可以达到保护环境的目的。

（3）生态经济学。生态经济是一门跨社会科学（经济学）与自然科学（生态学）的边缘学科，是一门研究再生产过程中经济系统与生态系统之间的物质循环、能量转化和价值增值规律及其应用的学科。这里，生态环境已经从单纯自然意义上的人类生存要素转变为社会意义上的经济要素。

2. 循环经济的工业生态学

（1）工业代谢。工业代谢是20世纪80年代中期由阿瑞斯（Ayres）和西蒙尼斯（Simonis）等提出的。工业代谢通过研究物质、元素和能量代谢关系，分析经济运行中物流、能流和环境的影响，把握工业系统的整体运行机制，识别其中存在的主要问题和优先解决的目标，促使人们采取有效措施控制和预防环境污染。

（2）生命周期评价（LCA）。生命周期评价已经有了国际标准（ISO14040系列）。国内应加紧研究适合我国国情的生命周期规划、设计与评价方法，研究实现循环的方法，建立相应的软件平台和数据库。

（3）非物质化和非碳化。非物质化是指通过小型化、轻型化、使用循环材料和部件以及提高产品寿命，在相同甚至更少的物质基础上获取最大的产品和服务功能，或者在获取相同的产品和服务功能时，实现物质和能量的投入最小化。非碳化是指能源替代和减轻温室效应的非物质化手段。非物质化和非碳化是国际研究的热点，我国应加强此方面的理论方法的研究。

（4）生态效率。根据世界可持续发展工商理事会（WBCSD）的定义，生态效率是“提供有价格竞争优势的、满足人类需求并保证生活质量的产品或服务，同时逐步降低对生态的影响和资源消耗强度，使之与地球的承载能力相一致”。根据世界可持续发展工商理事会的度量方法，生态效率可以表示为产品或服务的价值与环境影响之比。生态效率越高，表示能以较少的环境代价获得较大的经济收益。这与循环经济的宗旨一致。

（二）循环经济的发展方向与原则

技术进步是建立和发展循环经济体系的关键。循环经济技术的研发起点要高，要有前瞻性，以引导循环经济的长期发展；要站在国家乃至全球可持续发展的角度，研究循环经济的技术发展方向；要在广泛调查、分析的基础上，对循环经济的关键支撑技术进行识别和优选，研究和制定支撑技术清单。

1. 循环经济的发展方向

地球资源储备和环境容量有限。从长远角度看，循环经济的发展目标应是尽量少用或不用不可再生的自然资源和能源，以维系人类在这个星球上的不断繁衍和永续发展。

（1）促进可再生资源和生态系统的再生和恢复。发展那些使得水、其他可再生资源、生态系统和环境在使用后能迅速恢复其原先的数量和质量的技术，包括资源循环和生态恢复等技术。

（2）逐步减少不可再生能源、资源的使用。加强可再生能源，包括太阳能、风能、水能、生物质能、地热能和其他可再生能源（如太阳能光伏发电技术、燃料电池、氢能、海洋能等）的利用技术的开发；同时，通过多学科交叉研究，研究和利用生物资源，以有效的加工系统人工合成各种工业原料，以此替代传统的石油烃类化工产品和其他初级原材料，改变远古时代以来人类开采矿产资源的模式。

（3）不造成新的生态破坏和环境污染。同样的自然资源，对其采取不同的加工使用方式可能导致完全不同的生态和环境影响，即资源使用量与生态环境质量之间不存在必然的比例关系，应发展那些不造成任何新的生态系统和环境破坏的技术。

2. 循环经济的发展原则

（1）生命周期评价（LCA）原则。我国人口众多，经济增长快，资源需求和环境压力大，因此就应根据国家资源、能源和生态环境质量的约束条件，合理规划资源、能源的利用途径。

（2）协调高消费和低污染原则。循环经济的目标是“一高两低”，即产品高消费、自然资源低消费、废弃物低排污。所谓的可持续消费，是要不断提高人们的生活质量，而不是抑制人类的合理消费需求。但同时，地球上现有的资源有限，如果不改变现行的生产和消费模式，人类的发展也不会持续太久。发展循环经济，就是要协调高消费和低污染的矛盾，研究采取哪些技术途径，既能满足人类日益增长的消费需求，又能最大限度地降低资源消耗，减少或消除环境破坏。这也是国家循环经济发展战略制定的基础。

（3）源头控制原则。循环经济的发展中，减量原则是第一位的，因此应该从源头进行控制，着眼于产业结构、产品结构的调整，最大限度地减少废物的产生。循环经济的发展不能停留在废物代谢阶段，即在废物产生之后，还应考虑如何来再利用和实现循环。应主动研究和优化产品代谢过程，通过革新现有的产品链、补充和完善产品代谢链网，使废物在产生以前就被减少或消除，或者在产生以后可以再生利用。我国正处在经济高速增长阶段，技术更新换代快，经济结构调整潜力大，实施源头控制原则，现实意义重大。

二、区域生态环境的可持续发展

区域生态环境可持续发展是以区域空间范围内的物质实体和社会因素长期持续演进为依托的，既满足当代区域发展的现实需要，又不影响区域未来发展的能力。

（一）区域生态环境可持续发展的特征

区域生态环境具有内容丰富、结构复杂等特性，是一个开放的系统，由自然、经济、社会等环境因素构成，其中自然可持续性是基础，经济可持续性是条件，社会可持续性是目标，三者的协调发展是区域生态环境可持续发展的基本特性。

（1）自然资源与环境的可持续性是区域生态环境可持续发展的基础。城市发展比较重视人工生态环境的建设，对自然资源和环境的保护意识比较薄弱。城市人口急剧膨胀，造成区域资源短缺，整体环境恶化，反过来就会限制城市的发展。因此，自然资源与环境保护是区域生态环境可持续发展的重要内容。其可持续性表现在城市环境应得到最大限度的保护，城市开发建设应保持在城市环境与资源的承载能力之内，城市的发展方向、规模与水平应决定于城市所在区域的环境容量和资源承载力。

（2）经济增长的可持续性是区域生态环境可持续发展的保障。城市发展要不断满足居民日益增长的物质要求，要不断改善环境质量，进行生态建设，这些都需要资金和物质的支持。只有经济的不断增长才能保证这些目标的顺利实施，但经济的增长要与城市的环境、资源、人口相协调，要在保护生态环境的基础上发展经济，转变经济的增长方式，走新型工业化之路，调整城市内部与城市之间资源和产业的合理分工与布局。

（3）社会发展可持续性是区域生态环境可持续发展的最终目标。实现科学的发展观，最重要的是以人为本，可持续发展区域谋求的最终目标是提高人类的生活水平，具体包括居民基本权利的实现、人居环境的改善、社会资源的公平分配、不同层次人群的需要都可以得到满足、社会保障体系的健全、社会心理的稳定等。

因此，实现区域生态环境的可持续发展，必须在可持续发展理论的指导下，以人与自然的和谐发展为价值取向，更新观念，树立环境价值观，正确处理城市发展建设过程中社会经济和环境之间的关系，力求城市与自然共生共荣，与区域和谐统一，以保证城市经济不断增长、人民生活质量水平不断提高、区域生态环境系统良性循环的发展目标的实现。

（二）区域生态环境可持续发展的原则

1. 发展的量与质相统一原则

可持续发展的核心是发展，发展的重要内容是经济的发展，经济的可持续发展要求既要注重数量的增长，又要注重质量的提高，强调质与量的统一。一方面，经济增长要尽量减少资源的消耗量，依靠科学技术进步推进增长；另一方面，城市发展强度要与城市发展能力相适应，即发展的规模、密度、频度要与提供给城市本身的各种要素的数量、质量相适应。

2. 以预防与保护为主原则

目前很多城市环境污染和资源损害已构成对发展的威胁。自然生态的脆弱性已经警示人们，只注重经济增长的发展几乎走到了尽头。全球性的环境问题，已使人类社会的发展难以为继。因此，必须以预防和保护为主，将城市经济发展和居民对生物圈的影响限制在环境承载力范围之内，不断提高经济发展的技术含量。

3. 可持续原则

区域生态环境的可持续发展，必须建立在与之相适应的文化意识与道德观念基础之上，其核心是尊重自然，确立自然界是人类生命之源的战略地位，真正把人类看成自然界的一部分，建立自然环境和社会协调均衡发展等环境伦理道德观念。

4. 全面协调发展原则

区域生态环境是一个自然、经济和社会复合共生的生态系统，区域生态环境的可持续发展必须建立在各方面高度和谐、协调的基础上，强调在保持资源和环境永续利用的前提下促进社会经济的全面发展。因此，应强化生态环境建设，建立科学的城市运行、调控与管理系统，以维护复合系统的全面协调发展。

思考与练习

1. 区域经济均衡理论包括哪几种？
2. 论述区域生态环境可持续发展的原则。

第三章　区域空间形成与产业集群效应

区域空间是影响区域协调发展和整体竞争力的重要因素，而产业集群理论已经成为指导区域发展的重要理论和发展工具。本章围绕经济活动的区位、产业集群形成及其作用、产业集群的发展机理与特征展开论述。

第一节 经济活动的区位分析

一、区位与区位因素

区位是指某一主体或事物所占据的场所，具体可标识为一定的空间坐标。区位本身并无优劣之分，但在一定的经济系统中，由于社会经济活动的相互依存性、资源空间布局的非均匀性和分工与交易的地域性等特征，各区位对经济活动在市场、成本、资源、技术等方面的约束不同，从而产生不同的经济利益，因而在区域经济学中，区位更多地强调经济利益差别。①

（一）经济区位

经济区位是某一经济体为其社会经济活动所占有的场所，即经济活动的地区或地点。工业生产所占场所即为工业区位，而居住活动所占据的场所则为居住区位，各城市经济活动所占据的场所则称为城市区位。经济区位对经济活动的效果有深刻影响，因而经济区位有优劣之分。

（二）区位单位

区位单位是指布局于某一区位上的某一社会经济统一体内的各个组成部分。它是经济区位的布局主体。根据研究的层次不同，区位单位的具体内涵也不相同。例如，在研究区域产业布局时，某一工业整体即可视为一个区位单位，而在更微观的研究层次上，区位单位则可能是指一个工厂、学校、百货公司等。可见，区位单位是经济区位的主体因素，是社会经济活动区位布局的物质实体。

（三）区位因素

区位因素是指区位单位进行空间配置的外部约束因素。在不同的区位上，人口与资源

---

①白云真．区域主义与国际政治经济学［J］．教学与研究，2011（2）：45-52.

分布、市场供求状况等不同，因而其区位利益具有很大差异，区位单位的布局状况也就不同。一个区位的相对优劣，主要取决于以下四类区位因素：

（1）地区性投入：该区位上不易转移的投入的供应情况。它具体是指存在于某一区位、难以从他处移入的原料、供应品或服务等。如土地资源、气候资源、矿产资源以及区域医疗、教育基础设施等。

（2）地区性需求：该区位上对不易转移的产出的需求状况。这取决于区域人口数量、收入水平等。

（3）输入的投入：从外部供给源输入该区位的可转移投入的供应情况。如输入区域经济发展所依赖的资本、技术、劳动力、一般原料供应等，它在一定程度上反映该区位的经济吸引力。

（4）外部需求：区域向外部市场销售可转移产出物中得到净收入的情况。通常情况下，优越的区位产品外销费用低，可利用发达的流通渠道输出产品迅速赚取收益，而处于不利区位上的经济产出则受到当地生产技术水平和市场、运输条件等制约，不容易输出到区外。它在一定程度上反映该区位在大区域中的地位。

区位因素也称为区位因子，可以根据其特点划分为自然因子（包括自然条件和自然资源）、运输因子、劳动力因子、市场因子（市场与企业的相对位置、市场规模、市场结构）、集聚因子（集中或分散）、社会因子（包括政治、国防、文化）等。在不同的区位上，区位因素（区位因子）不同，其区位利益也有很大的差别，从而也就决定了各个区位的相对优劣。而且在区位决策时，由于考虑的区位因素重点不同，由此形成了不同的区位理论学派。

二、个体单位的区位决策

由于生产要素的不完全流动性、经济活动的不完全可分性和产品与服务的不完全流动性，各个区位的区位因素具有很大的差异，因而经济空间是非均匀的，具有区位优劣之分。优势区位将给经济主体带来额外的经济利益，而劣等区位的经济利益则相对较小。所以，生产者与居民必须通过区位决策获取区位利益，以扩大其利润或效用。

（一）生产者的区位决策

（1）假设条件。在既定的技术条件下，一定的投入可以得到的最大产出是既定的。该经济系统中各个区位上的要素价格（包括工资和地租）和产品价格相同，从而厂商的要素投入成本不因区位改变而不同。

（2）分析与结论。在既定的经济空间中，厂商的区位不同，即使生产投入不变，等量的投入也可能得到不同的最大产出。由于优势区位利益的存在，在同样的技术约束下，优势区位的厂商比劣等区位的厂商可以获得更高的产出，从而单位产品成本也就相应降低，利润也就随之提高，于是生产者均衡将趋向于更高的规模。当然，区位利益减少时，产出也将减少。当在某一区位上获得的产出甚至小于既定技术条件下应有的产出水平时，厂商必然迁出该区位。在一个经济系统中，如果距离聚集中心远近不同，其区位利益不同，则厂商的均衡决策也将随之出现差异。

（二）消费者的区位决策

（1）假设条件。假设居民所面临的产品或服务的价格是既定的。

（2）分析与结论。由于居民所处的空间位置不同，可能得到的区位利益不同，居民的消费、就业和生活可能产生很大的差异。区位经济利益至少在以下三个方面对居民产生影响：

第一，优势区位所产生的交易费用节约能够提高居民的支付能力。在名义收入不变的情况下，它显然节约了居民消费时的搜寻、交通等方面的支出，从而提高了货币的购买能力。同样的货币收入由于区位上的便利显然可以购买更多的消费品。

第二，区位利益作为外部性经济效果能够为居民带来额外的效用满足。例如，城市便利、舒适的生活文化环境，显然作为一种非支付品为居民带来了额外效用，城市消费品的多样性所产生的补偿性效应也显然提高了消费效用。

第三，区位利益也可能导致居民货币收入的提高。城市居民相对于农村居民而言，显然具有更好的受教育条件，其接受新知识、新思想的机会更多，从而劳动能力和劳动技能也相对提高，其收入水平也相对较高。越接近就业中心，居民的就业机会就越多，就业决策就越正确，从而可以发挥专长，从事尽可能高收入的工作。

综上所述，区位经济利益显然从支出、消费、就业三个方面提高了居民的真实收入水平。

（三）厂商与居民区位决策

由于区位利益的存在，对于生产者而言，同样的投入获得了较大的产出；对于消费者而言，同样的支出获得了较大的效用。反过来讲，区位优势会使生产者节约成本或消费者获得同样效用的支出减少。因此，能够带来经济利益的优势区位自然成为生产厂商选址的理想所在。而且由于优势区位具有外部性特点，只要存在超额利润，就会有更多的厂商靠近和加入。居民的区位聚集也存在上述倾向，优势区位的经济利益必将吸引更多的居民迁入。于是，在利益最大化原则下，优势区位将吸引众多厂商、居民的集聚，从而带动资本、人口、资源等形成区位聚集。但若存在市场竞争，上述状况就不可能永远维持。因为区位的竞争必然增加具有不可移动性质的土地的稀缺性，从而会提高土地要素的价格；而聚集所伴随的人口、资源、产品流动也不是没有代价的，超过一定范围后运输费用的增加必然抵消聚集所获取的外部性利益；与此同时，区位利益对生产者、消费者行为的上述影响必然会引起要素配置的空间变动，从而形成新的优势区位。

从整个经济系统来看，居民、厂商的空间集中将呈现出两种倾向：个人利益最大化的倾向和聚集数目最大化的倾向。前者是微观经济主体区位选择的根本动机，后者则是前者所导致的市场竞争的结果。

三、公共设施的区位选择

公共设施具有非排他性、联合消费的可能性和非竞争性，公共设施根据使用的特点可以分为出行设施和保险服务设施两大类。区域政府提供公共设施的基本目标是福利最大化，因此在出行类公共设施区位选择时，尽可能考虑让居民减少为了获得服务而花费的成本；而在保险类公共设施区位选择时，则要考虑覆盖面更大。

总之，人类的空间行为是有规律的，各种区位类型是在一定的行为驱动下形成的，如产业区位形成的动机一般是追求利润最大化，住宅区位的形成主要是追求效用最大化，而都市基础设施区位通常追求福利最大化。

多种多样的决策主体，在不同的区位偏好下，相互竞争和协调，共同决定了经济空间各区位单位的空间布局状况。也正因如此，在现实中，不仅有众多的同质主体的区位聚集点，而且也形成了众多的异质主体聚集点，从而形成了相互依存又相互竞争的经济空间系统，也就是某一特定区域空间。另外，区位优势是动态的，优势区位有可能丧失其优势，而劣等区位有可能发展成为新的优势区位。

四、产业布局指向

在各种因素和布局机制共同作用下的产业布局，往往反映出向某一类地域集中的倾向，称为产业布局指向。

（一）产业布局指向的类型

（1）燃料、动力指向（也称为能源指向）。如火电站、有色金属冶金、稀有金属生产、合成橡胶以及石油化工等部门。另外，重型机械制造、水泥、玻璃、造纸业等在有些情况下也属于能源指向型产业。在这类部门中，能源的耗费在生产成本中占很高的比重，一般在35%～60%。能源的供应量、价格和潜在的保证程度是决定产业布局的重要因素。

（2）原料地指向。原料地指向部门包括采掘工业、原料运量大或可运性小的部门。如原料开采、化纤、人造树脂、塑料、水力发电、钢铁、建材、森林工业、机械制造（部分），以及轻纺工业、制糖、罐头、肉类加工、水产加工和茶叶、棉花、毛皮等粗加工工业。原料地指向型产业大多是物耗高的产业部门，一般要考虑资源的数量、质量和开采的年限，还要考虑运输的能力等。

（3）市场指向（消费地指向）。此类部门主要包括为当地消费服务的部门以及产品易腐变质、不耐用、不易储存的部门，如重型机械、大型机械和特种机械的制造，建筑构件制造，面包、糖果、缝纫以及各类副食品生产部门。布局的要点是考虑产品本身的特性、产品就近销售的比重以及消费地所能够提供的产业间的协作规模。除此之外，城市中的传统服务业、小型企业等区位单位，其经营状况和生存与否主要取决于城市内的市场需求状况。

（4）劳动力指向。在劳动力指向部门中，劳动力费用的支出在产品成本构成中占有很大的比重，超过其他费用项目的支出，如仪器制造、纺织、缝纫、制鞋、制药、塑料制品以及工艺美术品等。劳动密集型产业的布局，往往考虑地区劳动力的供应情况。

（5）交通运输枢纽指向。对于产品耐运性较强、运费在产品成本中所占比重很高的部门而言，港口或其他转运点是最小运输成本区位。另外，若生产地与市场之间有直达运输线，企业布局在交通线的起点或终点可减少中转费用。

（6）高科技指向。高科技指向部门如电子计算机、生物工程、航天工业、机器人工业、新材料、新能源等，要求运用最先进的科技成果，研发能力强，设备先进，劳动力素质高，多布局在科研单位和大学聚集区附近，如日本的筑波、我国的中关村等。

（7）环境指向。对一些区位决策单位而言，区位的优劣主要取决于该区位的各种因素综合状况，即区位环境的好坏。比较典型的如居住区位的选择、某些高新技术企业的区位选择，更多地将受到该区位上科学技术、人才供给、创新刺激等方面的综合环境的影响。

（二）产业布局指向产生的新变化

由于企业规模技术特征、企业所有权状况、科学技术发展、市场竞争变化对产业布局产生影响，传统布局主要是对物质产品生产的布局，现在增加了对知识产品生产的布局，布局指向产生新变化，主要体现在：①无指向性产业增多，由于要素流动、网络和电子商业的发展，一些产业的布局指向越来越不明显。②聚集型布局指向出现，是指许多具有生产关联和非直接生产关联的企业在空间上集中布局，以获取更多效益。③在传统区位因素的基础上，区域软环境、智力资源、网络等新区位因素日益重要。

（三）区位选择和产业布局的主要机制

各类经济主体的区位选择和产业布局的主要机制有四类：①利益驱动机制。就是微观经济主体在利润、效用、福利最大化驱动下，做出区位抉择和布局决策。②市场调控机制。市场通过价格机制引导和调节微观经济主体的区位选择和布局决策。③宏观调控机制。国家或地方政府运用投资、财税等手段，改变区位优势，调整优化区域空间布局。④目标驱动机制。通过建立国家、区域或企业发展目标体系，间接引导和改变微观主体的区位选择。

第二节　产业集群形成及其作用分析

一、产业集群的形成

产业集群的形成是经济要素在空间聚集与扩散作用的规律下，各经营主体充分追求其最大利润的体现。其作用机制就是空间聚集为经营单位所提供的外部经济性吸引企业聚集在特定地区。

（一）产业集群形成的主要条件

产业集群的产生需要具备一定的经济和社会历史条件。

第一，集群产生的供给条件。其中主要包括集群产品存在技术可分性；集群产品的运输成本低；集群产品存在丰富的产品差异化机会；企业竞争环境的动态多变与速度的经济性；技术创新的网络性与知识的互通性。

第二，集群产生的社会文化和历史条件。丰富的社会资本与文化资本使集群内部的经济关系具有很强的社会嵌入性。运行良好的集群往往存在共同的文化传统、行为规则和价值观。这种社会文化环境氛围促使集群内部形成一种相互依赖关系，大大减少了交易费用，使企业家之间的协调与沟通容易进行，企业之间的深度劳动分工得以执行。①

第三，集群产生的需求条件。其中主要包括集群产品的消费行为易变性；营销信息沟通的口传性；集群中企业可获取多方面的需求利益；本地市场的支持与挑剔顾客的存在。

（二）产业集群形成的一般途径

产业集群主要通过以下途径形成：

第一，关键性企业的衍生。产业链的形成一般都有一个关键性企业，通过该关键性企业的衍生、裂变、创新与被模仿而逐步形成产业集群。

第二，政府引导。产业集群在形成之初基本上都是企业在市场力量的驱动下自发形成的，一旦产业集群的雏形出现后，地方政府往往都会积极参与，通过相应的产业政策热情扶持，对本地产业集群的跃升起着重要的助推作用。

第三，中小企业的集中。由于某种共同的低成本和某种特定的地域条件，使得某种类型的中小企业集中分布在特定的地域范围内，从而形成了具有共生性的中小企业群体。

第四，城镇化的推动。除了一些大的专业性开发园区演变为产业集群外，我国大部分地区的产业集群都是在农村与小城镇开始兴起的，这是城市化快速推进的结果。

二、产业集群的作用

产业集群是内部除了企业这一产业的主角外，还有由政府、金融部门、行业协会、科研院所和培训学校等形成的支撑机构，他们为企业提供配套服务。企业与企业之间的相互联系、相互作用是一种经济关系，而企业与政府、行业协会、金融部门、科研院所和培训学校等方面之间则体现出社会经济、政治、文化等多层面的关系，可见产业集群是一个由社会、经济、政治、文化等多层面构成的区域复合体。具体来说，产业集群的作用主要表现在以下方面：

（一）减少成本

地理上集中的企业，可以共同使用公共设施，减少分散布局所需的额外投资，还可以节省相互间物质和信息费用。集群内企业的共同采购、销售活动，不但能降低原材料价格，也能减少运输、库存、营销等费用。相同的地缘和文化背景，有利于企业间建立起以

---

①郭克锋．区域品牌形成与引入的经济学分析［J］．统计与决策，2011（7）：68-71.

信任、合作为基础的社会网络，降低了供应商定价过高或违约的风险，使双方容易达成交易并履行合约，还节省了企业搜索市场信息的时间和费用，节约了交易成本和信息成本。集群的区域性能够带来人才在地理上的集中，形成充足的专业化且有经验的劳动力储备，企业可以降低培训、搜寻成本。

（二）助力创新

产业集群是一个由完善、发达的供应商，经验丰富、挑剔的客户群，垂直、水平联系的众多企业和各个支撑机构之间共同作用，形成知识和技术创新及扩散的区域创新系统。持久的创新能力是产业集群持续发展的推动力。与企业和相关机构的紧密联系，可以帮助企业及早掌握技术、原材料、先进元件、机械供应、服务和市场需求的变化。企业之间激烈的竞争也迫使企业在创新上加快步伐，而大学、研究所及企业都是创新的力量。企业可以通过行业协会或直接与集群内其他企业、大学、研究所进行交流与合作，组成产、学、研协作网络，联合攻关，解决创新上的实际困难，也加快了科技成果从实验室向市场的转化。

（三）提高生产率

在产业集群内，大量专业化的企业集中在一起，这些专业化企业的生产因为是集中于有限的产品和过程，形成了在各个产业环节上的高效率。当这些专业化的企业按照分工进行相互协作和补充而形成产业或产业集群时，就实现了产业集群的整体高效率，这不但解决了纵向一体化的大企业在迅速变化的环境中缺乏效率、反应不灵活的问题，而且实现了产业的规模经济效率。

（四）提升产品差异化

企业在空间上的集中使得市场对企业的产品和服务形成特定的地域性认识，进而形成区位品牌，依靠产业区位的知名度可提高产品的差异化。在产业集群内，各环节联系紧密，上游企业可以便捷、全面地了解下游客户对产品的新需求，企业的灵活性保证了一旦有新需求就会生产出新的产品，对需求的敏感促成了产品的精致化和多样化，多样化的产品也提高了产品的差异化。

第三节　产业集群的发展机理与特征

一、产业集群的发展机理

产业集群的发展机理主要表现在以下方面：

（一）区位品牌效应方面

区位品牌是产业在特定区域范围内形成的所有品牌形象与产业商誉的总和，对产业发展与推广有重大作用。地理集中性是产业集群的一个重要特点，也就是将相关产业全部集中在特定的地域内，因为相接近的地理位置，产业集聚的内部存在一定的竞争机制，从而形成一种“优胜劣汰”的自然选择，并对企业的创新和企业衍生进行刺激。当产业集群得到进一步的发展，才能够推动产品和产业朝着市场的方向进行发展，从而形成一种区位品牌。单个企业同产业集群及集群内企业的品牌相比，前者所需的资金成本较高，不利于品牌宣传，而后者则可以通过整体力量的投入、更大的宣传策略，以及群体效应来形成一定的区位品牌，最终惠及每一个企业。在整体品牌与单个企业品牌相比较时，整体品牌体现得更加直接、形象，它是凝聚了多个企业品牌的精髓。当今，品牌效应将更加持续及广泛。此外，单个企业的生命周期相比较于产业集群更加短暂，因而无法产生持续的品牌效应。从另一方面来说，这种区位品牌是由企业共同的生产区位产生的，一旦形成之后，就可以为区内的所有企业所享有，而且可以形成对区外企业的品牌吸引力。在区位品牌效应的作用下，集聚产业不仅可以有效开拓国内外市场，而且有利于提升整个区域的形象，为产业发展创造有利的外部条件。

（二）分工与合作效应方面

产业集群形成的基本优势是劳动分工的细化和专业化程度的发展，其优势是以获得企业之间有效的分工与合作为前提的。企业在产业集群内，竞争与机会是相并存的，由于地域的接近和领导人之间的密切联系，容易造成正式的或非正式的行为规范，从而使得彼此之间的合作关系更加密切，较大程度地降低机会主义倾向，使得合作的成本和风险降低。

所以，将会极大幅度地增加合作机会。获得成本的优势体现在产业集群中，企业需要通过掌握丰富的信息来运转企业，这是极为重要的，企业之间在集群内频繁发生交互，并且流动性也较大，可以快速地传播同类信息，从而可以节省在时间及费用上的花费，企业对产业信息的搜索也就更为快捷。水平联系和垂直联系构成产业集群的分工合作关系，企业可借此联系形式为员工提供专业化的机会，使得效率得到提高。要想充分利用社会资源，可在集群企业间进行分工合作，增强企业间的互补性，有利于全面质量管理，及时供货，实现零库存等；在资源效用上可借助企业内部分工的形式，外包原先自行生产的部分零部件给其他企业，使得社会资源得到利用，从而使得企业成本降低，生产规模扩大。中小企业在这种合作的方式中，可在分配、出口、市场营销、产品设计、技术开发、培训、金融等方面实现企业的互动和合作的高效性，对内部规模经济的劣势加以克服，从而能够与比自己强大的竞争对手相抗衡。①

二、产业集群的主要特征

（一）合作竞争性的集群现象特征

产业集群将合作和竞争这两种矛盾的关系进行了统一。因为集群导致的专业化要求更高，因此企业也需要在供应商、服务和研究机构以及销售商等机构的帮助下才能实现良好发展。但是，群内的合作情况并不是那么完善，特别是对于同质的企业来说，还是会存在比较激烈的竞争关系，这也是导致企业对市场保持着高度警惕的原因，从而形成优胜劣汰关系的规则。另外，在面对外来的竞争上他们也会一致对外，相互合作，这样才能让集群在市场中占据竞争优势。因为这种竞争和合作是相互共存的关系，才能让产业集群实现高效的、细致的工作效率，从而完成柔性化生产，解决了“福特制”企业之间的效率低的问题，使企业变得更加具有活力。

（二）区域创新能力的集群现象特征

目前经济环境的条件存在不确定性，企业保持竞争优势的最佳方式就是具备持续的创新能力。群内企业相对于群外企业来说，创新机会更大一些，主要原因就是集群内的知识是可以相互使用的，特别是隐形知识可以使用集群内的网络进行传递，这样群内企业或者个人就能快速有效地搜索到相关信息，从而使创新效率有所提升，实现产业集群创新系统

---

①徐现祥，王贤彬，高元骅．中国区域发展的政治经济学［J］．世界经济文汇，2011（3）：26-58.

的建设工作。

（三）适度开放性的集群现象特征

发展产业集群的整个阶段能够反映出企业的网络外部效应是在不停地进行强化的一个阶段。根据耗散理论得知，开放性是由组织体系不可缺少的一方面所组成的，主要体现在集群内外企业之间的相互联系中。例如，社会文化和经济之间的联系和交流，不但可以聚集产业之外的生产要素，还可以帮助集群内部通过竞争的过程来完善和优化产业。需要说明的是，这种开放性有着一定的适度性，如果完全开放就相当于和环境相互融合，那么集群也就不复存在。

思考与练习

1. 产业集群形成条件有哪些？
2. 探讨产业集群的作用。
3. 产业集群的特征主要有哪些？

第四章　区域经济增长与发展理论

区城经济的增长与发展进程受诸多因素影响，并且自身也有其规律性。本章主要探究区域经济增长与发展的关系、区域经济增长的因素、区域经济增长与发展理论、区域经济发展阶段理论。

第一节　区域经济增长与发展的关系解读

无论是国家或区域的经济发展，都应包含两个方面的内容：一是这个国家或区域在一定时期内，国民经济总产出的增长，或者说是生产部门的实物增长和服务部门的劳务增长；二是这个国家或区域在一定时期内，国民经济社会环境的改善，或者说是国民经济结构、社会结构、经济关系和经济管理体制的改善。前一个方面的内容是经济增长问题，后一个方面的内容是社会经济进步问题。区域经济增长与区域经济发展的关系如下：

第一，包容关系：经济发展包含着经济增长。一方面，增长是发展的基础和核心内容，没有经济总量的增长，经济实力就不可能得到增强，经济、社会和政治结构的调整与变革便成为空中楼阁；另一方面，增长不一定能带来相应的发展，许多发展中国家经济增长的经验就证明了这一点。即使是在经济高速增长的情况下，也并没有取得明显的经济和社会进步，反而出现了“有增长无发展”或“没有发展的经济增长”的奇特现象。因此，在20世纪70年代之后，“发展”一词被赋予了新的、更丰富的含义。这一概念包括消除贫困、失业、收入差距过大、满足人的基本需要、制度变迁和结构调整等内涵。

第二，互动关系：增长是手段，发展是目的。经济发展的核心是制度变迁和结构转换的过程，制度变迁主要是指政治、经济、社会以及产权制度的转型等。此外，结构转换还涉及由国民生产总值连续增长所必然引致的经济和机制结构的一系列变化。物质资本和人力资本的累积及需求，生产贸易和就业结构的转化，被认为是经济结构转变的经济内涵。经济发展实际上就是一个数量增长和质量提高的过程，也是大多数人参与财富的生产和财富的分享的过程。从短期来看，经济增长不一定能带来相应的发展，但从长远来看，经济增长必然或早或晚地引发社会进步，发展将不可避免。

第三，同属于历史范畴，都需要动态考察。一个区域由落后经济走向发达经济要经过经济增长为主—经济发展为主—经济增长为主—经济发展为主的多层次循环，对同一时期不同国家或地区，从横向看，有的以经济增长为主，有的以经济发展为主；从纵向看，各国或地区都交替经历以经济增长为主的时期和以经济发展为主的时期。因此，需要动态考察，才能确定增长和发展的速度、水平、质量。

社会经济进步必须是建立在经济增长的基础之上，而增长的合理程度又应遵循社会进步的原则，在某种情况下，生态环境和社会进步又约束着经济增长的幅度。因此，经济发展完整的含义，应是经济增长和经济社会进步的融合。那么，发展、增长和进步的关系就是：经济增长+经济社会进步=经济发展。同样，对于一个经济区域来说，三者的关系也是：区域经济增长+区域经济社会进步=区域经济发展。

第二节　区域经济增长的因素分析

经济活动是人类最重要的社会活动，区域经济发展的核心是增长。因此，分析区域经济增长的影响与制约因素是研究区域经济增长的起点，对于促进区域经济发展具有重要意义。亚当·斯密对经济增长理论研究的主要贡献之一就是深入分析了影响经济增长的基本因素。现代经济增长理论正是由于探索不同要素对经济增长贡献的差异，建立了不同的增长模型，形成了不同的流派。①

一、区域经济增长的内因

区域经济活动得以正常运转，一要有供给，如土地、资源、资金、劳力、技术、设备等生产要素的供给投入；二要有需求，即对产出的物质、非物质产品和服务有消费需求。需求对区域经济增长具有一种拉力，而供给对区域经济增长又产生一种推力，在需求拉动和供给驱动的双重作用下，区域经济才得以启动并逐渐增长和发展起来。因此，需求和供给是启动区域经济增长的原动力，是区域经济发展的内在因素，对区域经济增长和发展起着决定性作用。

（一）区内供给

区域生产过程中所需的生产要素由本区提供称为区内供给，反之，若某一区域生产过程中所需的生产要素由区外提供，则称为区外供给。无论是区内供给还是区外供给，都可以给区域经济带来发展机遇，推动区域经济快速增长，很难判断区内供给和区外供给对区域经济发展的促进作用孰大孰小。区内和区外供给的生产要素分别通过区内贸易和区际贸易、劳力迁移以及资金流动等来实现，但各种生产要素对于区域经济增长的影响和作用是

①杨耀程．民族乡经济发展探究——基于区域经济学的视角［J］．学术探索，2012（4）：91-94.

不同的。

1. 自然条件与自然资源对区域经济增长的影响

（1）自然条件与自然资源是区域经济形成与发展的自然物质基础。联合国环境规划署将自然资源定义为：在一定的时间、地点条件下，能够产生经济价值，以提高人类当前和未来福利的自然环境因素和条件。生产力由劳动力、生产工具和劳动对象三个部分组成，其中生产工具和劳动对象两个因素直接或间接地与自然条件和自然资源有关。因此，自然资源是区域生产力的重要组成部分。随着生产力的发展和科学技术的进步，自然资源开发的广度和深度不断扩展，自然资源的范畴也不断扩大。

（2）自然资源状况和丰裕程度影响区域经济发展战略定位和战略重点选择。气候状况直接决定农林牧渔业发展的比例、重点和生产效率；地形地貌、人口密度决定了交通运输业及城镇的布局；自然资源禀赋直接影响各地区工业投资的重点和投资比例，并在很大程度上决定了各地区经济发展的水平和方向。在自然资源丰裕的区域，对资源的开发利用可能成为区域发展战略的重点选择。同时，自然资源禀赋差异制约着区域的生产活动，进而影响区域的社会劳动分工。

（3）自然资源的质量和数量影响区域的产业结构调整。一个地区自然资源状况对该区域产业结构起着重要的甚至是决定性的作用。区域内自然资源种类越多，围绕不同的自然资源进行生产和深度开发的产业群就越多。相反，区域自然资源数量越少，对区域规模经济发展和产业结构调整的制约就越大。根据资源对地区经济的影响程度不同，可将地区经济结构分为资源型、资源加工型和加工型三种类型。资源型经济结构是指区域自然资源赋存状况良好，资源的地域组合状况较为理想，自然资源对区域专业化部门的形成和发展起决定作用，区域向外输出的是直接的采掘工业产品、农产品或资源含量较高的材料工业产品和重化工产品。资源加工型经济结构是指区域内具有部分资源，资源组合不理想，部分重要资源仍然需要区外输入。加工型经济结构是指区域缺乏发展经济所需的自然资源，农矿产品、能源主要依赖区外输入，通过不同层次的加工和再加工向外输出制成品。

自然资源数量和质量不但影响自然资源开发的效益，而且也是决定区域产业发展的方向和内容以及选择区域发展模式的依据之一。

（4）自然资源的可持续利用状况决定着社会经济的持续发展。自然资源的开发对社会经济发展做出了不可替代的贡献，自然资源禀赋是社会经济可持续发展的基础和条件。但是自然资源的开发利用不仅仅是资源的保护和利用问题，更是环境问题，关系到人类的生存和发展。如果对自然资源开发利用不当，它将在一定程度上对环境和生态造成不可逆转的破坏作用，对经济、社会可持续发展造成影响。

2. 劳动力资源对区域经济增长的影响

劳动力资源是指区域内的人口总体所具有的劳动能力的总和，是存在于人的生命机体中的一种经济资源。研究区域内劳动力资源对经济增长产生的影响必须从数量和质量两方面来考虑。

（1）劳动力数量对区域经济增长的作用。劳动力投入的增加，可以提高区域经济的产出水平。在一定的技术条件下投入经济活动的劳动力越多，能够推动的生产资料也就越多，所生产的产品就越多，经济增长就越快。

劳动力数量影响要素投入的结构。在劳动力资源丰富的区域，为了充分利用劳动力数量多的优势，一般选择劳动密集型产业，这样可以最大限度地避免资金的约束，而使区域经济获得稳定增长；而在劳动力资源较为短缺、资金较为充裕的区域，则宜采用资本密集型产业，使生产要素得到最合理的配置。

（2）劳动力质量对区域经济增长的作用。劳动力素质指的是劳动者具有的体质、智力、知识和技能的总和。劳动力质量的提高将会导致一个区域产出的增加。从体质上讲，劳动力充沛的精力和健壮的身体使其在劳动过程中能增加实际的劳动供给，而且健康的身体能减少劳动者的生病时间，增加有效劳动时间。从智力方面来讲，劳动者创新能力的提高使得劳动者能从事发明、创造，寻求解决生产过程中所出现问题的思路和方法，从而在劳动力投入不变的情况下增加产出量。知识水平的提高，使劳动者可以较快地接受新工艺、新操作方法，适应新技术、新设备，并能将发明和引进的新技术尽快和生产相结合，转化为生产力，从而增加产出。

劳动力质量的提高，将提高劳动生产率。假如劳动力投入数量不变，由于劳动力素质的提高使得经济增长中实际劳动投入增加，经济就会在节约资本和更多地利用劳动力的情况下获得增长。随着科学技术的进步，经济发展对劳动力的科学、技术、文化素质的要求越来越高。一个区域只有具备高质量的劳动力条件，才能大力发展技术密集型产业，优化产业结构，提升区域竞争力。

3. 资本对区域经济增长的影响

从类型上看，一般把资本分为物质资本、人力资本和金融资本。物质资本指的是长期存在的生产物质形式，包括机器、设备、厂房、交通运输设施等，这里讲的资本即物质资本。资本是经济增长的重要因素之一，在古典经济增长理论中已提出经济增长与资本积累成正比例关系，资本积累的大小是经济增长率高低的关键。经济学家罗斯托在他著名的经济发展阶段理论中，深入分析了实现经济“起飞”的条件，其中资本积累率达到10%以上是最基本的先决条件。就我国的实践来看，经济增长速度快的区域，其资本的推动的确起着重要作用。

4. 技术变化对区域经济增长的影响

随着社会经济的不断发展，科学技术对社会经济发展的作用越来越大，技术进步对经济增长的贡献远远超过资本和劳动力投入量增加的贡献，成为经济增长的主要动力和源泉。技术变化对经济增长的影响主要表现在以下方面：

（1）不同的技术决定了各种要素在经济活动中的结合方式。资本、劳动和自然资源在经济活动中总要按一定比例，以某种具体形式结合在一起才能形成现实的生产。而各种生产要素结合的比例，从根本上来讲是由技术决定的。一般来讲，技术进步能使其他要素得到节约，而降低劳动时间和劳动强度是技术进步的最终目的。然而，就不同区域来讲，由于要素禀赋的差别，技术进步对各种要素投入结构的变化也是不同的。对于劳动稀缺的区域，宜采用“节约劳动型技术”；对于资本稀缺的区域，宜采用“节约资本型技术”；而对于自然资源稀缺的区域，则应采用“节约资源型技术”。科学技术的应用与推广可以缓解经济发展对有形资源的依赖，改变经济增长方式，促进经济可持续发展。

（2）技术进步不断改变劳动手段和劳动对象。劳动手段主要表现为生产工具，尤其是机器设备。一般来说，技术的重大变化主要体现在机器设备等劳动手段的变化上。大机器代替人工劳动，自动化机器代替人工操作机器，这种变化都是技术进步的结果，而且能大大提高产出的水平。技术进步对劳动对象的影响主要表现在两个方面：①改变材料的物理或化学属性，导致新材料出现；②为人类寻找新的矿产资源提供手段。科学技术进步加深对资源的开发利用程度和效率，扩大资源的利用范围，降低了资源的有限性和稀缺性对社会经济发展所造成的瓶颈制约。

（3）技术进步能促进劳动力质量提高。人类社会的一切技术进步都是劳动力质量不断改善的结果，反过来，技术进步又会促进劳动力质量的提高。这是因为：①较先进的技术要求劳动者具有较高的质量，这就迫使劳动者接受更多的教育，不断进行技术培训；②技术的现代化往往与分工的深化相联系，因而能使劳动者在专门化的劳动中提高技能；③技术进步导致劳动时间节约，从而为提高劳动者的精神素质和体力创造了条件。

（4）技术进步促进产业结构变化。区域产业结构的变化趋势为：生产要素不断地由第一产业向第二产业转移，再由第二产业向第三产业转移。从要素的密集程度来看，由资源密集型、劳动密集型产业向资本密集型产业转移，再由资本密集型产业向技术密集型产业转移。引起产业结构变动的原因有要素禀赋的变动、人们消费偏好的变化、区域输出和输入商品结构的变化等，但最根本的原因还在于技术的进步。技术与自然资源、劳动、资本的表现形式有很大不同。从投入角度来讲，技术是通过改变其他要素的形态和质量来实现自身价值的，无法从其他要素中分离出来。从产出角度来看，一般是用产出增长减去其他要素的投入增长来表现技术进步对经济增长的贡献。

（二）区内需求

内部需求是指某个区域自身市场对本区的产品和服务的需求。外部需求表现为区际贸易，内部需求表现为区内贸易。外部需求是指某个区域空间范围以外的市场对该区域所生产的某种产品和服务的需求。为满足这种需求，该区域需要扩大生产规模，出口或输出市场需要的产品和服务，从而为本区挣得收入，带动区域经济快速发展。因此，许多经济学家普遍认为，外部需求是区域经济增长的主导力量和决定性因素。

区域的需求能力取决于投资和消费水平。消费，是对现有产品和服务的需求，可直接带动区域经济增长和发展。投资，无论是投资质量还是投资数量，都直接关系着国家和区域经济的增长，是决定总需求的关键因素。要扩大投资，就必须要有丰富的金融资本，而储蓄是投资资金的重要来源之一，只有当储蓄转化为生产性投资，才能刺激区域经济增长。消费实际上是对当前资源的利用和消耗，而投资（储蓄）虽然抑制了当前的消费，却能在可预期的未来创造更高水平的消费。因此，要实现区域经济增长，就必须将一部分消费转化为储蓄，进而转化为投资。

二、区域经济增长的外因

（一）结构变化与区域经济增长

区域产业结构优化配置及产业组织结构优化、空间结构的合理有序等，都是促进区域资源优化配置的重要途径，是促进区域经济增长的重要因素，影响区域经济的稳定增长。

伴随着区域经济增长，产业结构必将发生变化，产业结构变动是资本寻求利益最大化的结果。资本收益的增加，意味着在资本投入量既定的情况下增加了产出，因而产业结构变动能够促进经济增长。产业结构的变动会引起就业结构的变化，劳动力向收入更高的产业转移，这也说明在就业总量不变的情况下，就业结构的变化能提高全社会的劳动生产率。同时，就业结构的变化将有助于提高劳动力的素质，进而促进经济增长。

此外，伴随着经济发展，区域内外企业的组织结构将发生变化，各产业内部将形成以一个或几个大型企业集团为主体和其他中小企业联系密切的组织形式，获得规模经济效益和集聚经济效益，促进区域经济的增长。

（二）空间布局与区域经济增长

由于各地区自然条件和自然资源禀赋存在很大差异，在规模经济和集聚经济机制影响下，区域经济的空间分布不是均匀的，产业和人口在一些极点、轴线上高度聚集，而在广大腹地则十分稀疏。集聚合理、疏密有致的空间结构，可以取得较大的集聚经济效益，对区域经济增长产生积极的推动作用。相反，过分强调空间匀质布局，则不能取得相应的集聚经济效益，区域经济发展进程缓慢；而过度集聚又会使大城市地区过度膨胀，造成集聚不经济，从而延缓或阻碍区域经济的增长和发展。

（三）制度安排与区域经济增长

1. 政府制定区域经济政策

区域经济政策属于制度范畴。政府制定区域经济政策的目的，要么是公平，要么是效率。政府通过这种制度安排，改变各区域的要素供给特征和要素配置效率，影响各区域的经济增长速度。一般来讲，当经济发展处于工业化初期阶段，区域经济政策的目的就是要提高整个资源的利用效率。通过区域经济政策，促使国外和落后地区的生产要素流入发达地区，从而提高要素利用效率，但也使得区域间的经济发展差距进一步扩大。当经济发展水平处于较高阶段后，公平就成为政府制定区域经济政策的主要目标。通过区域经济政策，促使生产要素发生逆向流动，即要素从发达地区流向相对落后的区域，改变落后地区的要素组合特征，增加有效要素的供给，从而推动经济的加速增长。

2. 制度创新能力的差异

制度是一个涵盖范围很广的范畴，不仅包括体制、政策和法规，而且还包括道德、伦理、观念和习惯等。由于不同区域的道德、伦理和观念的差异，各区域的经济人在对政策法规的理解、适应和应用方面就会出现差别，因而造成区域制度创新能力的不同。

政府通过正式制度安排（体制、政策、法规、组织、规划）可改变区域的要素供给特征和要素配置效率，影响区域经济增长速度。区域非正式制度安排（道德、伦理、观念、风俗习惯或文化传统、企业家精神）的差异引致区域制度创新能力的差异，进而影响区域经济增长速度和质量。

3. 制度变迁

制度变迁是指制度诸要素或结构随时间推移和环境变化而发生的改变，是制度的替代、转换和交易过程。制度变迁对经济增长和经济效率有重大影响：①通过改变制度安排的激励机制，改变制度安排的效率，从而影响区域经济发展的速度与质量；②制度变迁可以通过降低交易费用、减少交易风险和优化交易行为来提高区域的产出增长率；③制度变迁将改变贸易和专业化的范围，使组织经济活动的途径和方式发生改变，从而影响区域经济发展的广度和深度；④制度变迁扩大了允许人们寻求并抓住经济机会的自由程度，促进区域经济增长；⑤对于同一个制度安排，不同区域初始条件的差异将使得各区域实施这一制度安排的成本和收益大大不同；⑥区域经济增长会影响制度安排的效率，使原有制度不相适宜，进而产生制度变迁的必要性。

（四）要素流动与区域经济增长

要素流动对区域经济发展有着重要的作用，归纳起来主要有以下方面：

（1）区域要素的流动产生组合效应。各种经济活动在空间中是分散的，要素流动使它们组合为一个整体，通过迁移、流动、交换等作用过程，分散的人群和活动便被吸收和组织在一个统一的系统中，从而使经济社会逐渐秩序化。

（2）区域要素流动使得具有比较优势的要素可以超越本地的市场，以广大的区际市场为对象从事生产。而市场的扩大又促使企业分工，进一步促进区域内部的分化，强化劳动地域分工，提高劳动生产率，促进区域经济发展。

（3）区域要素的流动表明各地区的相对优势是可以改变的，今天所具有的优势明天也许就会丧失，各地区都有机会根据资源变化情况，在不同的方面强化、发展各自的相对优势，形成区域特色经济。

（4）通过要素自由的流动，利用本区的比较优势与其他地区的交换，得到本地区缺乏的资源。同时，要素的流动意味着竞争机制的引进，适度的竞争使企业致力于不断改善其产品的质量，降低产品价格，使得资源得到最有效的配置。

（5）生产要素流动可以在一定程度上改变一个地区的要素禀赋状况。生产要素长期的、充分的流动，尤其是资本和劳动力的跨区域流动，密切了一国之内各区域之间的贸易联系和经济合作关系，增强了各要素间的互补性，使要素得到最优配置，促进各区域的要素利用效率并提高实际收入水平，从而为区域经济一体化的实现提供了条件。

（五）区际贸易与区域经济增长

基于区域外部需求的区际贸易有广义和狭义之分。广义的区际贸易既包括一国范围内各个区域间的国内贸易，也包括跨国界的国际贸易；既包括区际商品贸易（商品输入和输出），也包括区际服务贸易，如旅游业等。区际贸易也是影响区域经济增长的重要因素，对区域经济增长具有乘数效应。

第三节　区域经济增长与发展理论阐释

一、输出基础理论

输出基础理论（Export Base Theory），又译作“输出基地理论”“出口基础理论”，是以凯恩斯主义理论为基础，一种侧重从需求角度阐述区域经济增长动因的经典理论。美国经济学家诺思（D. C. North）于1955年在其著名论文《区位理论和区域经济增长》中首次提出输出基础理论。在该理论中，经济被划分为两个部门，即基础部门（basicsectors，包括所有的区域外部需求导向的产业活动，即输出产业）和非基础部门（non-basicsectors，包括所有的区域内部需求导向的产业活动）。①

（一）输出理论要点

区外需求是区域经济增长的主要原动力，一个区域的经济增长主要由该区域的输出产业来决定。外部需求的扩大会带动区内的输出产业和服务业的发展，使区域的输出基础得到相应增强，这将启动一个乘数过程，其乘数数值等于区域总收入或就业量与输出部门的收入或就业量之比。我们用基础乘数BM（base multiplier）代表。

区域基础部门（输出产业）通过乘数效应带动区域经济增长，区域输出的既可以是各种各样的产品，也可以是技术、资金、劳务、信息等。一个区域输出产业的规模越大，它通过输出产品和服务挣得的收入就越多，扣除生产成本外，还有一笔可观的收入可用来满足人们对区内产品和服务的需求，从而构成一个庞大的消费市场，带动区域内生活自给型产业的发展。同时，输出产业得以正常运行，还需要区域内许多产业提供的生产协作。因此，输出产业的发展还会带动与之有生产性联系的相关产业和生产性服务业的发展。

（二）输出理论的局限与范围

这种将出口需求作为区域经济增长唯一原动力的输出基础理论具有一定的局限性。当

①王艳，张利群．桂学研究的区域经济学研究理论和方法［J］．广西社会科学，2012（6）：22-24.

区域范围大到囊括众多国家的整个地球村，地球村内部各经济区之间互通有无，发展区间或国际贸易。按照输出基础理论，每个区域的经济都会成倍增长，全球的经济也会有相应增长。但是作为整体的地球村的经济是自给的，它并不向其他星球输出任何东西。可见，输出基础理论适用范围是有一定限度的，不能用于最高层次的、空间范围过大的经济区。能够采取输出基础理论指导本区域经济发展的地区，必须具有优于其他地区的多种优势。

二、进口替代理论

（一）进口替代理论要点

一个区域通过输出产品和服务，可以为本地区挣得收入；相反，进口产品和服务则需要花费外汇，使出口所得的外汇额减少。因此，区域输出额越大，对区域经济增长的正面效益即推动作用就越大；而在区域的收入总量中，为进口支付的部分越少，则进口带来的负面影响即对区域经济增长的抑制作用就越小。

在经济发展的早期阶段，由于某种产品的区域市场容量小，或生产技术不成熟，或缺乏某种资源但从外区运入成本太高而不能组织生产，就需要从外区进口这种产品，以满足当地对这种产品的需求。而随着区域经济发展壮大，区域工业实力、收入水平和人口规模不断增加，市场容量不断扩大，生产技术渐趋成熟，区域又具备发展生产所需的各种条件，能够在当地生产原来需要进口的某种产品来满足地方消费，代替进口。那么，这种代替进口的产业对区域经济的带动作用是显而易见的，其意义绝不亚于出口的相应增加。区域经济发展程度越高，进口替代的可能性就越大，从而创造出更多新的就业机会，增加新的收入，带动其他产业的发展，成为新的区域经济增长点。

（二）进口替代理论的适用范围

进口替代理论强调的是区内生产和区内消费，它适用于区域范围比较大的高层次的综合性经济区。由于进口替代产业的发展会增强区域的自给性，如果在低级的小型的经济区中推行进口替代战略，则势必会导致区域的闭关自守，形成“大而全、小而全”的经济结构，从而降低经济效率，减缓区域经济增长的速度。

三、自产自消理论

区域之间的交换行为称为贸易；国家间的交换即进出口，称为对外贸易；一国边境之内各区域间的交换称为国内贸易。显然，一个区域把自己生产出来的产品和服务进行内部交换，自己消费掉，也可以带动区域经济增长，只是增长的速度不同。同时，自产自消的区域范围必须有一定的限制，它不能太小，如一个家庭、一个企业或一个村庄是不能通过自产自消致富的。当区域大到足以包含若干个子区域，且子区域之间存在大量贸易时，自产自消理论才能够成立。

第四节 区域经济发展阶段理论解读

区域形成之后，就处在发展变化之中，并且会经历不同的发展阶段。区域经济的成长是一个渐进的过程。这一渐进过程通常又表现出一定的阶段性特征。在同一区域，不同发展阶段的区域经济会表现出不同的特征，区域经济结构和社会文化观念也都会有所变化，这种结构性变化和经济总量的增长共同反映区域经济从一个发展阶段进入另一个更高的发展阶段。

一、西方区域经济发展阶段理论

（一）胡佛-费歇尔阶段论

1. 自给自足经济阶段

此为区域经济增长的初始阶段。其特征表现为：经济活动以农业为主，区域人口绝大部分为农业人口；区域经济呈明显的封闭性，区域间经济联系甚少；经济活动在空间上随农业资源分布呈离散状态。

2. 乡村工业兴起阶段

随着农业、交通运输业以及贸易的发展，乡村工业崛起并在区域经济发展中发挥重要作用。由于乡村工业的原料、市场、劳动力仍来源于农业区域，因此乡村工业主要分布在农业发展水平相对较高的地区。①

①刘静峰．制度经济学视角下的产业集群与区域经济发展［J］．商业时代，2012（3）：119-120.

3. 农村生产结构转换阶段

随着乡村工业发展，区域农业生产方式逐渐发生变化，由粗放型农业向集约型、专业化方向转变，区域之间的贸易和经济往来不断加强。

4. 工业化阶段

以矿业和制造业发展为先导，区域工业逐渐兴起并成为推动区域经济增长的主导力量。工业化阶段一般分为前、后两期，前期是以农副产品为原料的食品加工、木材加工、纤维纺织加工业等为主，后期发展钢铁、石油冶炼业、金属材料加工制造业、化学工业、建材工业等。

5. 服务业输出阶段

此为区域经济增长的最后阶段。在这个阶段，拉动区域经济持续增长的主要因素是资本、技术以及专业性服务的输出。其中，专业性服务的输出逐渐成为区域经济增长的驱动力。

胡佛-费歇尔的区域经济增长阶段理论只是对区域经济发展的状态描述，没有涉及区域经济发展的动力机制及其原因的解释，在理论的应用层面上，也并非每一个区域的经济发展都必须经历这样的“标准阶段次序”。

（二）罗斯托的经济成长阶段论

1. 传统社会阶段

该阶段的特点是：生产力水平低下，农业是主导产业；科学技术发展极其缓慢，且未与生产相结合；家族和氏族关系在社会组织中起很大作用，政治权力一般被各地区拥有或控制土地的人所掌握，在社会制度上尚不具备现代化产业必需的各种条件，社会的信念体系同长期宿命论结合在一起。

2. 为“起飞”创造前提条件阶段

该阶段是区域依靠内部和外部力量由传统社会向“起飞”阶段过渡的时期，该阶段的特点是：①生产力水平提高，剩余产品增多，储蓄欲望提高；②资本市场出现，投资率提高到超过人口增长的水平；③重视提高农业生产率，农业是主导产业，同时家庭手工业、商业、服务业也逐渐发展起来；④近代科学知识开始在工业生产和农业革命中发挥作用；⑤自给自足的区域隔离被打破，面向全国、全世界逐步形成统一的市场；⑥政治上，成立了中央和地方政府，建立并完善法律制度和社会基础，资源得以充分利用。

3. “起飞”阶段

这个阶段的特征是：以内燃机的发明为标志的产业革命引起生产方式的剧烈变革，使区域彻底挣脱了经济成长的瓶颈，打破了传统的经济停滞状态；近代工业开始萌芽，并迅速大规模地发展起来，工业成为产业体系的主体；人均国民收入开始急剧地、持续地增长。起飞阶段持续 20 ~ 30 年，但会导致社会经济的深刻变化。

4. 向成熟推进阶段

指高度发达的工业社会。这一阶段的特征有：一系列现代技术广泛地应用于经济领域；工业朝多样化方向发展，钢铁、机械、石油、化学等重化工业的发展是经济成熟的标志。生产性投资率进一步提高，占国民收入的 10% ~ 20%；生产和人口出现双增长，前者的增长速度超过后者，农业人口比重有较大降低，由起飞阶段结束时的 40% 降至 20%；教育事业迅速发展，劳动者的受教育程度和专业技能得到提高；社会结构中出现了企业家阶层。成熟阶段大约持续 60 年，是一个虽有波动但仍持续增长的时期。

5. 高额群众消费阶段

高额群众消费阶段指高度发达的工业社会。这一阶段的特征是：人均国民收入大幅度增长，消费水平明显提高，人均实际收入已能使众多的人在满足衣、食、住、行及其他消费品需求之外，转向对耐用消费品的需求；服务业得到广泛发展；工业结构由重化工型转为耐用消费品生产型；经济的国际化进一步加强，对外贸易作用显著加强。

6. 追求生活质量阶段

追求生活质量阶段指工业化后社会。该阶段的特点是：人均国民收入进一步提高，人们由满足基本生活需要转向追求文化娱乐、环境质量等精神生活需求，以服务业作为主导产业；人类社会不再以物质产品数量的多少来衡量社会的成就，而是以劳务所形成的反映“生活质量”的高低程度作为衡量社会发展的标志；劳动力从第二产业向第三产业转移。

二、我国区域经济发展阶段理论

（一）陈栋生、魏后凯的区域经济增长阶段论

区域经济的成长（增长）是一个渐进的过程，如同人的一生有少年、青年、中年和老年等成长阶段一样，区域经济发展也有待开发（不发育）、成长、成熟（发达）、衰退等发展阶段。除了特殊情况外，一般都是循序渐进的。

1. 待开发（不发育）阶段

在经济发展的初始阶段，区域经济处于未开发或不发育状态，生产力水平低下，生产方式原始，生产手段落后，产业结构单一，第一产业占极高的比重；商品经济甚不发达，

市场规模狭小，经济增长缓慢，长期停滞在自给自足甚至自给不能自足的自然经济中；自身资金积累能力低下，缺乏自我发展能力。处于这一阶段的区域经济发展途径为：将外部资金、人才、技术输入和区域内条件有机结合，形成自我发展能力，启动区域经济增长。

2. 成长阶段

当区域经济跨过工业化的起点，呈现出较强的增长势头，标志着区域经济发展已由待开发阶段进入成长阶段。在这一阶段，区域经济呈现高速增长，经济总量规模迅速扩大；产业结构急剧变动，第二产业开始占主导地位；商品经济逐步发育，市场规模不断扩大，区域专业化分工迅速发展，优势产业开始形成或正在形成中；人口和产业活动迅速向一些城市地区集中，形成启动区域经济发展的增长极。伴随区域经济总量的增长和结构性变化，区域社会文化观念也相应地发生较大转变。促使一个区域的经济发展由不发育阶段迅速进入成长阶段，可以通过不同的途径来实现，如外部推动型、国家投入型、自身积累型和边贸启动型等。

3. 成熟（发达）阶段

区域经济经过成长阶段的高速增长后逐步进入成熟（发达）阶段。其总体特征为：区域经济增长速度趋缓，并渐趋稳定；工业化达到较高水平，服务业较发达，基础设施完善，交通运输、信息已形成网络；生产部门齐全，专业化分工程度高；区内资本积累能力强，人力资本丰富。处于这一阶段的区域通常是国家经济中心区所在，区域经济发展状况与整个国民经济发展的关联度相当高。

（二）郝寿义、安虎森的区域经济增长阶段论

1. 待开发阶段

待开发阶段整体特征表现为：①经济结构落后。农业在经济结构中居绝对地位，以粮食生产为主的种植业是最主要的经济活动内容；工业所占比重极低；第三产业不发达。②要素配置不合理。区域储蓄能力弱，资本形成不足，资本稀缺是区域经济增长最主要的制约因素；区域劳动力充裕，后备劳动力资源极为丰富，但其素质低下；经济活动对自然的依赖性强，劳动生产率低。③经济活动处于自给自足的封闭状态，与区外经济联系微弱。④经济增长缓慢，经济发展水平低下。

2. 成长阶段

成长阶段总体特征表现为：①区域工业化开始启动，经济结构明显改善。农业所占比重明显下降，农业内部结构不断调整；工业成为区域经济的主导部门，资源密集型产业和劳动密集型产业占主体地位，资本密集型产业呈良好发展势头；服务业发展迅速。②要素

配置更为有效。区域人均收入水平明显提高，居民储蓄能力增加，促进了资本形成及区域资本供给能力提高；农业劳动力逐步向工业和其他产业转移，劳动力素质不断提高。③劳动生产率不断提高，经济增长速度较快。

3. 成熟阶段

成熟阶段总体特征表现为：①区域经济基本实现现代化，第三产业的增长速度高于工业、农业等物质生产部门的增长速度，劳动力由物质生产部门向第三产业转移。②推动区域经济增长的因素已由要素投入数量的增加转变为要素配置效率的提高和技术创新能力的增强。③劳动密集型产业逐渐被资本、技术密集型产业取代，促使区域产业结构高级化。④农业全面实现机械化，工业基本实现自动化，金融、保险、咨询、技术服务等新兴第三产业发展迅速。⑤由于要素供给质量明显提高、技术创新能力增强、产业结构不断升级，区域经济快速增长。

4. 高级化阶段

高级化阶段总体特征表现为：①区域经济完全实现现代化，推动区域经济增长的主导因素已由要素投入的增加转变为技术和组织创新。②大型企业集团迅速成长和扩张，日益成为区域经济发展的主导力量。③区域和外部的经济联系更为密切，向外输出技术含量高的物质产品以及技术、资本和其他服务；经济联系范围更加广阔，国际市场对区域产品的需求状况以及区域产品在国际市场的竞争能力，对区域经济增长影响甚大。④消费结构发生根本性变化，物质消费退居次要地位，追求精神享受成为主流，服务于这一消费结构变化的第三产业快速发展，成为推进经济增长与发展的重要力量之一。

思考与练习

1. 区域经济增长的内因有哪些？
2. 探讨我国区域经济发展阶段理论。

第五章　区域发展模式与区域经济管理

区域经济发展模式是指经过长期的实践形成的较为固定的发展定式，是实践经验在理论上的升华。在我国区域经济发展中，各地区长期以来存在较大的差异，宏观调控作为经济管理的一种有效手段，有利于解决区域经济之间发展不平衡的问题，促进区域经济协调发展。本章主要分析区域发展模式与产业结构优化、区域经济管理组织及其创新机制、区域经济管理的不同模式与主要方法。

第一节　区域发展模式与产业结构优化

一、区域发展模式

区域经济发展模式按照形成的源流，并根据多年来我国区域经济发展实践的总结，大致可以分为三类：区域经济发展的组织模式、区域经济发展的产业模式和区域经济发展的空间模式。

（一）区域经济发展的组织模式

区域经济发展的组织模式指区域经济发展中对区域经济活动的组织方式，主要是与产权和管理相关。例如，我国改革开放以来形成的“温州模式”，即是以发展民营经济、股份制经济为特征的模式；20 世纪 90 年代以来形成的“苏州模式”，则是以扩大开放、吸引外资、发展多种形式的所有制形式为特征。①

（二）区域经济发展的产业模式

区域经济发展的产业模式是指区域经济产业发展的战略模式。

1. 初级产品生产和出口的产业模式

初级产品生产和出口的产业模式的特点是利用本国本地区丰富的自然资源，以发展农业、矿业产品的出口，来带动本国本地区经济的发展，属外向型经济发展战略。这种发展战略最大的局限性，就是严重依赖国际或外部市场，内部经济结构单一，经济具有很大的脆弱性。对于落后地区，由于缺少发展的机会，只有开发某种优势资源才能启动经济发展，所以在发展的初期，选择这种战略具有客观必然性，但是其后必须寻找新的发展机遇，进行发展战略的升级。

2. 发展进口替代产品的产业模式

进口替代模式，就是用本国本地区产品替代进口产品的战略，是处于工业化初级阶段

①李小建，罗庆，祝英丽．经济地理学与区域经济学的区分［J］．经济地理，2012，32（7）：1-5.

的发展中国家和地区应付国际竞争，发展本国本地区现代工业的一种内向型战略。从面向市场的消费品入手，用本国产品替代进口产品，多是下游产业的进口替代，如优先发展食品工业、服装工业及轻纺工业等。从生产资料的生产部门，如钢铁、化工、机械等产业开始的称为上游产业的进口替代。上游产业的发展需要大量的投资，上游产业的进口替代，对技术和劳动力的要求都相应较高，生产的规模一开始就比较宏大，因此一般只有在国家的统一安排下，调集巨大的人力和财力，才有可能实现。

3. 发展出口替代产品的产业模式

出口替代的产业模式，主要含义是用工业制成品的出口来代替农矿产品的出口，并利用劳动力价格低的优势，以廉价的产品打开国际市场。出口替代的类型很多。有的国家以增加本国出口农矿产品的深度加工为主，有的以加工外来原料为主，等等。依据加工深度的不同，出口替代可分为初级出口替代和高级出口替代两种。初级出口替代是指以发展技术水平较低的消费品（如食品、服装、玩具等）为主的替代战略，高级出口替代是指以发展高档耐用的消费品（如机械设备、电子仪器等）为主的替代战略。一般来说，各国都有一个从初级出口替代向高级出口替代转化的过程。

4. 优先发展赶超部门的产业模式

优先发展赶超部门的产业模式主张以发展优势工业来带动经济的发展，缩小同发达国家的差距。一个落后的国家或地区，要想在短期内赶上先进国家，就必须大规模发展工业，以工业的快速增长来促进其他产业的增长，实现国家社会的跃进。工业赶超战略的关键是选准优先发展的工业部门。要考虑到发展该部门所需的资金、劳动力、原料来源和产品的市场等。我国选择优先发展现代制造业，印度选择优先发展软件产业，都具有前瞻性。

（三）区域经济发展的空间模式

1. 增长极模式

区域空间开发的理论基础是增长极理论，并由此产生了增长极模式。增长极理论最初是由法国经济学家弗朗索瓦·佩鲁于20世纪50年代提出来的。其基本思想是：经济增长并非同时出现在所有地方和部门，而是首先集中在某些具有创新能力的行业和主导产业部门，这些主导部门通常积聚在大城市中心。经济的增长首先出现在增长极上，然后通过不同的渠道向外扩散，并对整个区域产生影响，增长极通过支配效应、乘数效应、极化效应、扩散效应等对区域经济活动产生作用。

第一，支配效应。增长极上的产业具有技术、经济方面的先进性，能够通过与周围地区的要素流动关系和商品供求关系对周围地区的经济活动产生支配作用。也就是说，周围地区的经济活动是随增长极的变化而发生相应的变动的。

第二，乘数效应。增长极的发展对周围地区的经济发展产生示范、组织和带动作用，从而加强了与周围地区的经济联系。在这个过程中，受循环积累因果机制的影响，增长极对周围地区经济发展的作用会不断地得到强化和放大，影响范围和程度也随之增大。

第三，极化效应。即增长极周围区域的生产要素向增长极集中，增长极本身的经济实力不断增强。我们现在一般把一个区域内的中心城市称为增长极，把受到中心城市吸引的区域称为“极化区域”。主导产业的产生会在增长极出现极化作用，主要是由于规模经济作用引起的产业聚集作用使增长极能够不断成长壮大。

第四，扩散效应。扩散效应是与极化效应同时存在、作用力相反的效应，是生产要素从增长极向周边区域扩散的趋势效应。由于技术发展水平的不断提升，增长极上的产业不断发生更替，被更替下来的产业向增长极周边地区转移。随着社会经济发展水平的提高，增长极的产业部门存在的机会成本增加，使效率相对较低的产业向周边扩散。扩散效应又被称为“涓滴效应”，即通过扩散而促进增长极周边所有地方的发展，从而缩小地区之间的差异。

增长极的形成，必然改变区域的原始空间平衡状态，使区域空间出现不平衡。增长极的成长将进一步加剧区域的空间不平衡，导致区域内地区间的经济发展的差异。不同规模等级的增长极相互联结，就共同构成了区域经济的增长中心体系和空间结构的主体框架。区域经济的空间开发的其他各种模式，都是从增长极当中演化出来的。

2. 发展轴模式

发展轴模式是增长极模式的扩展。由于增长极数量的增多，增长极之间也出现了相互联结的交通线，这样两个增长极及其中间的交通线就具有了高于增长极的功能，理论上称为发展轴（或称为“点轴”）。随着地区开发的深入和增长极数量的增加与质量的提高，根据区域经济空间相互作用理论和空间近邻效应，区域经济增长极之间产生相向的聚集与扩散，建立起各种交通线路以及各种经济社会联系，产生相对密集的要素流，从而形成区域内经济相对发达的轴线。这种轴线一旦形成就可激活沿线地区经济的发展潜力。同时，由于轴线地区具有良好的区位优势，因此能吸引区域内其他地区的资源，使企业和经济部门等向此集聚。

发展轴同样存在着聚集和扩散效应，而且效应的强度更强，对周边的影响更大。发展轴在不断地丰富之后，力量更强大，最后将成为一条发展地带。发展地带是发展轴的成长结果及其演化的最后形式。

3. 网络型模式

发展轴还有一种演化的结果，就是由若干个发展轴联合在一起，形成你中有我、我中有你的局面，从而形成增长的网络。增长网络的形成，使极化效应产生的聚集规模经济在更大的范围内表现出来，而不仅仅是从一个点上表现出来。对于网络所在的区域来说，这意味着增长结果的分散化和增长极点的分散化；而对于更大的区域来说，这意味着整个网络区域都被视为一个巨大的增长极，所以其极化的效应可能更强，对区域经济的影响也可能更大。

网络型模式的联系方式组成了具有不同层次、功能各异、分工合作的区域经济系统，并能够将区域外的一些资源纳入这个系统之中，对其他地区的影响作用也最明显，它一般发生在发达地区。这种模式是区域一体化和城乡一体化的基础。

二、区域产业的结构优化

区域产业结构优化就是使区域产业结构趋向合理，对不合理的区域产业结构不断调整的过程。从本质上来说，产业结构的协调，就是指产业间有机联系的聚合质量，即产业之间相互作用所产生的一种不同于各产业能力之和的整体能力。

（一）区域产业结构的优化标准

区域产业结构优化有非常严格的衡量标准。合理的区域产业结构标准是由产业结构的特性决定的，而产业结构是一个相互制约、相互促进的有机整体。所以，要评价一个区域的产业结构是否优化必须采取相互联系的指标体系，进行综合性、系统性的分析。判断区域产业结构是否优化主要有以下标准：

1. 是否充分对自然资源合理利用

自然资源是产业的物质基础。产业的形成和发展都不可能脱离物质基础，只有充分合理地利用自然资源，才能取得最佳的经济效益。自然资源一般都具有多用性，合理的产业结构就能充分利用这一特点，生产多种产品。自然资源有三类：①流失性资源；②可更新资源；③不可更新资源。流失性资源，如太阳能、风能、潮汐能等，不管人们使用与否，都照样流失，因此应努力地开发利用。可更新资源利用得好，能保持其再生能力，做到循环使用，这是一种合理的利用。但是如果对可更新资源的利用是毁灭性的，使其丧失了再生能力的条件，那可更新资源也会枯竭。对于不可更新资源应选择好的时机，提高投入产出比，尽可能高效利用，使地区优势充分发挥，从而取得最佳经济效益。

2. 是否取得最佳经济效益

合理的产业结构应能获得较好的经济效益，调整产业结构的目的就是为了提高经济效益。因此，取得最佳的经济效益是产业结构合理化的重要标志。在一定的条件下，如果经济效益不好，产业结构肯定不合理。最佳经济效益就是要注意劳动耗费与有效成果的比较，争取用最少的劳动耗费，取得最大的有用成果。合理的产业结构与经济效益的提高是互为因果、相互影响的，即产业结构的合理化会促进经济效益的提高；反过来，经济效益的提高也有助于产业结构的合理化。合理的产业结构能较好地发挥自然资源、经济资源的优势，做到人力、物力、财力、自然资源、科学技术等因素充分而合理地使用，避免由于失调而造成巨大浪费和损失；而经济效益的提高会节约劳动时间，为产业结构趋向合理创造条件。经济效益应是宏观效益与微观效益的统一，是长期效益与短期效益的统一，那种只顾微观效益和短期效益的做法，会危害区域经济结构的合理化。

3. 能否及时提供所需的产品与服务

合理的产业结构应能及时提供社会所需要的产品和服务，具有应变能力，能最大限度地满足社会需求。产业结构的应变能力是指各产业根据经济发展和市场变化具有的一种自我调节能力。合理的产业结构应能适应社会需要，因为任何社会生产都要受到社会消费需要的制约。社会需要不是静止的，而是变动的，会随着劳动生产率的提高、人民收入水平的增长而不断变化。因此，合理的产业结构也需要随着社会需求的变化而调整。为了适应这一变化，要有多层次的反应灵敏的信息网络，及时预测市场需求的变化。

（二）区域产业结构的优化策略

在战略和策略上，区域产业结构优化应从以下三大方面入手：

1. 优先发展主导产业

区域主导产业的选择准确与否，是事关整个区域经济发展成败的重大决策。主导产业一经确定，即应力保其在投入、政策上得到优先重点发展，使之超前启动，有效地担负起在全国地域分工中的重任，并增强其带动经济发展的辐射力。

2. 积极扶持潜在主导产业

积极扶持潜在主导产业，促进区域产业结构及时合理转换。区域产业结构优化是一个动态概念。潜在主导产业（简称潜导产业）代表了区域产业未来的发展希望。应结合区域的具体经济发展状况与条件，选择有巨大发展前景的新兴产业作为潜导产业，在资金、技术、人才诸方面大力支持，促进其壮大发展。在原有主导产业不合时宜、进入衰退期后，潜导产业应及时接替，成为新的主导产业，建立起新的、合理的区域产业结构。

3. 协调主导产业和非主导产业的关系

与主导产业关系最密切、最直接的辅助产业在发展上应尽可能地与主导产业形成配套；在建设时序上应尽可能地与主导产业相衔接；在建设规模上应尽可能地与主导产业相适应。基础性产业是区域生产、生活和社会正常运行的基本条件，应积极创造条件，力争在区域内达到平衡，以形成对区域主导产业和辅助产业的强有力支持。

第二节　区域经济管理组织及其创新机制探究

一、区域经济管理的原则

区域经济管理组织是指执行区域经济宏观管理与调控职能的具体机构设置。其任务就是迅速、正确地处理区域经济发展中出现的各种问题，通过各种宏观调控政策手段，例如区域投资政策、区域财政政策、财政转移支付制度、区域金融政策、区域产业政策等组织和引导区域经济发展方向，协调各区域之间和区域内部方方面面的关系，以实现区域经济发展宏观管理与调控的目标，保证区域经济协调发展，把区域经济发展差距缩小到最低程度，实现各区域的共同富裕。①

区域经济管理原则决定着整个管理系统的结构和功能，在具体的经济管理活动中发挥着重要作用。区域经济管理活动作为一个处理和解决区域经济发展以及各种社会联系的过程，有着与其本身特点相适应的管理原则。

（一）民主集中制原则

在区域经济管理中，必须坚持民主集中制原则。随着社会生产力的不断发展，社会分工越来越细，产业、行业、企业之间的依赖关系不断增强，影响管理的因素显得更加复杂多变。为减少决策失误，区域经济管理必须有一套强有力的民主监督机制。这一机制要有利于调动积极性，避免盲目性。

---

①张翎，窦静雅．空间经济学视角下的产业集聚与区域经济增长研究［J］．工业技术经济，2007，26（7）：79-81.

在区域经济管理中，决策固然是一项重要的工作内容，但更多的却是日常的、具体的指挥、协调和控制。为把区域内部广大人民群众的思想意志统一起来，为保证区域经济发展目标的顺利实现，就必须建立一个有权威的、集中统一的区域日常管理组织系统，来行使区域管理的指挥、协调职能。可见，区域经济管理不仅需要民主机制，更需要集中机制，要做到民主与集中的有机结合。

（二）区域综合原则

区域经济管理的对象是某区域中许多相互联系、相互作用的经济要素，及其在动态中相互结合形成的有机整体。在区域经济管理活动中，应把整个区域经济看作一个系统，区域内的人、财、物、部门和企业，在一定的经济发展目标下组成一个综合体。把握区情，并着力于综合管理应当是区域经济管理的首要原则。

1. 区域性原则

世界上不会存在两个“区情”绝对相同的区域，区域经济管理必须以把握“区情”为前提。要对区域经济条件与背景、优势与劣势、现状与特点、经济发展阶段等进行深入的剖析。

2. 综合性原则

区域内的诸经济要素是相互作用的综合体，区域管理决不能顾此失彼，要实施全方位的综合性管理。

3. 层次性原则

区域经济管理本身的综合性与复杂性，决定了必须分层次来进行管理。上一层次不得随便干预下一层次的正常管理活动，下一层次则必须向上一层次负责。如果层次不分，权责不明，相互干扰，相互推诿，就会使区域经济管理出现混乱局面，影响区域经济管理效益的提高。

（三）分工协调原则

区域经济管理属于中观经济管理活动，要注意临界关系，要加强上下左右的协调。区域经济管理的横向协调，要求不能只看到自身的发展，还要顾及周围地区的竞争与渗透。区域经济管理的纵向协调，要求既要顾及国家利益，又要顾及下面各个层次地区及各企业的利益。区域经济管理组织机构既要明确分工，又要互相衔接、沟通和协调。

（1）为了促进区域经济管理效率的提高，就需要在区域内实行明确的分工，并在分工的基础上实行有效的综合与协调。如果没有分工，区域整体只能处于一种松散杂乱的状态之中，不能构成一个有秩序并充满活力的区域系统，也就不会有较好的区域管理效果。分工主要是指决策调控权的分工，主要是决策调控权在各管理层次之间的合理分工。决策调控权应当由哪个机构、哪一级掌握和执行最有效率，就归属哪个机构、哪一级。该集中的集中，该分散的分散，明确划分决策调控范围及其相互衔接关系。

（2）沟通就是各组织之间以及调控组织与区域之间畅通无阻地交流，彼此了解意图和情况，保证调控组织既按横向，又按纵向协调一致地发挥功能。

（3）协调就是使各调控组织及其内部各职能部门之间能够分工协作，如国家发展和改革委员会、财政部、税务总局、中国人民银行总行等各司其职，各负其责。协调一致，统一行动，有利于发挥区域经济发展宏观调控组织的整体功能。

沟通是协调的手段，协调是沟通的结果。沟通是求得思想上彼此了解，协调则是求得行动上的一致。贯彻协调原则，对于区域内的各地区、各行业的发展不能搞均衡化，要有侧重点，同时要做好“内联外引”，即在区域内部实行以专业化协作为基础的经济联合，积极组织引进区域外部的先进技术、设备、管理和资金。

（四）协调区域经济发展原则

协调区域经济发展是政府、包括中央政府和地方政府在内的各级政府的重要职能之一。现代市场经济是一个复杂的系统，不同地区、不同部门的经济运行具有不同的特点和规律。特别是我国地域广，人口多，不同经济地带和同一经济地带的不同地区在地理条件、资源状况、区域经济技术发展水平和商品经济发展程度诸方面差距很大，因此我国区域经济管理要实行中央和地方两级管理。

区域经济管理协调高效的关键是正确处理好中央政府与地方政府在区域经济管理中的关系。中央政府与地方政府责、权、利的协调是区域经济管理中的核心问题，明确界定与规范各级政府的调控权限与职责是合理调控区域经济发展的必要条件，它直接关系到区域经济能否健康协调发展。正确处理中央与地方关系是保证区域经济协调发展的基本前提。

1. 中央政府在区域经济管理中的定位

在区域经济发展的宏观管理与调控中，中央政府应该是主要调控者。由于中央政府掌握着国家经济制度、政策资源和公共投资的配置权以及国家财政收支的分配大权，所以有能力对区域经济发展进行规范，修正市场机制在区域资源配置方面的偏差，控制区域经济发展差距扩大，从而保障区域经济协调发展，实现各区域的共同富裕。

中央政府对区域经济的管理包括两个方面：其一，中央政府通过对需要重点发展的区域在人力、物力、财力等方面给予直接支持，直接干预区域经济的发展。其二，中央政府运用政策和法律手段间接地对区域经济的运行进行调控，使之向着设定的目标发展。

如果地方认为中央的经济发展规划与本区域所追求的经济发展利益相吻合，地方就会积极地参与和支持中央政府经济发展规划的实施。相反，如果中央政府提出的经济发展规划与本区域的经济利益目标脱节，地方参与中央政府经济规划实施的积极性就低，甚至不合作，这样中央政府就很难实现对区域经济发展的宏观调控。

2. 地方政府在区域经济管理中的定位

地方政府应该正确认识比较利益，创造和发挥比较优势，开展政府间的区域经济合作，推动本地企业参与企业间的区域合作，在区域经济合作中，促进区域经济协调发展。地方政府是区域经济合作的主要组织者和推动者，对区域经济合作的开展影响很大。区域经济发展的历史经验证明，地方政府间的区域经济合作对促进相应区域的经济发展，协调区际经济关系，构建联动、有序的经济区域有着越来越重要的作用。

地方政府的管理职责主要体现在：根据本地区所拥有的自然资源条件、社会经济基础条件和发展的外部环境，经过科学缜密的分析，提出本地区的长远和全局发展规划，并以此为依据，在市场竞争日益激烈、对外开放不断深入的条件下，发挥区域优势，改善地方投资环境，提高区域竞争力，加快区域经济发展；积极协调与其他区域的经济关系，开展政府间的区域经济合作，建立区际分工，推动区域间的经济协作与横向联合；积极组织和推进本区域经济市场化改革，特别要提高政府行政管理的效率和水平，包括政府的办事效率、政府对地方经济事务的调控能力和组织协调能力。

3. 中央政府与地方政府的协调配合

在区域经济管理中，中央政府与地方政府各自发挥着它们的作用，彼此是不能替代的。如果忽视中央政府的管理与调控，就会导致区域经济发展差距扩大，造成国民经济区域结构的失衡；如果忽视地方政府的调控，又难以发挥区域的比较优势，不能形成各具特色的区域经济。

中央政府和地方政府在区域经济发展宏观调控中，只有分工明确，相互补充，才能对区域经济发展进行有效的调控。从中央政府投资与地方政府投资的关系上看，地方投资偏重于区域经济的自身发展，而中央政府投资则偏重于区域经济发展的整体协调。从发达国家的历史经验来看，开发落后区域，缩小区域经济发展差距，不能完全依靠自发的市场力量，而要依靠必要的政府干预。鉴于此，中央政府应把缩小区域经济发展差距作为宏观调控和政府工作的重点来抓，特别要强化中央政府协调区域经济发展的能力。

中央政府与地方政府在共同管理与调控区域经济发展中又是密切联系、不可分割的。在我国现有行政管理体制模式的框架下，中央政府是区域经济发展宏观调控的主体，集中了宏观调控的主要权力，制约着地方政府的调控权，也规定了地方政府调控的基本内容、范围及调控的主要形式。地方调控是地方政府对本区域的经济活动、经济运行的调控，是从属于中央政府的中观经济调控，必须服从和服务于中央调控并且受中央政府的监督。

在社会主义市场经济条件下，各种资源在生产活动中受最高回报率的驱动，只会向高效益的区域和部门流动，必然导致区域经济发展有所差距乃至两极分化。而社会主义制度要求区域经济发展差距要控制在一定的限度内，对此，中央要有权威，国家要有政策。

地方政府在区域经济管理中应服从中央政府的调控。这是因为：一方面，在发挥地方政府参与经济决策的积极性、强化区域经济发展的省区调控过程中，由于信息传递、决策效率和经济运行停滞等多方面因素，各省区经济运行的方向会时常偏离中央政府的政策目标；另一方面，在地方政府拥有相对独立的权、责、利的前提下，地方政府的调控行为有可能受地方利益的驱动而违背中央政策的目标导向，从而影响或破坏国民经济的全局利益。因此，需要中央政府的管理与调控来及时纠正地方政府调控中的失灵与不当行为，以缩小和消除实际运行与经济目标之间的偏差，促进区域经济的协调发展。

中央政府的管理与调控应该结合实际情况，尊重地方政府所代表的地方利益的客观性、合理性，以利于充分发挥地方政府的管理与调控。区域经济发展差距的存在和变化，也促使各地方政府不断地调整自己的经济行为，维护本地区的经济利益，成为各地方政府遵循的基本原则。总之，中央政府实施区域经济管理需要地方政府的积极支持和配合。中央政府通过职能的分解和调控的分工，赋予地方政府相应的经济责任、经济权力和经济利益，使地方政府的经济职能与中央政府保持一致，同时又让其拥有行使职能的独立性。

二、区域经济管理的组织体系

区域经济管理的组织系统是以政府经济管理机构为主，其他社会经济组织为辅的一种组织系统。它们从制度上确立区域经济管理机构的设置、各机构的职能分工及其相互关系。由相互联系、相互制约的各区域经济管理组织机构所组成的有机整体，即区域经济管理的组织体系。

在我国，由于区域经济管理是政府的重要职能之一，因此它的组织系统是以全国人民代表大会为最高权力机关，以中华人民共和国国务院（以下简称国务院）为最高行政机关，并以后者所属区域经济管理机构以及省（市）级管理机构为网络所组成的区域经济管理组织体系。国民经济是一个有机的整体，国家职能机构的调控是面对全社会的。为了切实实现宏观调控目标，国家宏观调控的所有指令、规划、政策、手段等必须集中统一。但国家的宏观调控的决策和指令，需要通过有关职能部门和地方政府构成的组织体系加以贯彻和实施。

调控的内容和利用的手段不同，贯彻和实施的组织形式也不同。这个组织系统从上到下，把千百万个经济区域罗织到统一的国民经济体系中来，使之沿着统一的轨道和区域经济管理的目标前进。如果没有区域经济管理的组织机构和组织体系，就没有区域经济的协调发展。

我国的区域经济管理组织系统由若干子系统有机结合而成，对区域经济管理按照垂直体系分层次调控。处在中枢地位的是国家最高机关。在它的牵动下，各种不同层次和不同性质的机构构成一个完整的区域经济管理组织体系。对此，可以从不同的角度对其进行不同的分类。

（一）全国人民代表大会

按照调控职能划分，区域经济管理组织体系包括决策体系、调控体系、均衡协调体系。区域经济管理决策体系由承担区域经济管理责任的有关制定法律、法规、战略、目标、规划、实施手段和政策体系的组织机构组成。按照西方发达国家的建制，一般由联邦议会参众两院、州议会和联邦及州政府承担。根据我国的基本制度和体制，由全国人民代表大会、地方各级人民代表大会、国务院和地方各级政府尤其是省级政府等制定法律法规并组织实施。

全国人民代表大会是国家最高权力机关，也是国家区域经济管理的最高权力机关和立法机构，其在区域经济管理中的作用主要是通过立法来实现的。例如，通过制定区域投资法、预算法、税收法、转移支付法、区域开发法、区域经济宏观管理法规等法律法规，来促进区域经济协调发展；通过立法促使政府调控区域经济发展和管理职能转变，使其由直接管理为主转向宏观间接管理为主，由区域发展项目审批、分钱分物的具体管理为主转向区域经济发展战略和区域经济发展规划制定、实施、协调、监督和服务为主，使政府真正成为区域经济发展的宏观调控者和社会经济生活的管理者。

全国人民代表大会每年均要专门审议中央两大经济资源的区域分配方案：①国家发展和改革委员会以及各部提出的重大投资项目及投资额分配方案；②财政部提出的税收和财政转移支付分配方案。这些分配方案必须经全国人民代表大会审议通过才能实施，这是一种重要的区域经济利益决策和调控机制。

全国人民代表大会还通过审批国民经济和社会发展的短期、中期和长远规划，引导区域生产力合理布局和经济结构的调整，促进产业结构的优化和国民经济整体素质的提高，力争经济持续、稳定、协调发展；通过审议并做出决议，使其具有法律约束力，保障计划、预算的完成，以实现区域经济发展宏观调控的功能；人民代表大会还可以综合协调财政政策、货币政策等，贯彻实施区域产业政策、收入分配政策、技术政策、进出口政策和区域经济发展政策，为搞好区域基础设施建设提供一定的条件和保证，促使经济总量的均衡和区域重大经济结构的优化，使区域经济协调发展。

（二）中华人民共和国国务院

全国人民代表大会选举产生的国务院，是政府的最高层次，直接负责区域经济有关政策的制定和实施。国务院对区域经济管理主要通过两个系统进行调控：一是部门调控系统，包括综合性调控部门和专业调控部门；二是省级调控部门。区域经济发展宏观调控的管理组织体系由承担区域经济发展宏观调控的机构组成。在我国，目前主要包括国家发展和改革委员会、中国人民银行、国家税务总局等。区域经济管理的均衡协调系统由承担协调各种区域经济关系和区域经济政策措施以及组织区域经济综合均衡的组织机构组成。其中最主要的区域经济管理的综合部门是国家发展和改革委员会。

（三）国家发展和改革委员会

中华人民共和国国家发展和改革委员会是担负我国区域经济管理职责的重要综合机构，对区域经济发展的调控起着重大的作用。国家的区域经济管理是面对整个国民经济的，而宏观管理与调控的各种工具则分别掌握在政府各个职能部门手中，要使计划、财政、税收、金融投资在区域经济管理上保持一致，作用上形成合力，就需要一个有权威的统一的区域经济管理中心。这个管理中心的职能目前主要由国家发展和改革委员会负责执行。

国家发展和改革委员会依据全国人民代表大会批准的区域经济发展战略、规划和预算投资，对区域经济发展进行总体决策、指导和协调。通过实行杠杆联动，使各部门的经济活动能相互协调和配合，按照调控内容和手段的不同，分别按垂直体系进行分层调控，建立与宏观决策相配套的区域经济管理组织网络，建立综合运用各种经济手段的区域经济宏观管理与调控体系。

目前国家发展和改革委员会主要负责区域经济管理的机构是地区经济司，其重要职能处室包括：综合处、区域规划处、区域政策处、扶贫处等。地区经济司的具体职责如下：

（1）组织研究地区经济发展战略，提出促进地区经济协调发展和逐步缩小地区差距的政策措施，组织编制区域经济发展规划。

（2）研究提出地区对外开放政策；组织和协调与周边国家的区域合作；指导地区经济协作和对口支援，协调地区经济协作中的重大问题。

（3）监测并综合分析地区经济发展动态，研究提出区域经济发展的目标和政策，指导和联系地方的区域经济发展工作。

（4）拟定和协调国土整治、开发、利用和保护的政策措施，参与编制全国生态建设和环境整治中长期规划、水资源均衡与节约规划，参与编制环境保护和资源综合利用年度计划，负责审核重点流域和区域环境综合整治项目，归口管理绿色援助计划；负责国家地理空间信息协调委员会办公室日常工作。

（5）推动实施可持续发展战略，研究提出实现可持续发展的政策措施，指导协调地方和部门的可持续发展行动，协调和参与全球环境与发展领域的国际交流与合作；负责全国推进可持续发展战略领导小组办公室日常工作。

（6）参与研究制定国家农村扶贫开发目标、方针和政策措施，研究制定扶持“老、少、边、穷”地区经济开发和以工代赈政策，编制并组织实施“老、少、边、穷”地区经济开发计划和以工代赈计划。

各省（市）发改委也设立相应的地区经济处，与国家发改委衔接配合，共同落实国家的区域经济管理战略、规划与政策。其主要职责如下：

（1）贯彻执行国家区域经济发展方针政策，开展地区经济可持续发展战略研究。

（2）研究提出本地区与周边地区经济合作发展战略、规划及相关政策；组织和协调区域经济合作工作；协调解决区域经济合作与发展中的有关问题；承担区域经济合作组织协调机构的日常工作；研究提出本地区与其他地区开展经济合作的指导意见，拟定合作领域及重大合作事项。

（3）组织编制区域经济发展规划，协调本地区之间的经济联合和经济协作，研究提出促进区域经济发展的政策措施。

（4）拟定和协调国土整治、开发、利用和保护的政策措施，组织或参与编制水资源均衡和环境整治规划与年度计划。

（5）贯彻执行国家扶贫开发方针政策，研究全省贫困地区经济开发政策，负责向国家计委、国务院扶贫部门争取、衔接、协调对本地区贫困地区的政策、项目、资金支持，协调监督项目实施。组织或参与编制全省扶贫开发规划，负责本地贫困地区扶贫开发年度计划的编制工作。

三、区域经济管理与合作组织机制

（一）我国区域经济管理与合作组织建立的依据

区域经济一体化是当今世界经济发展的潮流之一，通过建立优惠经贸政策寻求更大的经济发展空间，已经成为大多数国家和地区的重要政策选择。区域经济一体化呈现迅猛发展的局面，这表明中国未来发展更加注重跨行政区的空间经济布局，中国经济空间格局将从过去的省域经济走向区域经济。

区域经济一体化的趋势客观要求区域经济管理组织与机制，突破以行政区划为单位组织经济活动的传统模式，按照市场经济的要求在区域内配置资源，实现有效的分工与合作。这一趋势呼唤着推进区域经济一体化的有效的制度安排和组织变革，培育新的区域经济管理与组织机制。虽然区域经济一体化最终是由市场来推动的，但政府在前期的推动作用甚为关键。政府在新的区域经济管理与组织机制的构建中扮演重要角色。区域经济合作制度的制定和实施需要中央和地方各级政府共同推进。通过区域内各成员建立协议，并由特定的一体化组织管理机构加以指导以及按照明确制度安排的一体化过程，是区域经济一体化从功能性经济整合转向制度性经济整合的重要特征。中央政府在区域经济合作中可以扮演协调者的角色，有责任协调区域经济合作中出现的矛盾和利益冲突。

新的区域经济管理与组织机制，应基于科学的经济区划，中央与地方政府部门均在其中发挥相应的作用。具体做法如下：

（1）支持建立相应的组织机制。在相关利益方（主要涉及区划内各省级政府）的共同意愿下，分别采取自行设立、自行设立但国家有关部门作为观察员身份参加、由国家有关部门发起设立并有各地方政府参加这三种形式，并且相应建立每一个特定经济区域的非常设机构。其基本职责为：定期相互通气并向相关部门反映情况及其重大问题，组织编制区域合作框架和有关概念性规划，出面组织对区域内重大经济社会活动的预评估，帮助协调跨地区投资者利益保障和非法律性利益纠纷等。这类区域机构一般不列入政府机构正式序列，只是指定由现有政府部门内设机构兼理。日常活动经费可采取各参加单位分摊或者接受社会捐助解决。

（2）鼓励和支持建立相应的契约机制。比如，涉及跨行政区的需要政府出面或者予以监督实施的投资活动、贸易流通、人才交流等，可以通过协商达成政府间协议。由于这些协议与政府信用有密切关系，因此在今后的执行中必须保证其公信力。

区域经济发展是中国改革开放和社会主义市场经济机制完善的必然结果，未来将为中国经济社会全面发展提供一股新动力。中国目前进入一个以区域板块在经济舞台上“领衔主演”的时期。

在经济一体化过程中，目前以泛珠三角、长三角等为代表的区域面临的最大障碍，就是要打破行政和地区壁垒，构筑相对统一的政策平台，以实现资源的优化配置；建立行之有效的区域协调机制，加强区域统筹管理，自觉进行互补协调；行政区划的强弱、大小论事权的强弱，进行真正的平等交流与合作。

（二）我国区域经济管理与合作组织机制模式

1. 泛珠三角区域合作机制

泛珠三角区域合作机制创新指为更好发挥泛珠三角区域“9+2”各方比较优势和资源享赋，更加充分调动政府、市场及民间组织等主体参与合作的积极性、主动性，进一步形成有利于良性竞争、优势互补、合作共赢的发展态势，增强泛珠合作的凝聚力、影响力和辐射力而进行的创新活动。合作机制包括区域互动合作机制、市场一体化合作机制、基础设施互联互通机制、产业协同发展机制、科技创新协同机制、区域合作资金保障机制、生态环境协同监管和综合治理机制、供给侧结构性改革合作机制、公共服务和社会治理协调机制等，机制创新包括以上各个方面机制的创新。

（1）明确泛珠三角区域合作机制创新的基本原则和总体思路。泛珠三角区域合作机制创新的基本原则是：坚持需求导向，着力破解制约区域合作的突出矛盾和问题；坚持遵循规律，营造勇于探索、鼓励创新、宽容失败的文化和社会氛围；坚持市场主导，着力打破行政区划界限和区域性市场壁垒；坚持协调创新，着力探索共同研究、共享成果的合作机制与模式。

泛珠三角区域合作机制创新的总体思路是：通过积极探索和务实创新，推动泛珠三角区域互动合作机制、市场一体化合作机制、基础设施互联互通机制、产业协同发展机制、科技创新协同机制、区域合作资金保障机制、生态环境协同监管和综合治理机制、供给侧结构性改革合作机制、公共服务和社会治理协调机制等更加健全完善，形成支撑泛珠三角区域向更高层次、更深领域、更广范围发展的制度体系，在深化“一国两制”伟大实践、推进区域协调发展战略实施和构建以粤港澳大湾区为龙头、珠江-西江为腹地，带动中南、西南，辐射东南亚、南亚的经济支撑带过程中发挥更加重要的基础性作用。

（2）建立完善泛珠三角区域合作的法律基础。首先需在国家层面出台相应法规，为地方立法提供依据，然后泛珠三角各省区共同起草对重大问题详细规定并且具有法律约束力的文件，经由泛珠三角各省区人大立法会确认，从而使政府在实施有关政策和做规划的时候不得不以此为准绳。相应法律法规的建立和完善，可以将泛珠区域合作中各参与主体的软约束变为硬约束，可以有效加快泛珠合作的进展。同时，法律可以规范政府行为，界定政府行为的范围，只有这样，地方政府才有可能不受政绩考核的驱动而设置各种壁垒。泛珠三角区域合作的范围是“9+2”，不仅包括内地9省区，还包括香港和澳门，给泛珠三角区域合作机制提出了更高的要求。因此，在制定法律法规时必须考虑到这种差异，做出妥善的安排。

（3）健全强化泛珠三角区域合作的组织机制和实施机制。组织是机制的主要外化形式，组织的强大是机制运行的基本保证。在公共物品供给的地方政府合作中，组织是地方政府相互接触、协商谈判、执行规则等交易活动必不可少的平台或载体。组织的制度化水平越高，他就越有能力将合作关系持续，就越能有效降低不确定性。

泛珠三角作为我国经济发展最快的地区之一，作为社会制度、经济差异、法律体系最为复杂的区域之一，自然而然地也成为遭遇新情况、新问题和新矛盾最多的地区之一，要在这一地区围绕一个目标建立区域性发展合作，必须有新的组织制度供给和强有力的机构保障其形成和实施。为了克服行政区划的障碍，应建立具有约束力的区域合作机构或组织体系。泛珠三角区域合作，必须要有一个权威性的统一组织机构，从体制上保证行政区局部经济利益为区域全局利益让步的可能性。

扩大泛珠三角区域合作与发展论坛的影响力，按照“9+2”各方联合主办、轮流承办的原则，在广州定期举办，努力将论坛打造成为泛珠三角区域的重要智库，为合作发展提供强大智力支持。积极引入市场化资源进行运作，将泛珠三角区域合作与发展论坛建设成为深化内地与港澳以及“一带一路”沿线国家经贸合作的重要平台。

2. 长三角区域合作机制

（1）长三角区域合作机制的形成。长三角不是行政区，也不是经济区，而是在长期的区域合作中形成的一种合作区。长三角合作区形成的标志，是1997年由“小长三角”16个城市发起的“长三角城市协调会”。目前，区域合作范围已由“小长三角”地区的16个城市扩大到“大长三角”地区的沪苏浙三省市，逐步形成了层次相互联动的区域合作机制。

在政府层面，形成了“高层领导沟通协商、座谈会明确任务、联络组综合协商、专题组推进落实”的省市级政府合作机制。

在行业层面，形成了有关职能部门牵头组织沟通协商的行业性跨区域的共建共享合作机制。沪苏浙三省市政府的许多职能部门围绕共同关心的跨区域重大事项，也相应建立了行业性的联席会议或联络制度，通过多种形式的沟通、协商、协调达成共识，然后付诸实施，逐步形成行业性跨区域的共建共享合作机制。目前，长三角地区已着手在国内率先尝试组建若干个区域性行业，在政府间合作平台外开辟“第二合作平台”，进一步破除行政壁垒，推进区域一体化。

（2）长三角区域合作机制的演变形式。长三角地区的合作机制将会进一步创新、完善。从大的方面看，将会出现两大新趋势：①区域合作机制的深化；②区域合作机制的扩展。

所谓区域合作机制的深化，是指在长三角地区的内部，沪苏浙三省市之间的合作将会提升为联动，区域合作机制也将深化为区域一体化机制。因为从全球化和国家战略的要求看，长三角地区将会形成三大区域功能：①亚太地区重要的国际门户；②全球重要的先进制造业基地；③具有较强竞争力的世界级城市群。为了培育和发挥这三大区域功能，长三角地区将在产业、市场、体制、政策、环境等广泛领域加强融合、互动发展，进入区域一体化的新阶段。而要推进区域一体化发展，三省市的区域合作必然会提升为区域联动，形成区域一体化机制，这是长三角区域合作机制深化的必然趋势。

目前，沪苏浙三省市已自觉认识到这种趋势，在不少领域积极谋划一体化发展，已经提到议事日程或付诸实施的一体化发展至少有五个方面：①重大基础设施建设的一体化，使长三角地区形成同城效应；②市场发展一体化，构建长三角区域统一大市场；③资源节约和环境保护一体化，把长三角建设成为资源节约型、环境友好型社会；④区域创新体系建设一体化，推动长三角地区成为创新型区域；⑤城乡发展一体化，使长三角地区成为城乡统筹发展、和谐发展的示范区。为了推进多领域的一体化发展，沪苏浙三省市已在相应领域完善和提升区域合作机制，有的正在从事务性合作转向政策性对接，有的正在从局部性合作转向整体性谋划，还有的正在从阶段性合作转向制度性安排，区域合作机制向联动机制的深化出现逐步加快势头。

所谓区域合作机制的扩展，是指长三角的区域合作机制将会向区域之外，特别是向相邻地区延伸、扩展。因为一方面，长三角地区要培育和发挥上面提到的三大区域功能，既要推进产业转移，不断降低资源、环境和商务成本压力，又要增强生产要素的聚集，不断提升产业层次、创新能力和国际竞争力，就必然会开拓区域发展新空间，充分利用区域外，特别是相邻地区的比较优势，实现新的提升。

因此，从长三角地区自身发展的要求看，区域合作机制向区域外，尤其是向相邻地区扩展，就具有必然趋势。另外，长三角是我国重要的增长极，对区域外的辐射与带动功能逐步增强，其他地区尤其是相邻地区应该主动承接长三角地区的产业转移，积极融入长三角市场，进一步促进本地区的体制创新、经济发展。经验表明，其他地区尤其是相邻地区无论是承接长三角地区的产业转移，还是融入长三角市场，实行互利互赢的区域合作是最有效的途径。因此，从其他地区尤其是长三角相邻地区自身发展的要求看，积极推进与长三角地区的区域合作，推动长三角的合作机制向区域外的扩展，也就具有必然趋势。

四、区域经济发展中的创新机制

（一）区域经济发展与创新

由于土地、劳动力、资本等要素的边际收益递减作用，区域经济并不能全部依靠要素及资本的投入来获得发展。为降低要素和资本的边际收益递减速率，推动区域经济发展，创新就被纳入区域经济发展模型中，试图通过创新的推拉作用，重新组合要素及资本的结构，提高要素及资本的全要素生产率，从而增强区域经济发展动力。因此，创新逐步成为区域经济发展的重要影响要素。

1. 区域经济发展脉络

19 世纪 20 年代以来，区域经济学开始逐步发展，并构建了区域经济发展的理论体系。早期的学者认为，“区域”特指由地表特定地区的结合所形成的复合体。在该复合体中，场所、核心和边缘地区代表了“区域”的构成要素，从而发展出“农村区位论”“工业区位论”“中心地理论”“市场区位论”“整体综合论”及“空间结构论”等区域经济发展理论模型。这些模型均假定“区域”是孤立的单位，且因资源不均衡分布和地域性特征，只能利用社会劳动分工、资源要素集聚、城市空间演变及经济结构演化的方式形成有“区域”特色的产业或者产品。因此，区域经济发展的核心是根据“区域”的资源及区位优势，合理布局区域产业的结构及空间，最大限度地发挥区域要素的结构优势、比较优势及规模优势，以通过区域要素及资源的耦合作用推动区域经济增长。

均衡发展理论认为，资本、劳动及技术是推动区域经济发展的主要因素。在完全竞争市场条件下，资本、劳动及技术为获取高额的边际报酬率，会从边际报酬率较低的区域流向边际报酬率较高的区域，进而促进区域经济的均衡发展。在这个过程中，资本、劳动及技术只有在区域内或区域间自由流动，方可平均各要素的边际收益率，实现各区域经济的均衡增长。非均衡发展理论主张，区域经济要取得发展可以先发展区域内主导或者先导性较强的经济部门，然后通过这些部门的发展带动区域内其他经济部门的发展。按照区域经济发展的阶段看，无时间变量的非均衡发展理论强调，不论区域经济处于哪个发展阶段，区域经济进一步的发展总会打破原有的均衡，而有时间变量的非均衡发展理论则指出，当区域经济发展程度较高时，区域经济会趋向均衡。但是，无论区域均衡增长理论，还是区域非均衡增长理论，两者均探讨了区域经济发展中的趋同或差异问题，分析了区域经济发展的各种影响因素，并提出了区域经济发展的政策调整建议。

20 世纪 80 年代以来，数据处理及信息技术的发展拓展了区域经济发展的研究范围和领域。各国政府及学者逐步认识到创新对区域经济发展的重要影响后，开始将区域创新体系看作区域经济发展的核心动力，据此建立了“区域技术创新能力”“区域创新网络”等为主线的区域经济发展理论。其中，区域创新体系理论是这些理论中比较能够解释区域经济发展问题的理论模型。区域创新体系是地理上临近且有分工协作的生产企业、研究机构和教育机构等组织组成的区域性创新系统。区域创新体系利用各创新主体构成的创新网络，按照制度化的作用机制来提升区域的创新产出。

在区域创新体系中，有两类主体发挥了区域创新的粘合作用：①区域产业集群及企业是区域创新体系中的核心主体，发挥着知识及技术的生产、利用及传播作用；②科研机构、金融机构、高等院校等组织是区域创新体系中的支撑主体，具有支持产业集群及企业创新的基础能力。

各区域创新主体利用“互动学习”“知识生产”“邻近性”及“社会根植性”等方式，共同推动区域创新的产出：①区域创新主体通过相互学习及模仿，降低独立创新的成本及风险，增加知识及技术存量的流动性；②区域创新主体可以运用区域创新网络来整合创新主体的资源及能力，强化区域内产学研机构之间的合作，提高知识生产及技术创新效率；③区域创新推动了区域产业的空间聚集，增强了企业的临近性和根植性，有助于构建共享的基础设施及服务体系，以降低企业间的交易成本，增进产业布局的合理度。

2. 区域经济发展的推动力

区域经济发展的推动力主要有要素驱动、投资驱动和创新驱动，各种推动力在不同的历史时期均发挥了助推作用。随着要素及投资驱动的边际效益递减，区域经济发展必须依靠创新，才能保持稳健的发展速率和质量。实践表明，任何一次社会生产和生活方式的创新，都对区域经济发展产生了影响。熊彼特的“创造性毁灭”理论即强调生产要素及生产条件的新组合推动了经济发展。同样，在区域经济发展中，创新也有相似的影响作用。只是在这个过程中，创新不仅表现为技术进步，也体现在制度创新上。对技术进步而言，技术创新和技术效率带动区域的基础研究和应用研究，推进了区域经济发展的结构和质量。而就制度创新来讲，强制型或诱致型的经济制度变迁，均会加快生产要素在区域间或区域内的流动，进而通过生产要素的合理配置，提高区域经济发展的速度和效率。

创新能否促进区域经济发展主要取决于三个要素：以企业间动态的纵向和横向网络为主的区域创新网络、以人力资本深化为主的区域职业培训制度以及以研发、创新和技术转让为主的区域创新支撑体系。

新网络能通过前向关联溢出效应或者后向关联效应增大规模经济效应，降低知识交流成本，提升区域经济发展水平。区域人力资本对区域经济发展有不同的影响程度，高等教育文化程度的人力资本显著推动区域经济增长，中等教育程度人力资本显著阻碍区域经济发展，基础教育程度人力资本则与区域经济增长没有任何显著的作用。区域创新支撑体系能破除区域内或区域间的市场分割或者行政壁垒，加速区域创新资源在区域内或区域间的流动，以最大化区域创新的空间外部效益。同时，支撑体系还能增进区域内或区域间不同创新主体及环节的协作，以增强区域内或区域间创新价值链的协同创新，提高区域创新价值链的正向溢出效应。

（二）区域经济发展中的创新现状

伴随全球经济的深刻变化，中国开始重视创新在区域经济发展中的作用。各区域逐步减少了经济发展对要素及投资的依赖度，提高了创新在经济发展中的主导作用。经过近些年的发展，各区域均加大产品、技术、市场、原材料及组织方面的创新，加快了区域经济发展步伐。中国区域经济尽管发展迅速，但相互间差距较大，因而各级政府为推动区域经济的均衡及协调发展，皆重视从区域实际创新区域经济发展的制度体系，力图营造颇具特色的区域经济发展模式。

以东部地区为例，长三角区域部分地区遵照资源、资本、技术及区位等优势，创造性地探索出具有各地特征的区域经济发展制度。其中，代表“内生渐进式制度创新模式”的“苏南模式”致力于通过制度和法律的创新方式来调节区域市场行为，拓展了区域市场的范围及规模。而以“自发自生的自组织模式”为特征的“浙江模式”则创新了块状区域经济体制，完善了社会管理及服务制度，为发展民营经济提供制度支撑。体现“外生型”特点的“上海模式”利用“浦东开发”的辐射效应，改革区域经济管理体制，建立“小政府、大市场”的区域发展模式，主动推动区域产业转型升级，释放了区域经济发展活力。

此外，随着全球第三次产业转移浪潮，以广州、深圳与珠海为主的珠三角地区在发挥市场对资源配置起决定性作用的前提下，通过建立区域一体化制度培育统一的区域要素市场，合理布局区域内的基础设施，科学规划区域的产业布局。以北京、天津和河北为主的京津冀地区充分利用北京、天津、河北在科技创新方面的独特优势，建立京津冀地区科技创新协同发展机制，以推动科技创新资源跨区流动，推进科技成果转化。但是，作为区域经济中的“创新极”，北京、天津吸纳了周边区域的资金、技术及人才等资源，可能会造成周边地区的创新空洞化。所以，在推动协同创新的过程中，必须建立“创新极”与“非创新极”之间的区域协调机制，避免再次加大区域间的发展差异。由东部地区的实践可知，制度在区域经济发展中的作用有：

（1）制度确立了区域主体的行动规则，明确了区域资源的分配方式，提高了区域经济信息的透明度，减少了区域主体行动的不确定性，降低了区域主体间的交易成本，从而提高了区域市场的运行效率。

（2）制度保护了区域主体的财产、知识、技术等权利，提高了区域主体的边际收益率，激发了区域企业家的创新活力，强化了区域经济发展的人力资本基础。

（3）制度界定了区域经济发展必备的产权，增加了区域主体行动的可预期性和可获得性，激励区域主体主动发挥核心优势，从而为区域经济发展提供内在动力。

（4）制度能够调控市场的自发性和盲目性，因此要约束区域内政府的自由裁量权，确保区域经济发展的稳定性和秩序性。制度创新是区域经济发展的基础动力，决定了其他区域创新的效率和质量。

（三）区域经济发展创新机制的完善策略

区域经济发展的创新驱动需要六大支柱：健全的竞争政策、优良的高等教育、灵活的劳动市场、完备的金融体系、审慎的经济政策及民主的法治环境。若结合中国区域经济发展中的创新实际，还可发现区域经济发展也与科技和产业基础、区位优势和创新文化等有关。但就区域创新机制而言，为进一步推动中国区域经济的科学及协调发展，可重点从如下方面着手：

1. 完善管理机制

打破区域内及区域间的管理壁垒，创新区域内或区域间的管理体系，加快创新要素在区域内或区域间的流通。当然，创新目的在于使管理制度更加契合区域经济发展，以降低区域内或区域间的交易成本，提升创新资源的配置效率。比如，构建区域经济创新活动的网络组织以及建设区域网络共享平台，将来自不同区域的不同形式资源要素纳入同一创新网络之中，从而不断加强区域间生产要素和创新产品之间的勾连。此外，为加快区域内或区域间创新成果的转化速率，可以制定创新成果转化的激励措施，奖励对区域创新有突出贡献的创新主体，让其创新成果得到相应的回报。而对于创新薄弱的经济区域，则可以依靠激励制度，引进创新人才或资源，或者扩大创新成果的溢出效应。

2. 增强自主创新

自主创新是相对于技术引进及模仿而言的一种创造活动。自主创新是指通过拥有自主知识产权的独特的核心技术以及在此基础上实现新产品的价值的过程。自主创新的成果可以是新的发现、新的产品或新的品牌。就中国区域经济发展的实际情况看，各经济区域内的产业和投资项目已经基本饱和，加之一些传统产业项目也逐渐被淘汰，为区域产业转型升级提供了机遇。尤其是经济新常态和“互联网+”的提出，更是为区域经济发展的创新活动创造了更为便利的条件。各经济区域应抓住宏观政策的利好条件，根据区域的比较优势和核心能力，提高技术、流程、产品、原料及品牌等产业方面的创新能力，打造适合区域经济发展的产业体系。

当然，区域经济发展不但需要技术创新，也需要制度创新和组织创新。对制度而言，各经济区域应健全影响区域经济发展的商事、税务、质检及审计等方面制度，为区域经济的发展创造宽松而有效的制度环境。而在组织创新方面，各经济区域则要优化组织结构，合理分配组织权利，清楚界定组织责任，提高组织服务区域经济发展的能力。

3. 巩固支撑基础

在政策层面，各经济区域要制定相应的政策措施促进区域内或区域间的产学研交流，并不断完善便利的交通和运输网，为更好地开展创新活动提供坚实的物质基础。在产业层面，推进区域内产业集群的发展，利用产业间的协同创新效应，降低创新成本及其他费用，加快创新成果的转化速率，全面推动区域经济发展。同时，在区域经济发展的过程中，很多企业都会生产各式各样的创新产品，如果不能够得到有效保护，很容易损害企业的创新积极性。因此，各经济区域要结合本区域的创新情况，按照国家知识产权的相关法规，制定适合本地实际的知识产权保护制度，维护创新主体的知识产权权益，激发各类创新主体的创新动力，从而推动区域经济科学发展。

第三节　区域经济管理的不同模式与主要方法

一、区域经济管理的不同模式

区域经济合作可使生产要素在区域内各国间得到重新配置，其基础是各国经济发展的不均衡性引起的互补性。通过开展经济合作，各国（地区）既可以互补不足，又可以相互提供市场。这不仅有利于各国（地区）扩大生产，增加就业，而且可以大大提高各国（地区）的经济竞争力，增强经济实力，使相关国家（地区）成为充满生机与活力的经济增长点。①

①刘澄，王东峰．区域经济一体化的新制度经济学分析［J］．亚太经济，2007（2）：26-28.

（一）区域经济管理的合作模式

1. 区域经济合作模式相关知识

20世纪80年代末以来，随着经济全球化和区域经济一体化迅速发展，区域经济合作模式已经突破了以往那种仅局限在国内区域之间，或紧邻的较小范围、较少地区之间，或发达国家之间和发展中国家之间的合作，诸如发达工业化国家与发展中国家之间的，跨洲的多国多地区之间的区域经济合作组织与模式，形成了更多层次、更多内容、更多交叉的区域经济合作新体系。

由各级政府参与，通过制度建设促进的区域经济一体化，已经是当今世界经济发展的一个重要趋势。综观全球，一个国家或区域经济如果不参加区域合作，不仅要承受其他国家区域合作后转移性贸易的损失，而且会失去与其他国家或区域集团竞争的优势，无法在世界经济格局中处于优势地位，更不能获得其他收益。通过参与各类区域合作，建立各种区域性优惠经贸安排，推动区域经济一体化以寻求更大的经济发展空间，成为多数国家和区域政府明智的政策选择。加快区域内外合作体系的建立，既是区域经济发展的必由之路，也是区域政府实施区域经济管理与调控的重要内容。

（1）在全球区域经济合作中的模式选择。目前在全球区域经济合作中，存在许多种模式选择，但是从总体上来说，有以下三种模式：

第一，制度性合作形态。例如欧盟、东盟、北美自由贸易区等，属于全方位的体制性的紧密型合作机制。全方位就是它包括了贸易、经济、货币、财政、税收以及有关政府政策方面的体制上的整合，是紧密的、全方位的、体制性的整合。欧盟的经济一体化政策是目前全世界区域经济一体化当中最高的形式和最高表现。

第二，功能性合作形态。为实现某个具体目的而进行的多边合作，例如澜沧江-湄公河次区域经济合作等；或是在某个特定领域里的体制性合作，例如“自由贸易协定”（FTA），是在贸易领域中的一种体制性合作，也是一种比较紧密型的合作。目前世界上许多国家和地区都应用“自由贸易协定”方式展开经济合作，如著名的北美自由贸易区、东盟自由贸易区（“10+1”和“10+3”）、东亚地中海自由贸易圈、中日韩自由贸易区等。

第三，准制度或非体制性的、松散的区域合作形态。例如亚太经济合作组织、博鳌亚洲论坛以及我国的“泛珠三角”的“9+2”经济合作模式等，都是论坛形式的。

（2）区域经济合作应遵循的原则。无论选择哪一种合作模式，区域经济合作都应遵循如下一些重要原则：

第一，平等自愿的原则。应遵循平等协商的原则，共同解决合作中遇到的困难和问题。

第二，循序渐进的原则。应因地制宜，因时制宜，因势利导，有步骤、分阶段地逐步推进区域合作的深入。

第三，讲究实效的原则。区域经济合作应从实际出发，着眼于解决实际问题，务求实效。

第四，互利互惠的原则。解决成员共同关心的问题，促进区域经济的共同发展；致力于发挥成员的比较优势，促进区域资源的合理配置；在相互投资和贸易中，应做到诚实守信，利益共享，风险共担。

第五，市场导向的原则。以市场为导向，以产业为目的，以企业为主体，以人才为核心，以公共环境为平台，辐射拓展区域内外市场。

2. 全方位体制性的紧密型合作机制——欧盟

欧盟的合作模式可以归纳为“共同稳定、同步发展的区域化模式”和“可持续发展模式”，将生态与环境保护视为经济长期增长的前提，使“可持续”成为一个经济与社会协调发展的综合性目标。这在全球化不断发展的当今世界，无疑具有十分重要的借鉴意义。

（1）欧盟模式的特点。欧盟的经济一体化模式经历了几个发展阶段，即关税同盟、自由贸易区、共同市场、货币联盟、经济与货币联盟。

第一，关税同盟。关税同盟不仅是区域一体化的一种基本形态，而且是传统理论主要关注的形态。其特征是：共同对外关税、成员国间免税贸易及关税政策的一体化。欧洲经济共同体的核心就是这样的一个关税同盟。

第二，自由贸易区。自由贸易区是第二种区域一体化形态。它与关税同盟一样，也关注贸易，而且在数量上超过了关税同盟。其特征是：成员国间免税贸易，但每个国家继续决定自己的对外关税。为抗衡欧洲经济共同体而建立的“欧洲自由贸易联盟”，美加墨的“北美自由贸易协定”是主要的例子。

第三，共同市场。共同市场是区域一体化的第三种形态，它不仅有共同对外关税及货物与服务免税贸易，而且还包括生产要素——劳动力、资本与企业的自由流动。欧共体1993年建成真正统一的共同市场。

第四，货币联盟。货币联盟是区域一体化的第四种形态。它的建成要求采取单一的货币、中央银行与货币政策。例如欧盟实行统一货币——欧元。

第五，经济与货币联盟。经济与货币联盟是最高级的区域一体化形态。根据《马斯特里赫特条约》，欧盟已实施了这种区域一体化形态，它涉及共同市场、共同货币、财政一体化、共同预算政策、成员国赤字与债务政策的统一等。

欧洲联盟的宗旨是通过建立无内部边界的空间，加强经济、社会的协调发展和建立最终实行统一货币的经济与货币联盟，促进成员国经济和社会的均衡发展，通过实行共同外交和安全政策，在国际舞台上展示欧盟的优势。

欧盟社会经济发展的主要政策是随着欧洲一体化的深入发展，逐步建立和完善一系列共同政策，其中主要的有关税同盟、共同农业政策、共同渔业政策、共同地区政策、共同社会政策、共同货币政策、共同外交和安全政策、保护消费者政策以及共同外贸政策等，体现了欧盟一体化进程中在经济领域、政治领域以及安全和防务领域已经实现联合的欧洲格局。

（2）欧盟模式的启示。欧盟成功的经验与世界其他地区众多类似经济区域相比，无论是从联合的广度和深度，还是从地位和影响看，欧盟都是最具开创性的、最成功的典型，它带来多方面启示，如下：

第一，共同市场体系的建立是区域合作的重要力量。区域经济一体化实质是市场一体化，欧盟在这个方面提供了一整套的政策制度框架来管理各成员国间的贸易和投资，尤其是致力于消除成员国之间的关税壁垒及共同市场的建立。欧元体系的成功建立和以“欧盟”为主体的区域内外以资本流动作为重要形式的经济往来，已充分显示了这个统一市场体系是推动欧盟一体化进程的重要力量。

第二，制度创新是区域合作的重要保障。欧盟经济一体化的过程实质是一个跨国度的制度创新过程。欧盟在一体化的各个阶段都制定了相关的法律，成员国都实行共同的区域政策。一个有效的经济组织是经济增长的关键，从欧盟的一体化进程可知，区域内的制度一体化是保证其功能一体化实现的重要保障，同时制度一体化需要在打破原有的各自为政的基础上，建立一个高效的区域合作协调机制。

第三，效率与公平的协调是区域合作应实现的目标。欧盟在一体化的经济互动中，注意到了各国经济发展水平的差异，建立了消除地区差距和贫困的机制，在合作协议中也有对相对落后国家产业的保护和一定的扶持，促进优势互补，共同发展，较好地提升了整个地区经济的综合竞争力。

第四，经济文化与生态环境协调发展是区域合作可持续发展的基础。欧盟在实现经济一体化发展进程中，特别注重经济、文化发展与生态环境的保护，大量投资于研究与开发，以推进“欧洲研究区”的共同科学政策，致力于成为世界级知识经济区；同时还建立了统一的欧洲环境法即欧盟环境法。欧盟环境法体系的形成是当代环境法的一个奇迹。

3. 大湄公河次区域经济合作

湄公河流域虽然资源丰富，但由于沿岸各国大多经济发展落后，没有能力独立开发和利用这些宝贵的资源。另外，这一流域的开发综合性很强，涉及航运、水能、林业、矿业、农业、渔业、旅游、环境保护、贸易、投资、人力资源、禁毒等诸个领域，是一个庞大的系统工程。据估算，至少需要投入2000多亿美元才能见效。对于资金、技术和人才都十分缺乏的流域内各国来说，独立有效地开发这一流域是很难做到的事。显然，只有走合作开发的路子才是最佳选择，而且还必须广泛动员国际力量的参与。

（1）大湄公河次区域经济合作的特点。近年来，湄公河次区域经济合作取得较快进展。与其他区域合作的形式相比，湄公河次区域经济合作独具特色。它是相邻国家间的一个非正式多边经济合作机制，具有多样性、开放式和松散型的特点。

第一，湄公河次区域经济合作的机制。自20世纪90年代初以来，湄公河次区域经济合作引起了国际社会的广泛关注，形成了多种经济合作的机制。它们主要有：由亚洲开发银行推动的大湄公河次区域经济合作、新湄委会主导的湄公河流域可持续发展合作、由东盟领导人发起的东盟-湄公河流域开发合作，由泰、老、缅、中政府发起的“黄金四角”区域经济合作，以及由日本外务省主持的印度支那综合开发计划、由东盟经济部长会议和日本通产省联手的柬、老、缅经济合作工作组计划、联合国开发计划署和其他多边组织的合作开发计划等。

由亚洲开发银行牵头的大湄公河次区域经济合作（GMS）是湄公河次区域经济合作取得的突出成绩，增进了各国的互信，确定了交通、能源、通信、旅游、环境、人力资源开发、贸易与投资、禁毒等主要合作领域，在交通、旅游、能源等领域的合作取得了积极成果，为投资和经济增长以及社会进步创造了良好的环境。

第二，湄公河次区域经济合作的重点。自1992年以来，湄公河次区域经济合作的重点逐步扩展至交通、能源、农业、环境、人力资源开发、贸易与投资、旅游、禁毒等领域。目前，在交通、能源、旅游等诸多领域的合作取得了显著成效。湄公河流域蕴藏着丰富的水利资源，水利资源开发是次区域合作的重点项目之一。目前，澜沧江-湄公河干流已经列入规划的水利资源开发的有25个重要工程。澜沧江水电资源极为丰富，是中国重点开发的水电基地之一。泰国88%的能源需要来自湄公河的下游区域，其中84%又主要依靠老挝和柬埔寨。老挝每年出口收入中的30%来自向泰国出售的电力。次区域国家的水电合作开发正在进行，如中泰合作兴建的景洪水电站、中缅合作兴建的邦朗水电站等。

第三，湄公河次区域合作是开放和松散式的合作。从区域经济合作的模式看，湄公河次区域经济合作是开放和松散式的。它是相邻国家间的一个非正式多边合作机制，各参与国只是在现有关系基础上就基础设施、能源建设、贸易投资等一些特定领域进行自主合作，其目的是使该地区成为一个更具吸引力的投资场所，更具规模的开放性市场。在这种合作模式下，各次区域国家具有完全的自主权，所有决议的形成均需在次区域经济合作部长级会议上进行磋商，亚行只在其间起协调的作用。一系列的部长级会议就次区域合作形式达成的协议，主要包括项目优先权的标准、项目的先后次序、机构设置的安排等。在实际运作中，亚行十分注重合作项目实施中取得的一些初步成效，以便使各国保持继续合作的动力。

（2）中国的作用。中国从 20 世纪 90 年代初以来，一直积极参与大湄公河次区域经济合作。中国是从推动该地区经济社会发展、加强与东盟的睦邻友好关系、维护东南亚地区和平稳定的战略高度来参与这一合作的。早在 1994 年，中国政府便成立了由 20 多个部门组成的“澜沧江-湄公河流域开发前期研究协调组”，负责具体工作。此后，国务院又指示国家计委牵头完成了《中国参与澜沧江-湄公河次区域开发合作总体研究报告》。另外，中国国家领导人在亚欧会议、“10+3”领导人会议等场合也多次阐明中方在该地区合作中的积极态度与立场。

作为湄公河上游国家，中国很早便与下游国家达成共同开发利用澜沧江-湄公河的共识，并提出国际航运开发是首要任务。1994 年和 1997 年中国先后与老挝、缅甸签订了《澜沧江-湄公河客货运输协定》。此外，中国还在水文资源共享方面与湄公河委员会进行了友好的合作，向其提供澜沧江汛期水文资料。中国还利用澜沧江丰富的水力资源，与泰国合资兴建景洪水电站，建成后将向泰国提供电力。

（二）区域经济管理的开发模式

在经济发展过程中，区域发展不均衡是常见的现象，而对于落后地区实施发展的支持与援助政策，已成为各国家（地区）政府的普遍做法。第二次世界大战后，随着一些发达国家经济的迅速发展，其区域差距问题也日益突出，如何缩小区域差异，实现经济均衡协调发展，成为各国政府干预和调控的重要内容。分析考察它们针对落后区域的开发所采取的管理模式与政策措施，并从中总结出有益的经验，有利于人们正确认识和有效发挥政府在区域经济管理中的作用。

1. 美国“西进运动”

美国是市场经济颇为发达的国家，各区域的经济发展相对均衡。但在历史上，美国自独立战争以来直至 20 世纪 30 年代的 100 多年间，区域经济发展极不均衡，制造业主要集中于东北部地区，西部、西南部及山区各地则是典型的落后农业区。美国历届政府都非常重视区域发展差距问题，在长达100多年的区域开发中，采取一系列开发与再开发措施，成功解决了区域发展的不均衡性问题，形成区域开发的美国模式。

（1）以立法为基础并建立制度化的区域开发保障体系。以法律形式支持区域开发，是美国“西进运动”的一大特色。美国独立战争之后，不断向西部扩展，“西部有黄金”这句响亮的口号拉开了“西进运动”的帷幕，开始长达100多年的移民拓荒时期。1862年5月，美国国会通过了《宅地法》，此法规定：凡满21岁的美国公民，或符合入籍条件并愿做美国公民的外国移民，可免费或缴纳10美元的手续费，获得不超过160英亩的土地，耕种5年以上或未满5年但在宅地上住满6个月并每英亩缴纳1.25美元费用者，可获得土地所有权。《宅地法》的实施，免除了拓荒者因购买土地而花费大笔资金所造成的经济负担，大量资本助长了拓荒农业向商业农业演变的势头，促进了西部开发的大规模展开。来自美国东部和世界各地的移民、资本源源不断地进入西部，促进了西部经济的快速发展。美国西部开发的核心是围绕土地关系展开的，政府通过支持土地投机，使西部开发得到巨额回报。

随着一系列土地法案的出台，美国的西部开发有了制度化、法律化的保证。从18世纪末到19世纪末的这场大规模的西部拓荒运动，对美国经济、政治和社会发展产生了重大影响。昔日杳无人烟的大片荒地被开垦出来，使西部农业发展进入了快车道，为工业发展提供大量粮食、原料、出口产品和广阔的国内市场。大批移民西迁，改变了美国的人口分布格局，劳动力和资本西移使西部丰富的资源得到了开发和利用，东西部互补性贸易迅速发展起来，使国内贸易空前活跃，促进了国内统一大市场的形成。

（2）重视基础设施建设并优先发展交通及运输业。重视基础设施建设，优先发展交通及运输业，改善投资环境，是美国西部开发的基本思路。1801年杰弗逊总统上台后，为解决交通运输问题，于1806年3月批准了一个修筑国道的计划。从18世纪末兰卡斯特大道建筑开始，到19世纪晚期全国铁路网络已基本形成。同时，由于公路、铁路交通网络的形成和基础设施的改善，大大改善了西部的投资环境。东部及国外资本大量涌入西部地区，推动了西部农业、工业、商贸的发展，形成各产业联动、互相提供市场、促进共同发展的良好格局。

（3）制定优惠政策并引导人力资源的合理流动。美国西部开发是以优惠的土地政策为中心，吸引大批移民西迁。在南部开发中，则是以优惠的移民政策来促进人口南移。这些政策措施主要有六个方面的内容：①给迁移户发放迁移补贴费；②制定落后地区的住宅建筑法，给迁移户补贴住房费；③为迁移户提供就业培训费；④为迁移户提供就业机会或信息；⑤通过税收和信贷的优惠，鼓励资本家在南部地区投资；⑥加大落后地区的教育投入等。

（4）依靠高科技，培植增长中心实现跨越式发展。20 世纪 40 年代，美国政府在新墨西哥州的洛斯阿拉莫斯投资建立了国家原子能基地，此后位于拉斯克鲁塞斯附近的新墨西哥州立大学的科学研究也开始活跃起来，从而形成了以上述两地为端点的“格兰德河学术研究走廊”，带动了当地高科技产业的发展。早在 20 世纪 30 年代，斯坦福大学及其周围地区的科研和技术创新活动开始活跃起来，到 60 年代在美国掀起了一场高技术革命浪潮，使得加利福尼亚州圣何塞市的圣克拉拉县变成了举世闻名的硅谷。

2. 巴西迁都

落后区域开发模式：“巴西迁都”。南美洲的巴西是一个经济发展极不均衡的国家，鉴于区域发展不均衡的现实，巴西在很早以前就提出“国家一体化”战略。巴西模式最突出的特点有两点：①以首都西迁为标志的向西进军计划；②建立“发展极”。区域开发的目的非常明确：①要改变地区经济发展的落后状况，避免由此产生的社会不安定和对联邦政府可能产生的离心倾向；②发展地区经济，扩大国内市场，即通过地区生产的发展，扩大对国内产品的需求量，增加对国内外市场所需原料及制成品的供应。

（1）“向西进军”——首都西迁工程。早在 20 世纪 30 年代以前，巴西就开始实行“疆域占领”政策，一方面为了解决与邻国长期悬而未决的边界问题，另一方面为了加快边疆经济发展。1930 年，瓦加斯总统执政后，立即开始开发边远落后地区的活动，其目的是促进区域经济均衡协调发展和巩固国防。为解决区域经济发展不均衡性问题，瓦加斯于 1940 年提出“向西进军”计划，希望通过国家经济重心西移和唤起国民情感的方式，开发西部落后地区，全面建设国家，并最终选择以首都西迁作为实施该计划的第一步。新首都巴西利亚于 1960 年建成后，以其为中心的公路网建设也相继完成，内陆边远地区对国家的向心力得到增强，在政治、经济和文化等方面强化了中央政权对内地的影响力，为地区经济发展和全国一体化发展创造了条件，开发进程得以加快。

（2）建立“发展极”计划。巴西区域开发的一个重要途径是依托当地资源优势，建立“发展极”。20 世纪 70 年代，仅在亚马逊地区就建立了 15 个“发展极”，各个“发展极”根据各自的资源特征，确立经济增长点。目前，巴西内陆地区已形成以城镇或“发展极”为单元的经济发展态势。其中，最典型和最成功的“发展极”是马瑙斯自由贸易区。它是一个集商业、工业与农牧业为一体的经济中心。马瑙斯是巴西北部亚马逊州的首府，马瑙斯自由贸易区是通过国家立法建立的。

巴西联邦政府对马瑙斯自由贸易区主要实行两项优惠政策：①实行进出口自由贸易；②实行财政刺激政策。在自由贸易区，外国商品，凡属在自由区消费的物资、制造加工用的原料、农牧水产用的物资，以及为加工再出口商品或开办企业所需的机器设备，均无须进口许可证就可免税进口。外国商品从自由贸易区出口不缴纳关税，但如果进入巴西其他地区，则要缴纳关税，并受进口规章约束。巴西国内产品运往自由区，免征商品流通税和工业产品税。但如果再进入巴西其他地区，则要缴纳上述各税。为鼓励工业生产，在自由贸易区制造的商品不论是在区内消费还是运往其他地区，都免征工业产品税，只对运往国内的产品中所含的进口原料和零部件征收进口税。对区内金融机构给予降低营业税的优惠。此外，还制定特别出口计划和以低于其他地区的价格提供拥有基础设施的工业和农牧业用地作鼓励。

二、区域经济管理的主要方法

（一）状态法

事物发展的状态，通过事物的发展水平、发展程度、发展阶段、发展强度、发展密度、发展速度等多方面得到体现和反映。就发展水平与发展程度而言，有高、中、低的差别；就发展阶段而言，事物一般都经过生产、低速成长、快速增长、鼎盛、下降、衰亡（复苏）等循环过程；就发展强度、发展密度、发展速度等而言，都有从大到小、从高到低、从快到慢的变化。

在许多情况下，事物的状态可由事物的特征得到较为完整和全面的反映。特征具有优劣之分，特征也有特殊性和普遍性之分。事物的发展状态只有在一定的参照系中才能被人们所认识，参照系有两类：①事物以其自身以往状态作为参照，从而得出现今状态与以往状态的差异；②事物以周围范围、其他层次作为参照系，将自身状态与这一参照系做出比较，然后得出自身状态现行特征。

从发展角度看，事物的现行状态既是其以往状态的积淀所致，同时又对其今后发展的趋势产生重要的影响。因此，把握事物现今状态的特征，是预测及设定其未来发展轨迹与发展状态的必要途径。

在区域经济管理中，很多分析论证工作实际上是对区域现行状态的表征和认定。如在区域规划中，对区域历史发展过程的分析实际是对其以往状态的表征，对区域现状的分析是对其现今状态的认定，至于对区域规划的种种设想则是对其未来状态的预测。

（二）信息法

信息，最早是通信技术上的一个名词。信息论科学诞生后，信息被解释为用符号传递的、接受者预先不知道的情况。客观世界本身就是各种信息的发射源，人们正是通过这些信息来认识世界的。按照信息论的观点，信息是任何系统维持正常的有目的性运动的基础条件。任何实践活动都可简化为三股流，即人流、物流、信息流，其中信息流起着支配作用，调节着人流和物流的数量、方向、速度、目标，掌控人和物进行有目的、有规则的活动。

信息是区域系统的重要资源，是反映区域特征的主要手段。离开了信息，就无法对区域产生认识，更无法对区域进行研究和规划。因此，对有关的信息进行采集、处理和利用，是开展区域经济管理必不可少的过程。

1. 确定正确的信息采集方法

区域信息包罗万象，覆盖面极广，所以必须对其进行筛选，选取最具有影响力和代表性的信息。这是充分利用信息的必要前提。

2. 信息处理

信息在未处理前，还是一大堆纷繁复杂、彼此间联系松散的片段资料和数据，所以必须对其进行有效的处理，使之简明扼要、条理清晰。这是利用信息的必要的中间过程。

3. 信息利用

信息的利用是整个问题的核心。在对重大问题决策时，各区域经济的决策、规划、管理、建设等部门必须加强对信息的自觉利用。

4. 信息传播

采集处理后的信息已经具备一定的利用价值，所以必须借助于迅速可靠的传播媒介和传播手段将消息传递到区域研究、决策、规划、管理、建设等部门，乃至广大市民阶层。这是真正利用信息的正确途径。

5. 信息管理

信息的采集、处理、传播等应专门化、规范化、标准化，国内统一联网，并应争取与国际信息体系接触。这是进行区域经济研究和管理的重要保证。

（三）关系法

关系是事物之间相互作用、相互影响的类型，表明了事物与事物之间的各种性质的联系。人们要认识一事物，除了分析、解剖事物的组成元素外，在很多情况下，还需从认识、分析这一事物同其他事物的关系类型及其特征入手。可从如下方面认识关系分析方法：

1. 函数关系与相关关系

函数关系也叫因果关系或确定性关系。当有两个变量 X 和 Y，对于某一范围内的 X 的每一个值，Y 都有唯一值和它对应，那么 Y 就是 X 的函数，X 与 Y 也就构成了函数关系。如自由落体运动中，物体下落的距离 s 与所需的时间 t 之间就为函数关系，s 随 t 值变化而变化。

相关关系是因素之间具有不完全的因果关系和非确定性的关系类型。以 X 与 Y 的变化为例，当 X 变化时，Y 可能变化，也可能不变化；或在大多数情况下变化，但变化的方向和幅度却并不固定。这样一种关系类型，即称作相关关系。

在自然界中，相关关系占据主要的地位，具有相当的普遍性。区域经济管理中，许多因素之间的关系类型就具有明显的相关关系特征，如城市人口与城市用地、城市人口与城市交通量、工业产值与工业耗水量、工业产值与污染程度、城镇化水平与地区综合发展水平等，皆属此类。

2. 独立型关系与非独立型关系

独立型关系是指组成事物之间互相独立，彼此不发生联系，不能互相代表。非独立型（联系型）关系则是因素之间互相依赖，互相联系，每个因素具有不同程度的代表性（一个因子可以代表若干个因子）。因子之间非独立型关系的存在决定了分析事物时可以进行因素的筛选，这表明联系型关系类型的存在可使在组成事物的众多因素中筛选出最具有代表性的因素作为分析对象，既可以大大减少工作量，又不影响结果的精确性。同时，独立型关系的因素因其既不能代表他者，又不能被他者所代替，因此不可省略和忽视。

例如在区域综合发展水平评价中，当根据问题的意义罗列出所有相关的评价因素后，可判断每个因素的属性。如属于独立型关系的因素则不可省略，而属于非独立型关系的因素则可在其中挑选若干有代表性的因素，以减少工作量。

3. 制约关系与反馈关系

当 A 事物本身的存在和变化以 B 事物的存在和变化为条件，则称 A 事物为 B 事物所制约，二者之间存在着制约关系。具体说来，制约关系有如下几种情况：

（1）A 制约 B：即 A 变则 B 也变。其中，A 增大，B 随之增大，称为正向制约或正相关；A 增大，B 随之缩小，称为反向制约或负相关。不管正向制约还是反向制约，都属于单向制约，A 相当于自变量，B 相当于 A 的函数。

（2）B 制约 A：整个过程与上述过程相同，只是 A、B 互换了位置，是上述函数的反函数。

（3）AB 相互制约：这种关系与单向函数相对应，可以称为相向关系。即 A 变则 B 随之变，B 变则 A 也随之变。相互制约的特点是：A、B 互换位置后，关系不变，而不存在 B 增大导致 A 缩小的情况。

在现实世界中，还存在这样的关系：A 变，B 随之变，这是先发生的主导过程。B 随 A 变化后，反过来作用于 A，从而导致 A 发生变化，这个过程称为反馈。如果反馈后，输入信号增益，称为正反馈；反之，如果输入信号衰减，称为负反馈。在区域和城市经济发展中，负反馈现象随处可见，各种城市病都可以看作是城市过度发展的反馈后果。例如，汽车是运输和代步的工具，但城市中汽车过量发展，造成光化学污染和交通状况恶化。再如，努力提高卫星城市的现代化水平，目的是分散大城市的人口压力，结果却成了新的吸引中心，引来了大量农村人口，大城市反而变得更大了。

在区域经济研究和管理工作中，注意反馈关系，可以使区域系统的许多实践活动防患于未然，可以使规划工作更加周全细致。在区域经济管理中，认识区域组成因素及区域与外部环境的关系类型及其特征是十分重要的，它能使管理者对区域的认识具有条理性。同时，还应该认识到，区域组成因素关系类型的发现及类型的判定并不是最终目的，重要的是要找到反映区域发展因素之间关系的表达式（并非完全是定量的表达式），以便规划者利用这些表达式预测未来发展趋势，指导规划的进行。

（四）因素法

因素是构成事物本质的成分，是决定事物运动方式和特征的原因与条件。只有分析研究区域的各种因素，才能正确认识区域的本质，从而正确地进行规划。可以根据因素的作用强弱、范围大小区分如下：

1. 主要因素和次要因素

在事物的形成与发展过程中，各个因素的重要程度是存在差异的。可以根据各类因素发挥作用的强弱以及影响范围的大小，将因素分成主要因素与次要因素两类。主要因素在决定事物的本质和事物的运动方式的过程中起着决定性的作用，而次要因素则在此过程中不起决定性的作用。在区域经济管理过程中，应首先辨别和认识组成区域的各种因素（元素），由于区域的高度复杂性以及因素本身就具有主次区别的特点，人们不可能也不必要以同等态度对待每一因素，这就涉及如何分析、判断组成区域因素中的主要因素、次要因素的问题。

例如为了反映区域“经济增长”，首先必须根据“经济规模增长”概念的含义，罗列出所有与“经济增长”有关的因素与指标，其次应对各指标赋以不同的权重，以反映每个因素在“经济增长”这个问题中的地位与作用，接下去才能进行进一步的计算和分析。由此可见，权重是对某一问题所包含因素的重要程度的判定，也可据此判别主要因素与次要因素。

2. 外部因素和内部因素

对外部因素与内部因素可从空间意义与一般意义两方面去认识和理解。就一般的意义而言，事物的外部因素指对事物发展过程起着间接、次要作用的因素，内部因素则是对事物发展起着直接、重要作用的因素。而一个系统的运动情况要从其内部来考察，要受两方面的影响：①组成该系统的各个因素的素质、质量情况；②这些因素之间关系的协调程度。

例如在研究城市综合效益水平的影响因素时，就会发现城市职能特征、城市人口规模、城市用地规模是影响城市综合效益水平的外部因素；而城市活动能力、城市组织效应则为影响城市综合效益水平的内部因素。城市活动能力即是城市系统各元素质量和素质的总和，而城市组织效应则为系统各元素之间不同的协调程度对系统整体运动产生的不同的反映和效果。

以城镇体系为例，在其发展过程中，就一直受其外部区域发展条件与环境的影响与制约，包括区域自然条件、区域资源、区域人口分布、区域交通条件、区域生产力发展水平、区域生态环境质量等在内的因素构成了城镇体系发展的外部环境。而城镇体系发展的内部因素则是城镇体系本身所处的发展阶段、经济和社会发展水平、城镇建设发展条件等。由此可见，城镇体系发展的外部因素与内部因素在构成内容上具有一定的相对性，只是在范围上有大小的区别。

3. 影响因素和制约因素

影响因素是在事物发展过程中所有与之发生作用的因素，制约因素则是对事物发展的方向、速度及特征起决定性作用的因素。

在区域经济管理中，有必要认清哪些因素是区域发展的影响因素，哪些是区域发展的制约因素。影响因素反映了事物涉及的各个方面，而制约因素则反映了一定时期内对事物起决定作用的因素。例如在规划重要产业的布局时，它的影响因素包括资源分布条件、自然地理条件、交通条件、工业分布条件、原有生产力布局的基础、科学技术发展的水平以及人口分布条件等。但对于一个特定的区域，在一个特定的历史时期内，在以上这些影响因素中，将有若干个属于决定性（制约）因素，其余则为从属因素。因此，科学地划分和区别影响因素及制约因素是非常重要的。

（五）分类法

将客观世界中具有共同特征的事物所形成的种类与其他事物及种类区别开来的方法称作类型分析法或分类分析法。分类也是讨论不同类事物的特征以及确定事物之间相似性和差异性的基本手段，各个学科进行科学研究时都离不开分类。在科学发展中，这一方法得到广泛的应用并占据重要的位置。如笛卡儿用分类的方法研究了曲线，将曲线划分成“几何曲线”和“机械曲线”，使人们对曲线的研究走进一个新天地。再如在生物学发展中产生了许多种研究方法，在每个历史阶段都有一两种起带头作用的方法，它们对生物学发展产生了重大的影响，促进了其他方法共同进步，其第一个带头方法即是分类方法。从生物学发展的历史看，分类是将大量的生物种类条理化、系统化，为生物学的进一步研究创造了条件。

在区域及城市研究中，分类方法也得到了广泛的应用，这不仅因为它是人们多侧面、多角度地了解区域及城市现状的方法之一，也是进行深入研究的有效手段。如研究区域结构时，将区域结构从不同角度进行分类，如经济结构、土地结构、人口结构、交通结构；隐性结构和显性结构；上部结构和下部结构；内部结构和外部结构等。又如研究城镇体系也首先从分类角度进行，按照城镇职能、城镇规模、城镇地理位置、城镇发展阶段对城镇体系进行类型划分。

（六）决策法

在事物的发展过程中，决策是一个重要的环节，人们只要有改造客观世界的行为，就必然会产生决策要求。与决策行为整个过程有关的包括决策模式、决策技术和决策程序等。决策模式是人们对决策行为全过程的总体框架的把握，决策技术是完成决策行为的必要保证，而决策程序则是决策全过程实际进行的具体步骤。

1. 发现问题

所谓问题，就是应有现象和实际现实之间出现的差距。所有决策工作的步骤都是从发现问题开始的。不同层次的问题可能有不同的判断标准，下一层次的标准绝不能与上一层次相抵触。

发现问题可用多种方法，除上面介绍的因素、关系、类型、状态等方法外，比较也是常用的方法之一。比较是就两种或两种以上事物辨别异同或高下的方法。在现代分析研究方法中，比较方法已发掘出许多其他方法所无法揭示出的现象和规律，它给出的论据相对最具说服力。许多科学新论的确定，旧论的否定，常常是通过比较方法来完成的。所以，近年来比较分析方法具有了很强的通用性，被广泛用于自然科学和社会科学领域，并且形成了门类众多的比较学学科。在区域研究与区域规划中也广泛运用了比较这种方法。

比较方法有纵向和横向两种，横向比较是指在同一时间刻度上对不同对象的比较，它切取的是事物的横断面，寻求的是各个事物之间的差异。纵向比较是沿着时间顺序，在发生发展程序上对事物的异同点进行比较。纵向比较具有较强的动态性、趋势性和预测性。

2. 确定目标

确定目标是科学决策的重要一步，会影响到决策的整个过程。所谓目标是指依据一定的环境和条件，在预测的基础上希望达到的结果。它有三个特点：①可以计量其结果；②可以预测其时间；③可以确定其责任。在这一阶段需采用科学调查和预测这两种方法。

3. 价值准则

价值准则就是落实目标，作为以后评价和选择方案的基本判据。它包括了三个方面的内容：

（1）把目标分解为若干个层次的确定的价值指标。这些指标实现的程度就是衡量达到决策目标的程序。每类价值指标可分解成若干项，每项又可分成若干条，等等，构成一个价值系统。

（2）指明实现这些目标的约束条件。任何决策都是一定环境下的决策，不可能是随心所欲的。不顾约束条件，即使目标和价值指标都正确，结果也会适得其反。约束条件主要有资源条件、决策权力的范围以及时间限制等。对于决策者而言，价值准则是必须认真对待的重要一环。准则失当，决策就不可能很好地达到最初确立的目标，甚至会出现南辕北辙的结果。

（3）规定价值指标的主次、缓急以及在相互发生矛盾时的取舍原则。在大多数情况下，要同时达到整个系统的价值指标是困难的，因此作为“满意决策”，掌握这一条十分重要。没有主次、缓急和取舍原则，是绝对达不到目标的；而原则失当，就会背离决策目标，造成十分严重的后果。

4. 拟定方案

拟定方案是寻找达到目标的必要途径。途径有效与否，要经过比较才能鉴别，必须制定多种可供选择的方案。多种方案是指每个方案必须具有原则的区别，不只是细节的差异。

5. 分析评估

分析评估即建立各方案的物理模型或数学模型，并求得各模型的解，对其进行评估。在这一阶段中，依靠“可行性分析”和“决策技术”（包括“树型决策”“矩阵决策”“统计决策”“模糊决策”等）这两种技术，不仅使各种方案的利弊得以科学地表达，而且可以尽量地相互比较。

6. 方案选优

方案选优即从各种可供选择的方案中权衡利弊，然后选取其一，或综合成一，这是一项极其复杂的工作。因为作为最后选定的方案，并不一定对每一个特定的指标都是最佳的，往往对达到其中几个主要指标很有利，而且又可兼顾到其他指标，这就要取决于决策者的素质和判断。

7. 试验实证

当方案选定后，必须进行局部试验，以验证方案运行的可靠性，通常称之为“试点”。这是一个科学的步骤，但必须科学地进行才具有科学的意义。简单地随便找一个地方进行试验，决然不可行，如给试点项目创造特殊的条件，让它得天独厚，以证明决策者的正确，更是不可行的。被试验的点必须在全局情况下具有某些典型性条件，并严格按照决策的方案实施。同时，还必须有相同条件下的一般“对照组”才可能从比较中得出科学的结论。在某些情况下，甚至需要“盲试”，即在不公开的情况下进行试点，以避免各种人为主观因素的干扰。这样，如果试点成功，即可进入全面普遍实施阶段，如果不行那就必须反馈回去，进行决策修正。目前我国许多改革举措均是先“试点”，再“扩大”，直至全面“铺开”。

8. 普遍实施

普遍实施是决策程序的最终阶段，由于通过上一阶段的试验实证，可靠程度一般是较高的。但是，在实施过程中仍会发生这样那样的与目标偏离的情况。因此，加强反馈工作，要有一套追踪检查的办法，它应包括三个方面的内容：①制定规章制度；②用规章制度来衡量执行情况；③随时纠正偏差。如果主观条件发生重大变化，以至于必须重新确定目标时，那就必须进行“追踪决策”。

（七）模型法

从根本意义上说，模型是人们在认识过程中所采取的一种有效方式，是对认识的高度抽象和高度概括。建立模型不仅是科学研究中整理思路的有效方法，也是探索未知问题的必要的工作步骤和工作方法。建立模型除可以用数学方法外，还可以用绘图的方法，如框图、分析图、流程图、构思图等。实践证明：用模型与实际结合的方法研究问题，既可打开研究思路，也可集注意力于关键处，并能方便改变有关参数，观察各种可能的状态及其趋势，从而迅速得出有价值的结论。

利用数学模型进行研究首先必须构造某个特定问题的表达式（数学公式或图点），然后代入一串数据进行模型的“运转”。通过“运转”观察模型所反映的特定问题的性质特征，从而对研究对象有一个深入的认识。在整个过程中，模型的表达式是关键。因为只有所建立的模型准确地反映了研究问题的实质，才能保证根据模型得出的研究结论具有意义。

以城市模型为例，可将现代城市模型分成四类：描述性模型、预测性模型、探索性模型和标准性模型。描述性模型反映的是城市的实际状态，预测性模型旨在通过城市已有状态推知城市发展的未来状态，探索性模型旨在发现城市除目前状态之外的另一些逻辑上可能的状态，标准性模型反映的则是城市的理想状态。依据建立城市模型所运用的思维方式，可将它们分成静态的、动态的、决定性的和非决定性的四类。静态的城市模型一般采用线性代数的方法来探索城市空间中各类社会经济因素的相互作用关系。动态的城市模型采用动态的方法研究城市中各类积累变量在一定控制因素作用下的变化情况及通过反馈环形成的相互作用关系。决定性的模型遵循了严格决定论的思维模式。非决定性模型则采用概率论和模糊论的方法加以建立，把城市各因素的相互作用看作一种概率分布或随机分布，进而对城市发展做离散过程分析。

思考与练习

1. 区域产业结构的优化标准有哪些?
2. 探讨完善区域经济发展创新的策略。
3. 区域经济管理的主要方法有哪些?

第六章　区域竞争力提升与区域治理理论

区域竞争力主要是指区域在集聚生产要素和创造财富以及促进区域发展方面的能力。区域竞争力是一个综合性概念，既包括在某一时间段上吸引并集聚资金、人才、技术、品牌、市场的能力，同时又表现为在更长的时间里的发展潜力，后者决定了一个区域在较长时期内的发展地位和竞争水平。本章主要围绕区域形象塑造及其营销策略、区域竞争力评价指标体系构建及其提升路径、区域治理及其运行展开研究。

第一节　区域形象塑造及其营销策略

一、区域形象塑造

（一）区域形象塑造的目的与作用

区域形象是一个区域在公众心中形成的总体印象和总体评价，分为硬形象和软形象两种。硬形象是指那些具有客观形体或可以精确测量的各种因素，如自然资源、地理位置、区容区貌、基础设施等；软形象则包括精神理念、经济发展、文化氛围等。区域形象是生产力，是现代社会经济发展的结果，是形象在社会经济中的作用和地位日显突出的根本标志和必然趋势。①

如今，当人们从物质需求转向精神需求的时候，当物质商品经营转为信息商品经营的时候，形象在这个时代特定的经济属性已不言而喻。形象经济既是一种持久的经济现象，也是一种经济形态。它与传统经济本质的区别在于把传统经济中的非生产力因素转化为生产力因素。生产要素包括实体性要素和非实体性要素，而形象就是一种重要的非实体性生产要素。它一方面只是实物的“外壳”“外部表现”，另一方面则存在于人们的大脑中。形象为人所掌握，可用来创造财富，就形成一种资源，即形象资源。但是，这种形象不能独立实现其作用，只有通过与实体要素相结合（物化）后才能表现出巨大的价值潜力和财富潜能。换言之，形象是一种潜在的生产力要素，它只有渗入有形的现实的生产力要素中去，才能转变为现实的生产力，并实现其经济效益。

1. 区域形象塑造的目的

区域形象塑造的根本目的是树立有利于区域发展的良好形象。这一根本目的是与以下要求相联系的，它们构成了区域形象塑造的基本目标。

（1）较高的知名度。区域的知名度反映了社会公众对该区域的了解程度，是区域形象形成的前提。一个区域如果不为外界所了解，就不可能形成鲜明的形象，其他一切也都无

①颜飞，罗永刚．区域经济学理论范式演进与应用拓展［J］．财经问题研究，2008（8）：24-30.

从谈起。所以区域形象塑造的第一步是要通过各种宣传手段提高区域的知名度。

（2）较高的美誉度。区域的美誉度反映了区域的发展状况与同时代社会文化价值系统的一致性和吻合程度。区域的美誉度是确立良好区域形象的基础，是区域形象塑造的重要目标。

（3）较高的影响力。所谓影响力是指区域对内外公众的吸引力和示范作用的大小。形象影响力对内表现为凝聚力，对外表现为吸引力和渗透力，是衡量区域综合实力的重要因素，反映了区域对外交流合作的活力大小。

（4）鲜明的形象定位。区域形象定位是区域发展模式、方向、战略的集中体现，是区域形象的基点和核心。区域形象定位要求准确、鲜明和具有特色。定位不准确，不利于发挥区域的优势，甚至将区域发展及其形象塑造导入误区；定位不鲜明，整体形象模糊，不利于区域形象的传播；没有特色，不足以突出区域在外界环境中的地位，而且千人一面、简单雷同，也就失去了形象塑造的意义。

（5）高尚的区域群体精神。区域群体精神是区域内公众相对稳定的、占主导地位的思想文化观念。群体精神通过人的精神面貌、人际关系、个群关系、群体关系及天人关系中反映出来，体现了区域社会发展的进步程度和文明水准。区域形象塑造的另一个重要目标就是要通过形象宣传和形象教育，提高区域公众的自我形象意识，培育区域的现代文化精神，并把反映了区域群体特征和时代风貌的区域群体精神传播出去，塑造良好的区域人格形象。

2. 区域形象塑造的作用

区域形象是地区特色的集中体现，对地区发展能产生巨大的作用。

（1）塑造良好的区域形象，能有效提高地区的知名度。良好的、较高的地区知名度，是地区在全国地位的集中体现。扩大地区知名度的方法有很多，其中对区域形象进行设计，无疑是最有效的手段之一。目前，大家普遍认识到一个知名度良好的地区对区域经济发展的巨大推动作用。产品的知名度，是产品质量的集中体现。所谓名牌战略就是从提高产品知名度入手，树立名牌产品，巩固产品在市场上的地位。企业的知名度高，表明企业的业绩好，对企业的资金来源、原料来源、产品销售都会带来很好的影响；地区的知名度高，是地区经济发展的体现，是地区管理业绩的反映，可以起到招揽人才、引进资金、吸引游人的作用。特别是在外向型经济发展的过程中，地区的知名度对地区在国际大市场上的活动有着不可估量的影响。

（2）塑造良好的区域形象，增强地区的内聚力、吸引力和辐射力。良好的区域形象，能够明显增强区域的内聚力、吸引力和辐射力。区内公众通过对本区域形象的认识和理解，产生对区域的热爱和在本区域生活的自豪感、荣誉感。只有这样，他们才能够以最大的热情投入地区的经济建设中来，拿出全部力量来发展自己的事业；同样，良好的区域形象，能够增强对区外公众的吸引力。这种吸引力首先是对区外公众的一种感情上的吸引，然后通过精神与物质的转化，形成对区外物质流动吸引，最后转变成对本区域经济发展的促进力量。

对一个地区来讲，首先要让别人知道自己，然后是让别人相信自己，最后是合作或是加入这个区域。地区的吸引力强，说明地区的经济活跃，发展的机会多，未来的前途广阔。因此，增强地区的辐射力，是扩大地区经济发展的必然。一个地区要发展起来，地区的经济规模必然不断扩大，通过吸引周围地区来增强自己的经济中心的作用。地区的辐射力越大，覆盖的范围就越大，自己发展的余地也就越大。

（3）塑造良好的区域形象，有利于提高区域的竞争力。良好的区域形象可以推动区域内的贸易更快增长，并将区域内贸易同其他区域或国际贸易高效结合起来，进一步改善区域内贸易条件；可以发挥区域内各城市的比较优势，完善各类资源的合理配置，既从总体上提高全区域，也从个体上提高各成员体的资源利用效率；可以缩小区域内各城市之间经济发展的差距，促进各地区共同繁荣和富裕；可以构筑统一的市场，推进产业整合与协调；可以打破区域内部各地区之间的贸易壁垒，使区域内不同生产要素能自由流动。

（4）塑造良好的区域形象，有助于发挥区域优势的整体效应。成功的区域形象系统是区域自然、经济与社会文化各方面优势在战略高度上的科学概括，并且以系统化、统一化的形式表现出来。发挥区域优势因素的整体效应能促进区域经济社会生态全面、协调、可持续发展；能提高区域知名度和美誉度，便于区域对外交往，开展区际经济合作；能提高区域经济整体竞争力，为经济发展提供良好环境和强大后劲。

（5）塑造良好的区域形象，改善地区的投资环境。良好的区域形象能为区域开创良好的融资环境，令投资者慕名而来。区域形象是地区投资软环境的一个重要组成部分，与地区的法律法规、优惠政策等同样重要。在目前各地区法律法规和优惠政策相差不多的情况下，区域形象的好坏，对吸引资金特别是吸引外资有着决定性的影响。例如，如果一个地区治安条件不好，想来这个地区投资的投资者必然会为自己的财产和人身安全担心，纵然有再优惠的条件，投资者也必然会感到机会的风险成本太高而选择知难而退，当地的现有投资者也会携其所有转投其他地区。所以，创造良好的区域形象，可以改善地区的投资环境。

（二）区域形象塑造的原则

区域形象塑造的出现从一开始就显示出了它的生命力。各地区对自身的形象建设表现出很大的兴趣，理论界也对区域形象塑造进行过诸多研究。

地区未来形象塑造与现实区域形象塑造相比较，未来的区域形象塑造将贯彻以人为本的思想，重视人力资源的开发，对人们形成地区主人翁精神的重要性与可能性的认识和理解将更加深刻。并且，这种变化将会成为塑造地区未来新形象的有效手段与必要途径。而现实的区域形象塑造，更多是重视对目前情况的反映、归纳和总结。因此，区域形象塑造必须兼顾目前和将来，形成一种动态的、有预见性的区域形象的系统。在此，提出一些区域形象塑造所应遵循的基本原则，并以这些原则为基础去规范、塑造行为。

1. 以地区发展战略为基本原则

地区发展战略是区域形象塑造的基础。发展战略所确定的指导思想、发展目标和发展任务，同样也是区域形象塑造的指导思想、发展目标和任务。在地区发展战略研究过程当中，对各地区的基本情况、产业结构和区域结构都有比较深入的研究，为区域形象塑造提供最基础的背景材料，以此为基础去塑造区域形象，达到准确、鲜明、有感召力的目的，可以收到事半功倍的效果。

2. 区域内外公众最大认同原则

区域形象要取得公众的最大认同，才算真正塑造成功。公众认同分为区内公众认同和区外公众认同。要取得最大的公众认同，区域形象必须鲜明、有代表性、有感召力，能够体现一个地区的实际情况，但又是理论升华了的区域形象。区域形象来源于对地区情况的总结，又高于普遍的地区生活。只有这样，公众的认同感才会强烈，对区外公众的吸引力才会增大。

3. 地域性特征与现代化风格相结合原则

区域形象塑造十分强调地域性特点。一个地区的区域形象，不可能与其他地区雷同，更不能照搬照抄其他地区。由于各地区的经济社会发展水平和特点千差万别，区域形象也必然要反映这些差别，突出本地区所特有的东西，才真正能够为区外的广大公众所接受。但是，突出地域性并不意味着因循守旧，而是要体现地区现代化建设的新特点和新风格。比如建筑风格，如果各个城市都把民族风格完全抛弃，就失去了特色。区域形象代表了地区人民的精神风貌和地区经济社会发展的最一般的特点，只有地域性和现代化相结合，才是最好的区域形象。

4. 促进经济社会发展与保护环境原则

进行区域形象塑造的最终目的是促进经济社会的发展，提高人民的生活水平，所以区域形象塑造的最基本原则应是有利于经济社会的发展。但是，区域形象塑造既要有利于经济社会发展，又要有利于自然生态平衡。地区发展应注重保护本地区的生态环境，特别要珍惜那些不可再生的资源。一个地区的生态是全国生态乃至全球生态的有机组成部分，是关系子孙后代的大事，切不可为了局部的眼前利益而损害全局的长远利益。保护生态环境与经济社会发展并不矛盾。只有在维护生态平衡的前提下，经济社会才能持续发展。

（三）区域形象塑造的内容

1. 区域形象定位

在更广阔的区域范围内为某一个区域重新定位，是区域发展战略的重要组成部分，也是区域形象塑造的首要内容，体现了一个区域的发展方向和在某一大区域内的地位。形象是通过在时空中的区域定位来决定的。从区域职能定位来看，一般先要确定一个区域主要以什么功能来发展自己。有不同的区域功能可以供选择，如工业区域、农业区域或矿业区域、旅游区域等。故一个地区的政府要进行区域形象塑造，一开始就必须有所选择，有所定位。区域定位不但要从区域本身的性质和特点进行，更重要的是要将其放到一个较大的地域空间来确定其位置。通过考察区域所起的作用以及与周围地区的对比关系，确定其真实的地位，进行现实的定位。在定位时需思考三点：①注意区域所在有没有经济中心；②区域本身是否已经具备了成为经济中心的基本条件；③与地区其他城市对比来看，经济实力、基础设施、交通枢纽的作用是否明显。

2. 区域意识的确立

区域意识属精神方面的区域形象塑造，与物质方面的区域形象塑造是相辅相成的。地区意识说来很抽象，但也可以很具体。地区意识作为区域形象的一部分，它的确立重点在于宣传。不但要对区内宣传，更要对区外宣传。这种宣传的效果，是让一个外地人没有去过某个地区或城市，就已经对这个地区有所了解，或者说在心里树立起了一个形象。

3. 区域基础设施建设

区域基础设施建设与环境设计属硬环境的建设范围。一个地区的基础设施、环境，是一个地区的门面，也是区域形象的物质载体，也就是说，通过这些具体内容体现出一个地区的客观形象。各地区的中心城市的道路情况、建筑风格、水面、绿地等环境因素，是形成区域形象的具体表征。因此，构筑区域自然和经济景观体系、布置区域人文活动空间、造就区域商业中心氛围，都是区域形象塑造的一些具体内容，应给予充分的重视。

区域的各项工程设施也是地区各项经济、社会活动所产生的人流、物质流、信息流的载体，即在物质生产的同时也为人们活动提供了基础条件，在发展过程中应处于重要地位。另外，一个地区的市政工程设施也会对地区基本形象产生“锁定”作用。具体而言，其包括道路交通设施建设，能源、水源、排水设施建设，城市基础设施系统建设，等等。

4. 区域信息标志的确立

每个地区都应有它的信息标志和个性特征。区域的信息标志，是一个区域形象的一种表征，是一种精神和物质的高度凝聚。它可以激发起人们一连串的想象，使人们形成一个良好的、持久的印象。目前，大部分城市和区域都十分重视这种信息标志的选择，诸如市花、市树、市徽等，并往往将这些标志与一个城市的精神风貌和行为准则结合起来进行宣传。

区域信息标志的设计特点包括：要立足于新的思路、新的形象，充分体现该城市人民的精神面貌；将以人为本的思想作为贯穿形象设计的根本指导思想，把人们的社会性潜能有效发挥作为地区发展的动力源泉；通过区域形象塑造与建设，唤起人们的热情和干劲，并着重激发人们对文明行为的主动追求，进而达到推动地区发展以及塑造良好新形象的目的；强调在经济建设与社会发展、城市建设、社会管理与服务等方面以人为中心，一切都要为了人民，不仅要提高人们的生活水平，更要力求提高人们的生活质量。

二、区域形象的营销

区域形象是消费者对区域直接或间接接触而形成的综合性认知。区域形象的认知结果有可能与区域的真实相一致，也可能不一致，会影响区域品牌价值的传递，进而影响区域政治、经济、文化等目标的达成。但从消费者认知发生的机理和过程看，区域形象本身又具有可塑性，营销者可以按照自己的策略建立区域品牌形象，改造原有区域品牌形象，增加区域品牌新的含义，或重塑区域品牌形象。因此，从营销的角度来看，依赖营销刺激和消费者感知的互动，营销主体通过组织、控制营销活动来影响消费者的认知和态度，达到形象营销的目的。

（一）区域形象营销要点

要点一：如何在消费者心目中建立理想的区域形象。

区域形象的概念维度反映了消费者对区域形象联想的一般记忆图式，与这一图式相一致或联系的区域信息容易引起消费者的注意、感知选择和记忆保持，并形成对区域的态度和信念。因此，区域形象营销要从目标市场消费者需要和感知特点出发，而不是从政府部门的自我想象或主观意志出发建立区域形象概念。

要点二：如何将多层面的区域形象资源转化为消费者的形象联想。

区域形象资源存在多样性，区域形象概念也具有多种维度。一个区域为了塑造理想的区域形象，应考虑怎样通过营销影响消费者的认知图式，将区域独特优异的形象资源与消费者偏好的区域形象建立起认知联系。为此，需要在符合消费者认知的前提下评估区域的形象资源，即根据区域形象概念的维度，评估区域有哪些资源适合开展区域形象营销。

要点三：如何降低甚至消除区域形象营销的内部竞争性及其冲突性，避免消费者认知的不一致性。

首先，由于区域产品的多层面性，可能存在多个目标市场，多个目标市场的形象营销可能产生不一致或冲突。其次，由于存在不同的营销主体，他们各自为实现自己的目标对形象资源加以开发和利用，甚至在营销活动中会宣传竞争性甚至冲突性的形象。最后，营销主体因素和公众因素对于区域形象的认知产生影响，区域形象营销还需要在营销主体、公众之间协同。

要点四：动态性反应问题。

消费者对区域形象资源的接触以及营销主体活动和公众因素对其影响会随时间而变化，消费者对区域形象的认知具有动态情境性。为此，区域形象营销需针对动态情境性进行营销策略的调整。在区域形象概念分析的基础上，应用区域营销理论和品牌形象理论，通过构建概念模型来探讨区域形象营销的战略框架。从分析和解决问题出发，探讨区域形象资源发展、评估、营销协同、市场定位等基本问题，对这些问题的战略决策和管理过程构成了区域形象营销的基本框架，并力图反映区域形象营销战略的基本实施过程，使其有效支持开展区域形象的战略管理活动。

（二）区域形象营销经典案例

1. “晋善晋美”

“晋善晋美”作为山西旅游主题宣传口号，用简洁的文字浓缩了山西旅游的整体印象，用直白的语言告诉公众山西是一个人善景美、适宜旅游观光的好地方，同时寓意山西旅游产业蓬勃向上，追求尽善尽美。其基本含义包括三个方面：

（1）口号用山西省的简称“晋”，直观地告诉公众本口号是山西省独有。山西在春秋战国时期大部分地区属于晋国，故简称为“晋”，素有“三晋大地”之称。口号通过

“晋”字，明确地告诉公众“晋善晋美”是山西省独有的旅游主题宣传口号。

（2）口号取成语“尽善尽美”的谐音，充分体现了山西人民纯朴善良的美好品德和山西优美秀丽的自然、人文景观资源。汉语成语“尽善尽美”用来形容事物极其完善，极其美好。口号借成语“尽善尽美”的谐音，既充分体现了三晋人文个性和晋商诚实守信的品德，又彰显了山西自然的美好、人文旅游资源的丰富。口号中的“善”主要是表达山西人诚实守信、纯朴善良，“美”主要是表达山西厚重的人文历史与旖旎的自然风光。

（3）口号运用汉语“晋”字本意，寓意山西旅游未来的发展将会越来越美好。“晋”字小篆字形是会意字，“从日”，是指追着太阳一直前进，其本义是“上进”。口号巧妙地运用了汉字“晋”的基本含义，表达了山西旅游追求“善”与“美”永无止境，同时也寓意着山西旅游产业像初升的太阳，发展前景无限美好。

2. “好客山东”

“好客山东”不仅体现了管仲的“以人为本”，还体现了孔子的“仁者爱人”和“有朋自远方来，不亦乐乎”的理念，已成为旅游礼仪的指导思想。“好客山东”不仅是一种精神财富，还能转化为一种经济效应，创造不可估量的物质财富。

“好客山东”，文句简洁凝练，准确提炼和概括山东鲜活的形象和深刻的内涵，视觉冲击力强烈，语言感召力强大，过目难忘。“好客山东”深深植根于齐鲁文化，高度概括了山东人的品德和齐鲁文化的内涵，是山东文化灵魂的准确表达，让人体会到了齐鲁文化的大气、孔孟之乡的豪气，扑面而来的是齐鲁山水的豪情和山东人的热情。“好客山东”融合了多种元素，将中外古今的语言、文字、设计元素融合到一起，以丰富的色彩变化，对应山东深厚的历史文化底蕴和独特的休闲度假魅力，丰富、动感、亲切，构成了强烈的视觉冲击。

以五岳之首、大海之滨、孔孟之乡、礼仪之邦的整体形象，结合山东人的“好客之道”，以“诚实、尚义、豪放”的鲜明个性，传递特色化、国际化的现代形象与文化意识。一个饱含“山东人”热情的充满感召力的新形象，构成强烈的视觉记忆。这一形象标识通过多角度、多层面的立体化推广和应用，产生了有效的信息传递，增强了山东旅游形象的社会认知度，也将唤起人们更多、更强烈的对山东和中国孔孟文化的向往、求知与探索欲望。

第二节 区域竞争力评价指标体系构建及其提升路径

一、区域竞争力评价指标体系的构建

（一）竞争力与区域竞争力

1. 竞争力层次分类

竞争力是一个复杂的概念，竞争力研究的对象可以是企业、产业、区域、国家等，因而，相应的就有如下不同层次的概念。

（1）企业竞争力。企业竞争力是指在竞争性市场中，某个企业所具有的能够持续地比其他企业更有效地向市场提供产品或服务，并获得盈利和自身发展的综合素质。它的特点是：决定和影响企业竞争力的大多数因素在各企业之间具有可比较性和很大程度上的可计量性，企业竞争力研究的方向之一就是力图将企业竞争力因素尽可能地量化，从而进行企业间的比较；并且，企业竞争力的许多因素是可以通过市场过程获得的，或者可以通过模仿其他企业而形成。①

（2）产业竞争力。产业竞争力是指在区域之间的竞争中，在合理、公正的市场条件下，某一产业所能提供有效产品和服务的能力。所谓有效产品和服务，必须符合相关条件：产品和服务必须能被市场所接受；必须是区域内部该产业现有的生产能力所能承受，是产业供给能力、价格能力、投资能力的综合。

（3）区域竞争力。区域竞争力是指一个区域在竞争中表现出来的综合发展实力的强弱程度。在同一国家的不同区域，由于生产要素的相对稀缺，经济发展水平、收入水平和技术创新能力的不同，区域在国际、国内市场的竞争力存在差异。

（4）国家竞争力。国家竞争力是指一个国家在世界市场经济竞争的环境和条件下，与世界整体中各国的竞争比较，所能创造增加国民财富并持续增长、发展的系统能力水平。

---

①张颖春．俄罗斯远东经济发展战略的区域经济学分析［J］．俄罗斯中亚东欧研究，2008（4）：36-40.

2. 区域竞争力理论

（1）财富创造论。区域竞争力可以定义为区域创造财富的能力。竞争力是一个城市在国内外市场上与其他城市相比，所具有的自身创造财富和推动地区、国家或世界创造更多社会财富的现实的和潜在的能力；是指一个区域在一定的社会经济制度和人文自然条件下，创造出比其他地区更多的有效经济财富增加值的能力；一个国家在世界市场的环境和条件下，与世界整体各国的竞争比较，所能创造增加值和发展的系统能力水平，等等。

财富创造论的思想主要源自1994年发表的《全球竞争力报告》中关于区域竞争力的定义，即国际竞争力是指一个国家或一个公司在世界市场上均衡地生产出比其竞争对手更多财富的能力。此类定义突出了区域经济的产出层面，其最大优势是用经济的产出来直接衡量区域竞争力的强弱。

（2）资源配置论。区域竞争力可以定义为区域的配置资源能力。他们认为城市竞争力是一种比较优势，也可以说是城市的凝聚力和吸引力；不完全取决于城市的大小，有多少资金、建筑和土地资源，重要的是城市能否具备把土地等主要资源集中到关键环节、关键领域中去的能力；是一个城市对外来资源（包括人口、资本、技术和资金）的吸引力的大小，区域竞争力就是一个区域争夺大区域市场和资源的能力。或者可以说，区域竞争力是一个区域在其所从属的大区域中的资源优化配置能力。这一类定义侧重投入与过程层面，力求将概念立足于经济学的基本原理：经济的本质是资源的优化配置。但如何通过选择衡量资源优化强度的指标来分析区域竞争力的强弱，是相对比较困难的事情。

（3）产品提供论。区域竞争力可以定义为区域向大区域提供产品与服务的能力。他们认为城市竞争力是一个城市生产适应大区域、国内、国际市场需求的产品和服务，同时增加实际收入、改善居民生活质量和促进社会可持续发展的能力，是一个城市在一定区域范围内集聚生产要素、提供产品和服务的能力。

类似的定义还有，认为“经济竞争力的实质就是比较生产力的竞争，主要强调一国特定产业通过在国际市场上销售其产品而反映出的生产力”。这一类定义最直接。由于不同区域提供相同产品给同一市场，于是就会出现竞争，因而必然产生竞争力问题。国际竞争力是企业目前和未来在各自的环境中以比他们国内或国外的竞争者更具吸引力的价格和质量来进行设计、生产并销售货物以及提供服务的机会和能力。一个国家在自由公平的市场条件下提供经得起国际市场竞争的产品与服务，同时又能够长期维持和增加本国人民的实际收入。这一类型的区域竞争力属于一种狭义的区域竞争力，把竞争的注意力集中到产品或服务市场的竞争上。但必须注意到这么一个事实：区域之间的竞争不仅仅表现在区域产品和服务之间在大市场中的竞争，还表现在区域之间对区域经济发展所需的各种各样战略性资源的竞争。

（4）经济实力论。区域经济实力也可以来定义区域竞争力。区域竞争力是指一个地区与国内其他地区在竞争某些相同资源时所表现出来的综合经济实力的强弱程度；城市竞争力是一个城市在与国内外其他城市竞争中所表现出的综合实力，往往可以用“城市竞争力”来描述和概括。国内经济实力表现为当期宏观经济的运行状况，着眼于现在；国际竞争力更侧重于经济发展的可持续性，着眼于未来。

通过以上归纳：在系统分析区域现状基础上，一个区域与其他区域相比，在资源环境、经济实力、产业市场、对外开放、基础设施、人力资本、科技创新和管理服务等方面表现出来的一种相对的综合能力，是一种通过比较所具有吸引、争夺、转化资源和控制、占领市场的能力，亦即能够为区域发展提供资源配置和市场导向功能的能力。据此定义，可将区域竞争力分解为八种竞争力：资源环境竞争力、经济实力竞争力、产业市场竞争力、对外开放竞争力、基础设施竞争力、人力资本竞争力、科技创新竞争力和管理服务竞争力。

（二）区域竞争力的分析模型

1. 钻石模型

（1）20 世纪 80 年代到 90 年代初，美国哈佛商学院波特教授在《国家竞争优势》一书中，把他的国内竞争优势理论运用到国际竞争领域，提出了著名的波特“钻石模型”。

第一，要素条件。影响区域竞争力的第一个因素是区域内的要素条件。每个国家都有经济发展所必需的生产要素，指的是生产某种产品所需要的各种投入，其中包括：人力资源、天然资源、知识资源、资本资源以及基础设施。生产要素可进一步分为初级生产要素和高级生产要素。初级生产要素包括气候以及非技术人工、融资等，通过被动继承或者简单的投资就可获得；高级生产要素包括高级人才、科研院所、高等教育体系、现代通信的基础设施等，需要在人力和资本上先期大量投资才能获得。在现代社会，随着世界产业结构的升级，初级生产要素的重要性已经变得越来越小，而高级生产要素的获得和培育对于国际竞争来说更具有意义。

第二，需求条件。影响区域竞争力的第二个因素是区域内的需求条件。在钻石模型中，需求条件主要是指国内市场对某类产品或服务的需求。内需市场是产业发展的动力，主要包括需求的结构、需求的规模和需求的成长。国内市场的需求结构往往比需求规模更加重要。需求结构是指“市场需求呈现多样细分”。根据市场细分，某个小企业或者小国家可以专攻市场需求的某一个环节，这样也能够创造并维持较强的竞争力。虽然需求规模对产业的壮大发挥着重要作用，但是从长远来看，这种规模效应不如内行而挑剔的客户需求对企业造成的压力大。由精致的专门需求造成的竞争压力，从外部催化出企业进行创新的能力。一旦企业能够满足国内内行而挑剔的客户，那么当企业面对国外或者其他不挑剔的客户时，就会比其他企业具有更大的竞争优势。需求条件另一个重要的方面是预期需求。如果本国客户的需求能够领先国际客户的需求，那么就会使得本国企业提前在相关方面展开竞争，这种“抢先进入”优势对于企业以后在国际上的成功至关重要。

第三，相关产业和辅助产业。影响区域竞争力的第三个要素是相关产业或辅助产业，是指与某个产业相关联的上游产业和互补性产业。支持性产业主要是指提供原材料、零部件、机械设备等上游产业，能为下游产业快速、有效地适应市场需求变动、降低成本、提高竞争优势创造条件。相关产业是指因共用某些技术、共享同样的营销渠道或服务而联系在一起的产业或具有互补性的产业，可以合作、分享信息，甚至在电脑、设备和应用软件等方面能够互补，形成相关产业在技术、流程、销售、市场或服务上的竞争优势。波特认为，单独的一个企业以至单独一个产业，都很难保持竞争优势，只有形成有效的“产业集群”，上下游产业之间形成良性互动，才能使产业竞争优势持久发展。对企业而言，具有竞争力的上游产业能够为本企业提供先进的原材料、相关技术等，这些都是产业竞争力的重要组成部分。同样，如果下游产业在全球具有竞争力，那么就会对上游产业提出更高的要求，这在一定程度上是本产业进行创新的外部动力。相关产业会形成“提升效应”，在互通技术比重较高而且处于产业生命周期的初始阶段的情况下，“提升效应”尤为显著。

第四，企业战略、结构和竞争。企业的战略、结构和竞争，是指企业在一个特定的国家环境中如何创立、组织、管理公司以及竞争对手如何。在不同的国家中，相同产业的公司在目标、策略及组织形式等方面大相径庭。产业竞争优势就是各种差异条件的最佳组合。如果某一产业的公司在公司目标、策略及组织形式等方面的选择与该国产业竞争优势资源恰好相符合，则该产业的竞争优势将可充分地展现出来。一个国家内部市场的竞争结构也会对产业竞争优势产生重大影响，激烈的国内竞争是创造和保持竞争优势的最有力的刺激因素。

推进企业走向国际化竞争的动力很重要。这种动力可能来自国际需求的拉力，也可能来自本地竞争者的压力或市场的推力。创造与持续产业竞争优势的最大关联因素是国内市场强有力的竞争对手，这一点与许多传统的观念相矛盾。例如，国内竞争太激烈，资源会过度消耗，妨碍规模经济的建立；最佳的国内市场状态是有两到三家企业独大，用规模经济与外商抗衡，并促进内部运作的效率化。还有的观念认为，国际型产业并不需要国内市场的对手。在国际竞争中，成功的产业必然先经过国内市场的搏斗，迫使其进行改进和创新，海外市场则是竞争力的延伸。而在政府的保护和补贴下，放眼国内没有竞争对手的

“超级明星企业”通常并不具有国际竞争能力。

波特的“钻石模型”为竞争力理论的研究做出了突出贡献，他的分析方法突破了各种比较优势理论的分析方法，为后来的研究工作提供了新的理论分析范式。波特模型也不是完美无缺的，它在博得很高声誉的同时，也引起较多的争论。其争论焦点在于波特的“钻石模型”在现实世界（不同国家、不同经济发展阶段）中的适用性。波特模型对于解释诸如美国、日本、德国和英国等发达国家的国际竞争力来源很有说服力，这些国家自身具有良好的国内经济环境（波特模型中的各个决定因素具备），国内企业可以依托“母国基地”建立起竞争优势。但是，对于小国经济，对于欠发达国家和发展中国家而言，其现实经济并不具备与波特“钻石模型”相称的国内经济环境，有的缺乏足够大的市场容量，有的缺乏资本、技术要素等。那么，这些国家应如何创造竞争优势呢？显然，波特的“钻石模型”没有给出很好的回答。针对波特模型的缺陷，国外学者又进一步拓展了“钻石模型”。

（2）双重钻石模型。波特的“钻石模型”提出了一国企业竞争优势是源于母国国内经济环境，即“母国钻石”是企业获得竞争优势的源泉。然而，单一的“母国钻石”并不能很好地解释加拿大企业竞争优势的来源。这是因为，加拿大是小国经济，它的国内市场容量和经济规模还不及美国的1/10，如此小的经济规模和市场容量难以支撑许多制造业、服务业和现代工业规模经济的发展，这也就限制了加拿大本国企业竞争优势的建立。

加美自由贸易协定的达成为加拿大突破“小国经济”的瓶颈提供了制度上的条件。加美自由贸易协定达成后，加美之间的“跨国经营”日益增多，这对提高加拿大本国企业的国际竞争力起着重要作用。一方面，加拿大本国企业可以利用美国市场来扩大生产，达到规模经济发展的要求；另一方面，那些具有较强的竞争优势的美国企业在加拿大投资，发展生产，这也为加拿大本国企业带来竞争压力。为了在与美国企业竞争中取胜，加拿大本国企业必然要提高自身的竞争力。因此，要分析加拿大的国际竞争力就不能仅仅囿于单一的“母国钻石”，而要将“跨国经营”纳入分析。

鉴于此，“双重钻石模型”试图更好地解释加拿大的国内企业。“双重钻石模型”是“加拿大钻石”与“美国钻石”的联合体。对于加拿大国内企业而言，它们不仅以加拿大国内经济环境（“加拿大钻石”）来创造竞争优势，而且依靠和利用“美国钻石”建立竞争优势。

（3）一般化的双重钻石模型。鲁格曼的“双重钻石模型”是在对加拿大经济的分析基础上构建的，很好地解释了加拿大国际竞争力的来源。然而，这个模型有其自身的局限性，不适用对北美自由贸易区外的其他小国经济的分析。鉴于此，蒙等人进一步将“双重钻石模型”拓展为适合所有小国经济的“一般化的双重钻石模型”。新模型中要解决的关键问题就是如何在波特的“钻石模型”中引入“跨国经营”这一变量进行分析，以便更好地解释小国经济的国际竞争力。在全球化和经济一体化日益发展的今天，“跨国经营”成为推动一国经济（尤其是小国经济）发展的重要力量，对一国国际竞争力的提高有着重要作用，如果仅仅将“跨国经营”作为一个外部因素并不能充分体现出“跨国经营”的这一作用。基于此，蒙等人通过构建“国内钻石”和“国际钻石”双重钻石来解决这一问题。

以韩国和新加坡为例对模型的有效性进行检验，结果表明，韩国比新加坡有“更大”的“国内钻石”，但新加坡比韩国有“更大”的“国际钻石”。因而，如果只考虑“国内钻石”，韩国就比新加坡更具有国际竞争力；但如果综合考虑“国内钻石”和“国际钻石”，新加坡就比韩国更有国际竞争力。依据他们选定的参数如生产力、经理的洞察力等，表明新加坡要比韩国更富有竞争力。这也表明像韩国和新加坡这样的小国经济的国际竞争力既受“国内钻石”的影响，也受“国际钻石”的影响，从而验证了“一般化的双重钻石模型”运用到小国经济中比波特的“钻石模型”更有解释力和适应性。

（4）新钻石模型。在世界经济一体化的今天，一个国家产业的竞争力与该国的要素禀赋、需求条件、相关产业支持、市场结构形态相关，一个国家产业的竞争力就是一个国家的竞争力。正是因为世界经济一体化，一个国家产业的竞争力从本源上看应该是内生的，但也取决于该国产业参与世界产业体系的程度与在其中的位置。制度变革是提高产业竞争力的重要条件，但产业竞争力不会因为制度的变革自动地强大起来。

2. *九要素模型*

波特的“钻石模型”很好地解释了发达国家经济的国际竞争力来源，然而对于欠发达国家或发展中国家而言，其现实经济并不具备与波特“钻石模型”相称的国内经济环境，它们不得不依靠自身不断地去为提高本国国际竞争力创造条件。

韩国汉城国立大学学者乔东逊以韩国经济发展为实例对此做了初步研究，研究指出，韩国经济增长的关键动力在于具有良好教育、充满活力和富有献身精神的“人力”要素，他们是韩国经济国际竞争力的决定性因素，在韩国经济起飞过程中起着中心作用。然而，韩国经济的劣势在于缺乏资本、技术和足够大的国内市场等“物质”要素，这就要求政府和企业从国外引进资本和技术，去开拓国外市场，去创造影响经济增长的资源要素和其他方面的要素，用“人力”要素去创造“物质”要素。由此，乔构建了“九要素模型”，以更好地解释韩国经济发展的事实。

依据乔的“九要素模型”，国际竞争力的决定因素可分为两大类：一是“物质”要素。它包括资源禀赋、商业环境、相关和支持产业、国内需求，这些因素相互作用，共同决定特定时间内一国的国际竞争力水平。二是“人力”要素。它包括工人、政治家和官僚、企业家、职业经理人，他们创造、激发和控制 4 个“物质”要素，促使一国经济的发展和国际竞争力的提高。此外，机遇作为一个外部要素与上述 8 大要素共同构成一个国家国际竞争力的新的经济分析范式。

3. IMD 区域竞争力模型

瑞士洛桑国际管理学院（IMD）认为，区域竞争力就是一个国家或一个公司在世界市场上生产出比其竞争对手更多财富的能力。它将区域竞争力分解为八个方面，即企业管理、经济实力、科学技术、国民素质、政府作用、国际化度、基础设施和金融环境。其核心是企业竞争力，其关键是可持续性发展。这几个方面构成的区域竞争力优势在本地化与全球化、吸引力与扩张力、资产与过程、和谐与冒险四种因素环境中形成。

IMD 区域竞争力理论将竞争力分为国家竞争力和企业竞争力。企业竞争力是区域竞争力的核心。在一个国家，企业的基本作用就是创造经济附加值。虽然不同经济学派从不同角度对企业竞争力进行了研究，但企业的根本目标是不变的，即创造财富。IMD 认为，在区域竞争力研究中，重点是国家竞争力研究，主要分析国家环境对于在其境内运行的企业的国内、国际竞争力的影响是有利或有害，从而加以判断评估；又由于国家竞争力由企业竞争力构成并体现，两者均强调可持续性是其发展取向，所以在 IMD 模型中国家竞争力与企业竞争力是互为补充的。一个国家的竞争力环境中普遍存在着四种因素，即本地化与全球化、吸引力与扩张力、资产与过程、冒险与和谐，这四种因素是传统、实力和价值体系等共同作用的结果，它们深深地植根于该国的深层次文化中，并体现出该国的文化价值特征。

（三）区域竞争力评价指标体系构建原则

为了定量研究、比较区域竞争力，可以根据区域竞争力的定义和影响因素构建指标体系。区域竞争力的指标体系应遵循如下原则：

第一，目的性原则。所选择的指标要能符合对区域竞争力状况进行评价的要求，要能体现出区域竞争力的优劣情况。

第二，科学性和实用性相结合原则。即要求在保证科学性的前提下，指标设置突出重点，尽量少而精。

第三，定性与定量相结合原则。所选择的指标既要有测度区域竞争力的“硬指标”，又要有能说明问题但无法定量的“软指标”。

第四，可操作性原则。各评价指标应信息集中，数据容易获得，计算方法简明易懂，具有可比性。

二、提高区域竞争力的途径

（一）发挥地方政府作用

地方政府是区域经济主体之一，政府的角色和职能对建立区域竞争力的影响表现在以下方面：

第一，地方政府是否具有根据本区实际情况制定适当的区域经济政策的能力。地方政府作为地方经济的管理者，应追求国家经济利益与区域利益的统一。一般而言，区域经济政策属于制度范畴。政府通过制度安排，改变区域的要素供给特征和要素配置效率，进而影响区域增长速度。兼顾公平和效率的区域经济政策，既能实现区域内部的均衡发展，也可以在资源供给既定的条件下，实现资源利用效率的最大化。

第二，地方政府能否为微观经济主体提供可预测的客观社会环境。制定和维护市场规则，加强市场监管力度，营造统一开放的市场环境，保护公平竞争，保护区内所有投资者和居民的合法权益是地方政府的重要工作。地方政府应当合理定位各政府部门之间、政府与企业之间以及政府与社会之间的分工。

第三，地方政府能最大限度地降低对企业生产经营活动的干预。地方政府要强化宏观经济调控职能，取消对企业的直接行政干预。企业生产什么、生产多少、怎样生产，由企业根据市场情况决定。政府的区域经济管理，主要是协调好政企关系。

（二）优化区域产业结构

现代产业理论认为资源配置结构的演化是区域经济发展的前提之一，区域经济发展的过程实际上也是区域经济结构高级化、合理化的过程。因此，结构优化是区域经济发展的永恒主题。区域产业结构优化是指从整个区域经济出发，通过一系列深入细致的定性、定量研究，得出区域产业结构的优化模型和方案，并在此基础上制定和实施相应的产业政策，实现区域内产业间比例关系的优化调整，促进各种生产要素最佳组合、各种资源最佳配置，从而取得最好的经济效益。从这个角度讲，区域产业结构优化是一个科学的决策过程，即根据自身定位和区域内所拥有的资源，依据科学的决策，实现区域经济效益的最大化。

此外，区域产业结构的优化还要依靠区外的产业转移。产业转移不仅会提高转移产业的生存能力，增加就业机会，而且还可以通过一系列的传递扩散机制，提高整个地区的产业竞争力，带来地区经济的繁荣。首先，产业转移可以增加转入区的就业机会，并为相关产业的发展创造条件；其次，产业转移将直接增加转移产业的生产能力，扩大该产业的产出量和市场份额，由此带动整个地区经济的增长；最后，产业转移不单纯是资金的注入，也往往伴随着技术和管理经验的扩散，有利于提高资源配置效率，提高劳动生产率和创新能力。

当然，由于转移的产业大都是劳动密集型的产业，有的甚至是低技术含量的简单组装装配产业，生产工人的劳动强度很大，工资低，缺乏劳动保护，容易造成职业病，危害工人的身体健康。另外，还有一些产业是因为受到转出区环保政策的限制而准备转移到其他区域的。如果转入区不加限制，很容易吸收一些污染企业。这种产业转移虽然短期内创造了就业，增加了产值，但长远发展会大大降低区域的竞争力。因此，应该积极吸收适合区域经济持续发展的转移产业来提高区域的竞争力，控制产业转移带来的不利影响。

（三）加快产业集群

经济全球化使国家之间的竞争越来越激烈，国与国的竞争更多的表现在区域的竞争力上，而区域的竞争力则往往表现在地方特色产业集群上。发展产业集群已成为促进区域经济发展、提升区域经济综合竞争力的重要途径。增强区域产业集群的竞争力的具体措施有以下五点：

第一，提高生产要素的质量。按照迈克尔·波特的观点，生产要素可分为初级生产要素和高级生产要素。许多产业集群区的初级生产要素优势正在逐渐减弱，一些资源性要素的利用几乎已到山穷水尽的地步。因此，未来应重点培育和创造中高级生产要素，提高劳动力素质。通过生产要素质量的普遍提高，来引导新的投资方向，增加产品种类，延伸集群产业链，提高集群深加工能力，从而促进地区产业结构的高度化和合理化。

第二，培育龙头企业，实现层次性布局。要根据市场发展的需要，利用分包、战略联盟、技术合作、组建虚拟企业等形式，在产业集群内部形成合理的“大、中、小”共生的产业组织结构，提高专业化与协作的效率，克服内在的缺陷，促使产业集群向规模化、专门化、协作化的方向发展，提高产业集群的生命力和竞争力。

第三，着力打造区域品牌，树立区域品牌竞争意识。区域品牌对于产业集群区域经济的促进作用是不言而喻的，是区域经济发展的一种宝贵资源，这种资源又几乎可以被产业集群内所有企业免费使用，是准公共物品，因而就要由政府牵线，集群协作，将这种品牌加以整合、包装，通过广告媒体或组织博览会、新品推介会、研讨会等，来扩大宣传的力度。同时，还需要在集群内部建立起一种监督协调机制，对一些破坏区域品牌整体形象的区内企业实行惩罚，从而形成一种精诚合作、优势互补的竞争新格局。

第四，大力发展中介组织，提高产业集群的自我管理能力。中介机构是企业协作的标志，可以提供诸如研究与开发、市场营销、宣传、劳资谈判、论坛等服务。中介机构可以大大降低企业间的交易费用，并在必要时提供单个企业无能为力的、具有外部性的服务。专门的中介服务机构可以协调和解决集群中可能出现的问题，及时公布与行业竞争相关的信息，发挥竞争对于创新的积极作用。

第五，广拓融资渠道，促进产业集群的资本集聚。要构筑与区域产业集群发展相适应的地方金融体系，组建股份制商业银行等；推行企业财产抵押贷款，组建中小企业跟踪监督机构，建立专门的信用担保机制和企业债权维护机制等；放宽对企业信贷的限制，创立集群产业发展基金，拓宽融资渠道，建立“政府宏观指导、企业自主投资、银行独立审贷”的新型投融资体制，促进民间投资向产业群集聚。

第三节 区域治理及其运行分析

一、区域治理认知

区域治理可以定义为：内生于区域的正式或非正式的制度安排，通过这些制度安排，区域主体可以实现区域内部的集体行动，包括设定区域的目标和规则，作出区域公共决策，组织并协调区域的集体活动等。治理是一种内生协调机制，这就把治理与那种凌驾于其他力量之上的统治区别开来了，这种统治力量是外生于社群，通常由政府所有。内生于社群的控制机制的好处在于，这种控制机制的目的是使得社群作为一个整体的利益最大化。外生于社群的控制系统是由外生于社群的主体所操纵，其目的是使外生主体的利益最大化，可能只有在很偶然的情况下，这种社群的利益才可能得到考虑。

治理的职能是组织并协调集体活动，这就为治理机制的作用和范围做出了规定。它影响的是有关集体利益的活动，即公共领域，有关个体利益的事务治理并不加以干涉，调节个体利益的职能仍然是由市场机制来实现。现代制度经济学已经指出，在产权明晰的情况下，市场机制能够实现资源的最佳配置。然而，在公共领域，由于公共物品与私人物品相比所具有的特殊性质，市场并不能实现资源的最佳配置。治理机制所要解决的难题正是这些公共领域的失灵问题。它与市场机制相互依存，相互协调，共同实现社会的最大福利。①

区域治理是这样一种机制，它的目标是实现区域集体行动。区域治理是内生于区域的控制机制，这种控制必须得到区域内不同利益集团的认可，才能得以有效实施，否则就会遇到抵制。因而，区域治理实际上反映了区域在某些问题或方向上具有共同的利益，体现出不同利益主体彼此之间的一致性。这种一致性通常是在公共领域，因为公共符合所有群体的利益。除了一致性外，社群内还存在差异性，这种差异性可以通过交易来进行协调。

（一）区域治理与区域管理

治理包含有管理的职能，但其内涵大于管理。我们看到，治理机制能够设定社群的目标并制定规则来实现社群的职能，可见治理机制具有一套内涵的系统，实现对社群公共事务的管理职能，然而治理又不仅仅限于管理，它的内涵大于管理。

区域治理和区域管理是两个容易混淆的概念，这主要是因为它们有许多相似之处。首先，区域管理和区域治理关注的都是公共领域的问题。区域管理的主体是政府，其活动代表了公共的利益。而区域治理是区域的控制系统，包括正式和非正式的机制；其次，区域管理和区域治理活动的内容相似，二者都关注区域社会和政治的稳定及经济的发展。

然而，区域治理和区域管理的不同之处也是很明显的，具体如下：

（1）区域治理的内容要比区域管理广得多。区域治理涉及区域公共生活的方方面面，既包括区域政府的管理活动，也包括区域政府以外的一些问题，如区域环境问题。

（2）区域治理的参与者要比区域政府更为多元化。区域管理的主体是区域政府，区域政府决定区域管理的机制和过程，包括协调、规划、控制和建设等，其他主体可能作为区域政府的协商者和咨询者，但却不能成为区域管理的决策者。相比之下，在区域治理中，区域政府只是作为一个重要参与者，还有其他众多的参与者，区域政府和其他参与者共同作出有关区域问题的决策，区域政府在其中并不能起到支配一切的作用。

（3）协调的机制不同。区域治理更多是通过协商和沟通机制来解决问题，其作用的发挥往往依赖于主要参与者之间形成的坚强和稳定的联合，各个主要参与者在区域治理中的地位是平等的，形成了区域内部的网络状的关系结构。而区域政府的协调方式主要是通过由上向下的等级体系来进行的，权威在其中起到关键作用。

---

①陈祖华．试论经济空间研究的层次性——以空间经济学和区域经济学为例［J］．西南民族大学学报（人文社科版），2010，31（1）：90-93.

（4）对于区域各利益集团的影响不同。由于是通过协商和沟通的机制来发挥作用，因此参与区域治理的每一个团体都能够自由地表达自己的意见和建议，能防止自己的利益受到侵害，即使是弱势群体也可以通过参与相应的非营利组织保护自己的合法权益。而在区域管理中，由于政府处于支配性地位，其权力很少受到挑战，因而那些接近区域政府的集团往往能够获得更大的利益。

（二）区域治理的参与者

政府、企业和居民是形成区域空间组织的关键区域主体。需要说明的是，参与区域经济发展的主体并不仅局限于这三者，这种限制是为了更好揭示空间经济的组织机制。在现实生活中，大量的行业协会都会参与到区域经济的发展中。而在区域治理中，参与和有重要影响的经济主体都是区域治理的参与者。除了区域主体，区域治理参与者还包括非营利组织（NPOs）。这些参与者有不同目标和约束，通过彼此间的相互作用，形成了区域治理的自主协调机制。

1. 政府

政府通常有多重目标，这些目标包括经济的、政治的和社会的，等等，而且在每一个方面也有多重目标的存在。这些目标彼此之间并不存在谁更加具有支配性的地位，往往视具体情况有所不同。一般来说，政府都比较重视对经济目标的追求，因为经济的增长将使政府能够掌握更多的资源，但不同的政府对经济的介入情况也不一样。在西方一些国家政府更多是提供一些服务，而在中国，由于经济正处于转型时期，政府通常在经济生活中介入较深。

政府追求的目标有时与政府公务员所追求的目标是不同的。人的存在可以分为个体、群体和组织三种形式，即个别的人、合群的人和组织化的人。个体通常是作为群体成员和组织成员存在，每一个个体都有一个职位，扮演相应的角色。政府是由公务员组成的，但是公务员除了扮演公务员的角色外，还要在其他群体中扮演诸如父亲、兄弟、朋友等角色，这些有时会与公务员的角色相冲突，这也成为政府失灵的一个原因。

政府对区域治理的参与表现在：首先，通过向社会提供法律规范，约束人们的行为，从而为人们创造一个稳定的生活与工作环境。如果有人违反了这些法规，政府还要提供相应的惩罚措施，确保法规得以执行。其次，政府向社会提供一些公共服务，包括公共管理和咨询等。再次，政府还承担组织区域活动的责任，可以组织各种类型的区域治理，参与者就一些重大的区域问题进行讨论磋商。政府的权力主要来自法律的规定。通常在宪法和其他相关法律里会对政府的权力和责任加以明确的说明，政府在这样的法律框架下履行自己的职能。此外，政府的权力还来自人民的授权，人民在选举政府时将会对政府的目标、战略和措施进行审核，一旦通过，就具有了法律的效力。

2. 企业

相比较而言，企业部门不像政府部门那样有多重的目标，其目标比较单一明确，主要是追求利润最大化，而不必像政府部门那样要充分兼顾民主、公平、正义、社会责任等多元目标，所以不会产生矛盾的现象，在协调工作上也相对简单不少。而从管理的角度来看，企业具有积极、冒险、创新、变革的精神，再加上企业之间不具有上下隶属的权威关系，因而比较容易沟通协调。另外，企业部门因为没有政府行政体制的束缚，所以在动员、资源使用及效率等方面，都要优于政府部门。

企业还通过对政府进行游说参与区域治理，不过这通常只有大企业才能做到。大企业由于资产规模大，沉淀成本高，可以采取比较灵活的方式应对政策的变化，因而大企业对区域治理的参与更具有主动性，客观上有参与的需求。另外，大企业实力雄厚，能够对区域经济的某个或数个领域产生决定性影响，因此受到政府的重视，它们的一些需求或意见能够得到政府的及时反应，因而能够发挥独特的影响力。但是大企业的游说产生的结果有可能是消极的，有时游说的结果是以牺牲一些弱势群体的利益换取的。

企业在区域治理中由最初的被动和从属的地位向主动和平等的地位转变，背后有其深层的原因。首先，在全球化的背景下，区域之间的竞争日趋激烈，区域能够在竞争中占据优势的一个重要砝码是其所提供的优质的公共物品，但这往往需要大量的投资。因而政府会面临财力不足的情况，从而求助于企业部门，希望他们参与公共建设和公共服务的提供，或是参与公共物品的融资。其次，全球化还导致区域地位的凸显，地方化的趋势日益明显。区域为了在全球竞争中取得优势，要求更大的自由和权利，反对中央政府的过多干预。为了减弱对中央政府的依赖，在融资方面也要由过去依赖中央政府的模式向其他方式转变。

3. 居民

居民参与是指对某项公共事务或政策具有利害关系的个人或团体，直接涉入政策过程中以影响政策结果，或了解、熟悉有关该政策信息的一种活动。居民对区域治理参与的最普遍的方式通过投票选举，但无论是从民主政治的内涵还是从公共政策形成过程来看，居民参与不只是局限于投票行为，还应包括对公共事务积极而深入的介入。这样的行动不仅是积极的维护居民自身的利益，更可以创造公共利益。所参与的人员不只限于社会或政治精英，还应包括普通居民，他们可以对与自己有关的社区事务行使决定的权利。

居民参与公共事务必须要具备一定的主客观条件才行，主观条件是指居民本身愿意主动地投入个人的时间、金钱、精力来为公共利益努力，客观条件则是在制度和经济上能够给予人们充裕的空间与机会来参与。如果国家经济落后，人民终日为生计奔波，那么他们根本就没有精力去考虑政治问题或是公共事务。因此，居民在参与公共事务的过程中会受到两个方面的影响，即参与的愿望和参与的能力。

4. 非营利组织

非营利组织的目标一般较为明确，通常会体现在组织的章程之中。这种目标可能在一开始就是非营利组织发起的基础，这些目标为组织的成员所赞同，反映了成员共同的观点和利益，并需要成员为之付出努力。非营利组织的目标可能较为宽泛，关注若干比较重要的问题，也可能比较单一，集中在某一具体事务上。有一些政治团体可能会有政治上的要求，希望能够通过政治程序使其他人或组织接受自己的观点和要求。另外一些组织则可能是关注一些社会事务，如弱势群体的关爱问题。

非营利组织是以公共组织的身份出现的。第一，它可以弥补政府和市场的不足，向其成员提供一些公共服务。第二，它可以与政府合作，提供一些公共服务，并由政府给予相应的资金支持。第三，非营利组织可以代表成员的利益与政府和其他组织进行协商和博弈，在区域治理这个舞台上为成员谋取更多的利益。第四，它可以游说政府官员和政治家，通过向他们表示支持换取政治上的好处。此外，一些政治团体，如政党，可以直接推选自己的候选人参与竞选，直接把自己的一些理念和设想付诸实施。

（三）区域治理的自主协调机制

区域治理的参与者掌握不同的资源和权力，同时也受到不同的约束。参与者在区域治理这样一个大舞台上，与其他参与者形成了各种各样的关系，这些不同的关系的结合形成了复杂的决策过程，反过来这些决策过程又影响了参与者之间的关系。这些诸多关系交织在一起，形成了区域治理参与者的自组织系统。

区域治理的自组织系统包含三个要素，这三个要素相互作用，相互依赖，构成了区域治理的三个不可或缺的子系统。这三个子系统分别是主要参与者、规则或制度、目标。区域治理的参与者之间存在着持续的和复杂的相互作用，这种相互作用是围绕着区域治理的目标展开的，同时这种相互作用要受到区域治理规则的制约，这包括正式和非正式的规则。

1. 参与者

在这个系统中，参与者主要包括政府、企业及居民，他们是在区域治理中能够拥有或控制相当规模数量的有重要影响的经济、政治或社会文化资源的人，他们通常是一些利益集团的代言人，或者是一些团体的领导，具有相同利益的一些个体通过这些团体得以组织在一起以寻求共同的利益。这些主要参与者有各种不同的类型：选举的或非选举的；政府的或非政府的；经济组织的或非经济组织的；公共组织的或私人组织的；等等。为了他们自己的利益或者是他们所代表的利益集团，他们通过多种方式，或者是直接参与，或者是通过间接的方式施加对区域治理的影响，以形成、调整、改变和实施区域的目标、战略、规则和其他公共决策。

2. 基本目标

目标是由各种战略、政策、计划和规划等组成。这些目标通常是由区域治理的主要参与者根据他们自己的利益加以制定；或者是源于他们在给定的制度环境下互相之间的相互作用（竞争、争论、讨价还价、妥协、协商、合作等）；或者是外部力量所强加的；或者是历史继承的。在所有这些目标中，通常存在一个总体目标，它是在特定时期主要参与者之间在各种层次上的相互斗争和妥协的结果，反映了他们之间某些基本的一致。

围绕着区域治理的目标，区域治理的参与者在既定规则的框架下形成了区域治理的自组织系统，区域治理的自组织将会产生区域治理问题的结果，如区域发展的空间格局和模式；区域发展所带来的获利机会由谁来分享；区域主体能得到什么样的区域公共服务；谁来承担区域发展和公共服务的成本；不同的社会阶层受到上述这些问题的不同影响；等等。

3. 规则

“规则”指的是那些规范区域中的人们和组织在行为上的相对稳定的制度，这些制度构成了主要参与者决策、实施决策和相互之间作用的制度环境和框架。这样的一个制度框架能够维护区域治理的秩序和一致性，并使区域治理作为一个整体履行自身的目标和功能。如果在一些问题上形不成某种共识，一个人就不可能与另一个人相互交往。人类的相互交往，包括经济上的相互交往，都依赖于某种信任。信任以一种秩序为基础，而要维护这种秩序，就要依靠各种禁止不可预见行为和机会主义行为的规则。

在区域治理参与者形成的自组织系统中，政府只是一个重要的节点，并和其他参与者一样，受到区域治理规则的作用，区域治理目标的确定及实现要依靠众多参与者的协商和参与。这和政府层级系统的决策和执行机制是不同的。这种差异性带来了一些问题，一个重要方面就是区域治理的组织缺乏政府组织那样的权威性，因而会造成决策和执行中的困难。

二、区城治理的权威与模式

（一）区城治理的权威

权威性对于一个公共组织而言非常重要，但是区域治理由于其自主治理的性质，不像政府机构那样具有法定的权威性，因此增强区域治理权威性的问题非常突出。

1. 区域治理权威难以形成的主要原因

区域治理在运行过程中将遇到奥斯特罗姆指出的三个难题，即新制度的供给问题、可信承诺问题和相互监督问题。这三个问题如果不能得到有效解决，自主治理的权威性就难以实现。此外，区域治理的一个重要特征是其自愿性质，即地方政府可自主决定加入或退出区域治理。区域治理是地方政府的自组织形式，成员退出是其自由的选择，如果成员感觉到自身的利益诉求在区域治理中没有得到很好地解决，而在其外能获得更多的利益，就有可能选择退出。这就要求区域治理必须认真考虑其行为对每个成员的影响。这种自愿性质，使之不能在许多重要问题上采取有效措施，并损害了区域的公共利益。

区域治理权威不足的另一个原因是没有独立的收入来源。区域治理组织通常没有征税权，大多处于资金和人力不足的状况，严重削弱了它们在解决区域性问题中所起的作用，特别是那些无法获得中央政府资助的区域治理。由于过分依赖其成员的财政支持，为了不触怒其成员，区域治理组织一般避免与其成员发生直接冲突。

2. 区域治理权威的来源

（1）中央政府的授权。中央政府的授权对于区域治理的权威形成具有极为重要的影响，特别是在以集中决策为特征的中央集权国家。中央政府的授权拓展丰富了区域治理的职能范围，还为区域治理职能履行提供了合理合法的依据，便于区域治理工作的展开。

（2）地方政府的契约。地方政府通过契约形成的权力是区域治理权威的第二个可能来源。区域治理组织的有些管理权力既不来源于国家法律的明确授权，也不来源于中央政府的委托，而是由其成员通过一定机构和程序赋予区域治理组织对它们进行管理的权力。为了防止恶性竞争及相互损害，同时形成合理的区域分工格局，各区域治理主体就必须联合起来，以集体的力量克服这些阻力和障碍。

（3）区域治理组织职能履行。区域治理的权威归根到底来自地方政府对区域治理组织行使其职权能力的认同和信赖，因此建构区域治理必须以此为出发点和落脚点，以代表区域治理主体的利益为本源，在此基础上建构区域治理的基本框架，完善其组织体系，建立其制度体系，确立起牢固的根基，形成组织权威、制度权威。区域治理从本质上来看是公共权力在不同公共机构间的分工，区域治理承担了权力分工中的部分职责，区域治理通过履行相应职能，并与区域治理主体进行交换，这构成了区域治理存在的合法性。

3. 区域治理权威的加强途径

（1）中央政府在区域治理中的权威。

第一，中央政府权力适当下放地方政府。中央政府权力下放地方政府，使得地方政府具有相当程度的自治权力，这是区域治理形成的前提条件。如果没有中央政府的权力下放，即使形成了区域治理组织，其职能的行使也必然会受到中央政府的极大干预。此外，地方政府行为由于受到中央政府的很大制约，因此会更加倾向于从中央政府那里寻找区域问题的解决方案，而不是区域治理，这样必然削弱区域治理的权威性。

第二，中央政府对区域治理的立法支持。区域治理的法律地位也可以通过中央政府的相关立法得到确认，这样就可以加强区域治理的权威性。中央政府对区域治理的立法支持还包括区域立法权的下放，构建区域法律体系必然要涉及立法权下放这个敏感问题，如何能做到既促进区域合作又保证中央的政令统一，将是地方立法的关键。

第三，中央政府对区域治理的财政支持。中央政府对区域治理的财政支持可以采取一些形式：①财政预算。中央政府可以在年度工作计划中加大对区域治理的支持，这样在年度财政预算中就可以开列相应的区域治理项目。②专项基金。中央政府还可以设立某些专项基金来支持区域治理的工作，如区域规划基金。③合作开发项目。区域治理在进行本区域的某些开发项目时，可以寻求与中央政府合作开发，中央政府可以通过合作开发项目的方式提供相应资金。

（2）地方政府在区域治理中的权威。

第一，充分认识到区域协作的重要性。破坏区域协作各自为政的做法，其结果是不仅区域整体利益受损，而且每个地区经济也都在低水平重复，形成了所谓的“公地的悲剧”。地方政府必须认识到区域治理的重要性，不要认为区域治理束缚了地方政府的行为，而认为区域治理是一种负担。

第二，提供区域治理必要的资源支持。地方政府应该成为区域治理资金的主要来源，这是因为地方政府从区域治理那里得到相关服务，是区域治理的受益者，这和非营利组织提供服务收取费用是同样的道理。除了在资金方面提供支持外，地方政府还需要在其他方面，如人力资源方面对区域治理提供支持。区域治理机构比较精简，人数一般不多，因此其工作的开展会面临人手不足的局面，这时就需要地方政府提供一定的人力支持，协助区域治理职能的行使。

第三，对区域治理措施认真执行。各地方政府和其他区域治理参与者必须要站在较高的角度，从长远的眼光来看待区域治理决策的执行问题，对于一些共同形成的区域治理决策，在决策形成过程中，可以表达自己的观点，使之朝有利于自己的方向发展，一旦形成决策，就要不折不扣地加以执行。地方政府不仅要努力约束自己的行为，遵守共同的协定，还要在本地区努力推行，消除本地区的一些可能的误解，让他们也要摈弃短期利益，从长远眼光看待区域治理的决策执行。

（3）区域治理形成自身的权威。

第一，合理界定区域治理的职能。区域治理要形成自身的权威，首先必须要合理界定区域治理的职能，这是区域治理运行的前提。如果区域治理的职能不能得到清晰合理的界定的话，就会引起一些问题。区域治理在界定职能时一定要注意的是，区域治理是服务于区域主体，而不是管理。区域治理的权威不是依靠权力的压制，而是因为其出色地履行了自身的职责。

第二，多方设法获得可靠的经费保证。经费保证对区域治理是至关重要的，是区域治理职能运行的依据。在前面谈到了无论中央政府还是地方政府都要在财政方面对区域治理加以支持，以增强区域治理的财务基础和权威性。作为区域治理本身，也需要积极采取种种措施来多方设法获得可靠的经费保证。

第三，加强自身的能力建设。能力建设是区域治理组织健康发展的关键和保证。加强区域治理的能力建设，可以从以下一些方面入手：首先，要保证区域治理组织管理核心的权威性。其次，要加强区域治理人才建设。最后，要建立区域治理的评估指标体系。对区域治理的合理评估，既是区域主体的要求，也是区域治理显示自身工作绩效的途径。

第四，区域治理相关机制制度化。区域治理作为区域主体的自组织，需要有其特有的制度化的基础与条件。区域治理制度化是区域稳定发展的重要保障。要建立起完善的制度和运行机制，使区域治理的理念能得到真正的贯彻与执行。它不但将区域治理理念制度化，而且运行机制也要适合于区域自身发展的需要。

第五，保证区域治理过程透明化。要极为重视区域主体对区域治理的责任心，不允许在区域治理过程中有贪污腐化和推诿责任现象的存在。透明化与责任心对于区域主体了解区域治理的运作是至关重要的，它可以使利益相关者知道哪个部门从决策和执行中获益最多，因此必须保证区域治理过程透明化。信息的自由传播和易获取性对于区域治理的透明化与责任心而言是基本要求，区域公共政策要以一种透明的和可预见的方式来实施。

第六，循序渐进确立区域治理的权威。区域治理涉及权责划分、政治制度、行政区划、管理体制、机构人员调整等，其问题成因涉及因素较多，历史因素、制度因素、人文因素、地域因素等复杂交织，理顺难度很大。如果急于求成，为了区域治理工作顺利开展，急于树立区域治理权威，反而会过犹不及，损害了区域治理的权威。

因此，要本着尊重历史、正视现实、展望未来的实事求是的精神，坚持循序渐进的原则，以战略的思维，由点到面、由表及里、由浅入深、分远近、别易难、有步骤地加以理顺，区域治理权威的形成不是一蹴而就的。区域治理在区域公共事务处理中的出色工作，这是一个不断积累的过程，要不断增强区域主体对于区域治理的信任，并对区域治理产生依赖感。把区域治理作为区域公共事务可靠的解决方案，届时区域治理的权威就自然形成了。

（二）区域治理的模式

1. 区域治理模式发展的影响因素

根据汤姆森的组织理论的观点，组织将会适应环境的变化，组织的形式是组织适应环境变化的结果。按照这种观点，区域治理不同模式的存在是区域协调组织适应经济环境变化的结果。下面以经济发展为例，说明经济发展对区域治理模式的影响。在影响区域治理模式的诸多因素中，相对于政治体制、传统文化、地理条件等因素，经济发展这一变量相对变动性大。随着经济发展水平的提高，对区域公共物品的需求也随之增长，为了满足这一需求，区域治理参与者就要通过各种方式加以组织，形成区域治理组织，以提供相应数量的区域公共物品。

区域治理组织的形式取决于两个变量：GR 和 C。其中 GR 指区域公共物品的数量，即区域治理组织的目标。基于这一目标，区域治理组织将对一定资源加以组织，以提供一定数量的区域公共物品。C 即为提供 GR 的相应资源所花费的成本。区域治理组织模式的确定，就是求解在提供 GR 这一条件下，最小化成本 C。换言之，就是构造最优的区域治理组织，用最小的成本完成区域公共物品提供这一任务。

区域治理组织的成本包括两个方面——资源成本和时间成本。资源成本即为与地方政府合作相关的人、财、物等成本，这些成本在区域公共物品的提供过程中，其价值将耗散在区域公共物品之中。可以看出，资源成本与地方政府合作组织的规模成正比，合作组织的规模越大，资源成本就越高。地方政府合作的时间成本与地方政府合作组织的效率有关。地方政府合作的效率越高，时间成本就越低；反之，时间成本就越高。组织规模越大，分工越细化，地方政府合作效率越高，时间成本就越低。

2. 专题项目合作

在区域治理发展的初期，区域公共物品提供的数量较少，而且不具有连续性。这样在考虑区域治理组织时，在两种成本中资源成本是主要考虑因素，而时间成本则处于次要地位。这是因为资源成本构成了地方政府组织的固定成本，其将分摊在每一次任务的履行上，如果任务数量不足，则单次任务的组织成本过高。至于时间成本，由于任务的数量不多，因而需要进行组织和协调的难度相对较小。

因此，为了节约资源成本，区域治理组织采取专题项目合作的形式较为适宜，区域公共事务的应对方式是就项目一事一议。包括人、财、物等资源仍然掌控在各地方政府手中，人员从事相应组织工作主要是临时性的，区域治理相关职能仍然属于各地方政府职能的一部分，尽管随着区域治理的发展，相应职能在不断增加。

在这方面，主要是围绕着一些跨地区项目。一些跨地区问题涉及多个地区的利益，要求多个地区共同应对，如跨区公路、大桥、水利建设等，需要通过一些共同合作项目的建设来实现区域合作。专题项目式合作的优点在于可以根据不同的跨区共同性问题的需要而度身定做，具有很强的针对性和便利性。可以就某一区域性公共产品展开专题式合作，就合作项目签订协议、契约或合同，一切按照法律文本的规定实施，违反者应负违约责任，保证了区域合作项目的权威性及有效性。此外，政府间专题项目式合作的特点还在于其灵活多变，具有较强的时效性，它往往是由于某一公共性问题的出现而开始，也随着该问题的解决而终止，不需要设立专门的区域性机构和人员，是一种较为简单但有效的区域治理的实现方式。

对于区域治理的专题项目合作模式，有以下一些方面需要加以说明：

首先，专题项目合作是建立在互利的基础之上，这也是区域治理的核心理念之一。区域治理必须使参与者都能够得到利益，换句话说，区域主体参与项目合作的目的是增加自身利益，否则，他们还不如退出区域治理机制。

其次，专题项目合作的参与者也不宜太多。参与者数目有限，合作更容易达成协议，但是如果参与者数目较多的话，达成协议的难度就会增加，协调的效率就会降低。

再次，专题项目合作需要形成正式的协议。正式的协议可以作为参与者合作的依据，可以形成对参与者的约束。通过正式的协议，可以使专题项目合作更加规范，也更加可靠。

最后，如果需要协调的主题相对简单的话，专题项目合作就是一种适宜的区域治理机制，但是如果随着参与者数目的增加和应对问题的复杂，那么其他的区域治理模式或许能够更加有效地解决问题。

3. 专业委员会

随着区域经济的发展，区域公共物品提供的任务变得繁重复杂，特别在某些区域公共物品提供方面的需求尤为突出，这样一来，专题项目合作模式就无法适应这一变化，具体表现在两种成本之间的关系上。

在资源成本方面，区域公共物品提供数量增加，区域治理组织的任务也随之增加，资源成本会在每次任务中得以摊销，使得单次任务耗费的资源成本降低。而与之同时，随着任务的增加，专题项目合作模式的时间成本大为提高。这是因为随着任务规模的增加，需要协调的工作大为增加，原有的地方政府职能框架难以应对这一问题，导致区域治理的效率下降，完成工作的时间延长，从而增加了组织的时间成本。

通过设立针对相应任务的专门的区域治理组织，可以大大提升组织的效率。专门的区域治理组织不仅可以进行更为细致的分工，而且随着时间推移，组织可以积累专门的知识，这些都大大提升了区域治理组织的效率。

在美国等西方国家，在关于府际合作发展方面有一个比较成功的制度创新——特区制度，就是针对某种任务的专门区域治理组织。特区通常被称为“区”“管理局”“委员会”，这种特别区或专业委员会对于美国社会区域性事务的管理，提供跨行政区公共服务与产品起到了很好的成效。美国的特区是由州议会或地方政府根据州法律创设的特殊目的政府，一般行使一种或有限的几种职能，拥有独立于一般政府的行政和财政自主权。

设置特区的目的，一是为了规避州宪法和法律及自治宪章所规定的赋税和借债总额的限制，或者为了分散税收负担，以便筹集资金举办某一领域的地方事业；二是处理特殊问题需要特定领域的专业知识，设立特区并建立相应的独立管理机构，便于由有关专业人才进行管理；三是同跨地区政府间合作关系最密切，为履行越出地方政府行政边界的某种功能，普通地方政府之间将各自的全部或局部区域合并为一个特区，设立独立的管理机关，以实现规模经济，将该项功能的受益者包括在内，或者与某项职能的自然边界相吻合。从技术上看这些功能往往涉及原料、能源、动力等经济因素和道路路线、河流走向、土壤土质等自然地理因素，处理这些问题就不得不打破历史形成的行政地域边界的限制。

无论在欧洲还是在北美，在城市区域的协调发展过程中都形成了一大批松散的非政府组织来推动城市区域的发展。作为一种民间的组织，其组织方式是多样的。纽约大都市区的跨区管理是典型的非政府组织形式。

4. 区域委员会

区域经济的进一步发展，使得单一功能的区域治理组织向综合功能的区域治理组织演变、区域经济发展对区域公共物品的需求将呈现多样性，进而相应的组织工作也呈现多样性。在原有的专业委员会模式中逐步纳入这些工作，形成综合功能的区域委员会模式，比起成立多个专业委员会而言，既有利于降低管理成本，也有利于不同工作之间的协调和衔接。

在美国，区域委员会是由县、自治市及特区等组成的自愿性区域组织，主要目的是加强地方政府之间的交流、合作与协调，以解决美国大都市区所面临的一些区域性问题。全国区域委员会协会代表美国450多个区域委员会，它对其成员的界定为：由地方政府创立的多重目的、多重管辖权的公共组织，它们将多个层级的政府成员集聚在一起进行总体规划、提供服务，并培育区域合作精神。它们有不同的名字，从政府联合会到规划委员会到各种发展特区。联邦政府的法令授予区域委员会制定大都市区发展规划、审查地方政府拨款申请的权力，对那些与大都市区整体规划不符的发展规划，区域委员会可以予以拒绝，在一定程度上促成了大都市区的有序发展，消除了地方政府相互竞争所造成的负面影响。

区域委员会的形式有：区域规划委员会和政府联合会。政府联合会是由民选官员或由民选官员加以代表的地方政府组成的多功能自愿性区域协会。政府联合会的管理机构主要由成员政府的重要民选官员组成，其资金少部分来源于成员政府。美国最早的政府联合会于1954年成立。政府联合会的主要目的是为其成员政府提供一个论坛以讨论大家共同关注的问题，对那些有着广泛影响的联邦、州和地方项目进行协调。在某些必要情况下制定解决特定问题的政策，并通过其成员执行决策。政府联合会的关注点一般是与注重实效的项目有关的短期政策，如技术援助、共同采购、双向警察协助、公共服务培训、固体垃圾处理等。值得注意的是，政府联合会作出的决定对其成员政府一般没有约束力。

5. 城市联盟

区域治理模式的高级形态是地方政府联盟，国外一些学者称之为城市联盟。组建的城市联盟不属于一级政府，不是行政实体，而是一个类似于邦联的灵活的联合体，成员政府彼此让渡出部分公共权力，制定具有法律效力的制度章程，明确规定管辖范围与内容，在共同的管理事务和治理领域内享有唯一的权威性，而在超出此范围外则无权干涉各地方事务。

城市联盟一方面与古罗马时代及中世纪时代的城邦的含义相似，另一方面又具有新时代的特点。现代城市联盟已融入全球性的、迅捷的电子通信和资金流动之中，并且还是世界人口增长的主要容纳地。因此，可以把城市联盟理解为以现代城市为主体的区域经济、政治共同体。这种共同体是以周边城镇为经济腹地，是经济中心即中心城市的集聚和扩散能力能够达到并能促进其经济发展的地域范围。以组织生态学的观点来看，若把一个城市联盟比喻为一个人，则中心城市就是这个人的心脏，周边城镇则是它的其他组织器官。

城市联盟目前主要还停留在理论层面，其实践遭遇到现有行政区划和行政体系的障碍。但是，一个与城市联盟理念接近的例子是欧盟，只不过欧盟是以国家为单位形成的政府联盟，而城市联盟的组成单元是城市和地方政府。

三、区域治理方案的运行

（一）区域治理政策方案的形成

具体来看，区域治理政策方案的形成要经过三个阶段。

首先，区域问题发现阶段。问题发现通常为问题形成的开始阶段，是某个问题被发现，并已引起区域治理参与者较多关注而准备采取可能行动的过程。一般来说，最早注意到区域治理问题的是企业，他们通常能够从微观视角察觉到区域问题的解决与否带来的变化，地方政府的官员将是第二个注意到区域问题的参与者，因为他们是企业抱怨的对象。然后，包括计划、统计、调查研究和预测分析机构的研究人员、专家学者，在各自的研究领域和课题中，觉察和确认某些重要的公共问题。

其次，区域治理问题界定阶段。问题界定主要包括三个方面的内容：一是提示区域问题的性质。要弄清区域问题的影响范围，是否尽管在区域内形成，但并不是带有区域整体性的问题？二是揭示区域问题的原因，问题形成的原因是否在区域层次，而不在地方政府或在中央政府？而且，是否必须通过地方政府协调或是区域治理组织协调解决？因为一些第三方组织也能在区域协调方面做出贡献。三是建构实体问题，将问题纳入一定的学科背景和相应的概念框架体系之中，用具体的专业术语界定出来的区域治理问题，这是一个专业知识的运用过程。所以，它要求区域公共管理者和知识分子的协作。

最后，区域治理政策方案设计阶段。政策方案设计包括两个方面的内容：一是为实现既定的政策目标，大致可提出多少个政策方案；二是将各个政策方案的设计勾画出来，包括方案的行动原则的设计以及基本措施、发展阶段的描述等。作出政策的情境和政策付诸实施时的情境往往随时间的推移而有很大的不同，因此政策方案设计构想必须着眼于未来，着眼于付诸实施时的政策问题情境。

区域治理的政策方案的提出可以有以下一些途径：

第一，通过地方政府间协调机制。地方政府形成了自己的政策方案后，可以在与其他地方政府就区域公共事务进行协调时提出，来表明自己对于区域公共事务的看法、立场和解决思路。不同政策方案碰撞，实际上是不同地方政府观点调和一致的过程。如果通过协调，形成不同地方政府都能接受的最终方案，就可以成为区域治理行动的依据。

第二，通过区域经济发展论坛。区域经济发展论坛是区域治理机制的重要组成部分，也是区域治理正式组织的有效补充。论坛形式的特点是可以各抒己见，仅仅代表个人立场，可以视为区域治理参与者思想的交流。这种交流由于具有非官方的色彩，因此能够畅所欲言，对于区域治理最佳方案的形成具有非常重要的作用。尽管是非正式的机制，但是一旦参与者的思维受到论坛的影响后，就可能会在正式的文件中得以体现。

第三，在区域治理正式会议上。如果区域治理形成了正式的组织，如区域议会，政策方案就可以在区域治理议会的会议上通过正式的流程提出，并被区域治理组织的其他成员评价。政策方案通过正式会议的讨论，形成最终方案就有了很强的约束力，对于方案的顺利执行具有重要意义。

第四，通过公开媒体。政策方案也可以通过公开媒体的方式发布，这样可以引起区域内更多人的关注和讨论，这既可以是官方正式的媒体，也可以是一些学术性的刊物。得到更多人的关注，就能够吸收更多更充分的意见，对于政策方案的完善很有好处。此外，更多人对于方案的关注，对政策方案的最终顺利执行很有帮助，因为充分讨论的方案能够得到更广泛的认可。

（二）区域治理政策方案的确立

区域治理政策方案提出后，就进入区域治理方案确立的流程。在这一阶段，不同的政策方案将被比较、选择，最终选择一个政策方案作为执行的依据。

首先，在区域治理政策抉择过程中，可以考虑采用德尔菲法，在广泛依赖各方专家和顾问力量的基础上，依靠专家所掌握的广泛的知识和信息，依据科学程序，运用科学的方法和技术，进行科学决策。

其次，在区域治理政策抉择过程中，政策抉择主体必须充分了解各方利益要求、全面权衡各方利害关系及利益内部的直接利益与间接利益、现实利益与未来利益、形式利益与内容利益的关系，通过利益的协调来实现正和博弈，实现多方面都能接受的政策方案，这样也有利于政策的最终推行。

最后，在区域治理政策公共抉择过程中，区域治理政策抉择主体的抉择行为必须按规定的制度和程序进行。这样，就可以使政策方案建立在法定的程序之上，保证政策公开、公正和透明，也增强了政策的权威性。

（三）区域治理政策方案的执行

区域治理政策执行主要包括三个阶段：一是执行的准备阶段；二是区域治理政策的实施阶段；三是执行的总结阶段。这三个阶段相互衔接，构成一个完整的执行过程。在区域治理政策执行的准备阶段，首先是要正确地贯彻执行区域治理政策，认真学习和理解区域治理政策，这主要是在执行者的范围内。另外，要做好政策执行的物质准备和组织准备，确保有执行政策的权威和主要工作人员的承诺，同时还包括充足的装备、物资设备以及其他的支持设施。

区域治理政策执行的实施阶段是区域治理政策执行的中心阶段，是实现区域治理政策目标的关键环节。区域治理政策执行的实施阶段包括宣传、政策实验、全面推广、沟通与协调等环节。这几个阶段体现了政策实施循序渐进的理念，既保证了政策执行的效果，又最大限度降低了政策执行的成本和风险。

区域治理政策执行总结是一个完整的政策执行过程的最后一个环节，其重要意义在于继往开来。通过对执行成绩、执行经验的总结，可以加深对政策过程的认识和理解。一方面可以对现有政策加以进一步完善和提升，另一方面也可以为下一轮政策执行积累更丰富的经验。区域治理政策执行的总结包括区域治理政策执行的监测、政策执行再决策等内容。

思考与练习

1. 区域形象营销要点有哪些?
2. 如何提高区域竞争力?

第七章　区际分工、区域贸易与区域创新研究

区域经济发展的条件差别巨大，所以需要根据不同区域的发展条件进行分工。区域分工是形成区域比较优势的前提，能够促进区域贸易的发展，实现区域创新。本章主要探究区际分工与区域贸易、区域间经济联系与总部经济理论、区域创新系统与区域创新发展。

第一节 区际分工与区域贸易阐释

一、区域分工与比较优势

(一)区域分工理论

区域分工理论的起源，一般可以追溯到现代经济学之父亚当·斯密提出的绝对利益理论。从绝对利益和比较利益理论到新兴古典分工理论，区域分工理论经历了一个漫长的发展沿革过程。

1. 绝对利益与区域分工

(1)绝对利益学说。绝对利益或绝对成本的概念，最早是由亚当·斯密在1876年出版的《国富论》一书中提出的。亚当·斯密从一般制造业工厂内部的分工入手，进而分析了国家之间的分工，认为各国可以利用再生产某种产品的绝对优势来进行专业化生产，并以此专业化产品来同其他国家进行贸易。亚当·斯密的国际分工原则，是建立在生产商品的成本差异的基础之上的，而这种成本差异是绝对的。①

一个国家购买其他国家的某种产品而不自己生产，是因为该国不具有生产这种产品的绝对优势，也就是相对于购买其他国家生产的该产品而言，本国生产的成本太高。与之相对应，一个国家之所以能够向其他国家卖出某种产品，是因为该国具有生产这种产品的绝对优势。亚当·斯密进一步认为，各国生产成本的差异可以归结为生产效率的差异，而之所以会形成生产效率的国际差异，主要是因为各国所拥有的优势不同。他把这种优势分为两类：自然优势和可获得性优势。前者指超乎人力范围之外的，如气候、土地、矿产和其他相对固定状态的优势；后者指工业发展所取得的经济条件，如资金、技术等。一个国家在生产和输出某种商品上具有自然或可获得性优势，也就具有了成本优势。

虽然斯密的分工理论是针对国际分工和贸易领域提出的，但同样也适用于区域分工。也就是说，任何区域都具有其绝对有利的生产条件，并且各区域的专业化生产能够提高生

①高丽娜，蒋伏心．空间经济学与区域经济学的分异与融合［J］．南京师大学报（社会科学版），2010（6）：50-55.

产效率。各区域按照绝对有利的生产条件进行分工，生产成本最低的产品，然后在区域之间进行交换，能够使各区域的资源和生产要素都得到最有效的利用，从而提高区域劳动生产率，增进区域经济利益。但是，绝对优势理论也存在一个明显的缺陷，它没有说明不具有任何绝对优势的区域如何参与区域分工并且从中获利的问题。

（2）绝对利益的获得。根据绝对利益学说的解释，可以用数据表示绝对利益的获得，见表 7-1①。

表 7-1　绝对利益与区域分工

		A 产品			B 产品			投入总量/元
		需求量/吨	生产量/吨	单位产品投入量/（元/吨）	需求量/吨	生产量/吨	单位产品投入量/（元/吨）	
地区自给自足时	甲地区	50	50	2	100	100	3	100+300=400
	乙地区	100	100	3	50	50	2	300+100=400
	甲、乙两地总投入量							800
地区分工协作时	甲地区	50	150	2	100	—	—	300
	乙地区	100	—	—	50	150	2	300
	甲、乙两地总投入							600
	甲、乙两地区区际商品交换中的投入量							50
地区分工毛效益（800-600）								200
地区分工净效益（800-600-50）								150

假设甲、乙两个地区，每个地区都需要也都有条件生产 A、B 两种产品，但是由于自然条件和经济条件的不同，A 产品的单位投入量（包括劳动耗费和资金占用）甲地区低于乙地区，B 产品的单位投入量乙地区低于甲地区。如果甲、乙两地都采取自给自足的办

①方大春．区域经济学：理论与方法［M］．上海：上海财经大学出版社，2017.

法，为满足 A、B 两种产品的需求，总共需投入相当于 800 元的劳动耗费；而采取区际分工协作时，由于充分地利用了地区分工效益，满足同样需求只需投入 600 元，节约的 200 元称为地区分工的毛效益。假设地区之间产品流通的劳动耗费为 50 元，那么地区分工的净效益即为 150 元。总之，一些地区在某些产业或某类产品的生产效益上占优势，另一些地区在另外一些产业和产品上占有优势，不同地区各自着重发展自己具有优势的产业和产品，相互交换，即形成所谓的绝对利益。

2. 比较利益与区域分工

（1）比较利益学说。李嘉图在 1817 年出版的《政治经济学及赋税原理》一书中，以劳动价值论为基础，利用两个国家、两种产品模型，论证了比较利益的存在以及在国际贸易理论中的应用，从而奠定了比较利益学说的基础。

按照比较利益学说，即使不具有任何绝对优势的区域，也能参与区域分工，并且从中获利，从而弥补了绝对利益学说的缺陷。李嘉图列举了一个著名的酒和毛呢的例子来说明这个问题。假如葡萄牙生产一定单位的葡萄酒要耗费 80 个工人一年的劳动，生产一定单位的毛呢需要耗费 90 个工人一年的劳动，而英国生产同样数量的葡萄酒和毛呢则分别需要耗费 120 个工人和 100 个工人一年的劳动。不难看出，葡萄牙在生产这两种商品上都具有绝对优势，而英国在生产这两种商品上则都处于相对劣势地位。那么按照绝对利益学说，葡萄酒和毛呢都应该集中在葡萄牙生产，这样一来葡萄牙和英国在这两种产品的生产上就不存在分工问题了。但是，按照比较利益的原则，两国之间在这两种产品之间的分工不仅是可行的，而且是更有效率的。就葡萄牙而言，其从事葡萄酒生产比从事毛呢生产具有优势，因此应该集中于生产葡萄酒；反之，对于英国而言，其从事毛呢生产比从事葡萄酒生产具有优势，因此应该集中于生产毛呢。这样一来，两个国家在这两种商品上的分工不仅能得以实现，而且还节约了劳动，增加了产出。

（2）比较利益的获得。虽然李嘉图的比较利益学说是针对国际分工与贸易提出的，但同样也适用于区域层面。下面用一个单一生产要素下两区域的两部门模型来进行说明，见表 7-2。假设存在 A、B 两个区域，每个区域都只有同一种生产要素——劳动，生产 X 和 Y 两种产品，并且这两个区域对这两种产品都有需求。假设 A 区域生产两种产品的单位成本均低于 B 区域，即 $Ca_x < Cb_x$，$Ca_y < Cb_y$，那么按照绝对利益原理，两种生产都应该集中在 A 区域生产，A、B 之间的区域分工是不存在的。但是，按照比较利益原理，两区域之间的分工，还取决于各自从事不同产品生产的相对劳动生产率。在此，我们假设 $Ca_x/Ca_y < Cb_x/Cb_y$，对于 A 区域而言，生产 X 产品比生产 Y 产品的相对成本更低，即 A 区域生产 X 产品的相对劳动生产率更高，因此 A 区域生产 X 产品具有比较优势；相反，

对于 B 区域而言，生产 Y 产品比生产 X 产品的相对成本更低，即 B 区域生产 Y 产品的相对劳动生产率更高，因此 B 区域生产 Y 产品具有比较优势。实际上，按照比较优势原理，区域分工的决定性因素是区域机会成本。

表 7-2　比较利益与区域分工

		X 产品			Y 产品			投入总量／元
		需求量／吨	生产量／吨	单位产品投入量／（元／吨）	需求量／吨	生产量／吨	单位产品投入量／（元／吨）	
地区自给自足时	A 地区	50	50	2	100	100	3	100+300＝400
	B 地区	100	100	4	50	50	4.5	400+225＝625
	A、B 两地总投入量							1025
地区分工协作时	A 地区	50	150	2	100	50	3	450
	B 地区	100	—	4	50	100	4.5	450
	A、B 两地总投入							900
	A、B 两地区区际商品交换中的投入量							50
地区分工毛效益（1025-900）								125
地区分工净效益（1025-900-50）								75

（二）区域经济发展的比较优势

李嘉图在研究比较利益时，指出国与国之间在生产率方面存在着很大的差距，即使一个国家在每一种商品的生产上都比其他国家绝对地缺乏生产率，它依然能够通过生产和出口那些与外国相比生产率差距相对较小的产品在国际分工中占有一席之地；而在每一种产品生产上都比其他国家绝对地具有较高生产率的国家，也只能通过生产和出口与外国相比生产率差距较大的产品获取贸易利益。这是比较优势概念提出的原因。

1. 比较优势的成因

根据区域分工理论，具有同样消费者偏好、技术、要素禀赋结构的国家，将会有同样的均衡价格比率出现，自然就不会有国际贸易的动力。三者之中有一项不同，就会产生价格差异，使比较利益拉开差距。在同样的技术和要素禀赋条件下，一个国家可以在它的人民所不大喜爱（相对于其他国家人民的偏好而言）消费的商品中获得比较利益——该商品在该国价格会比较低廉。同样，如果要素禀赋和偏好相同，那么比较利益将由相对技术效率利益决定；如果消费偏好和技术状况相同，则比较利益将会由要素禀赋的差异决定。

2. 比较优势的类别

比较优势存在于区域经济发展的方方面面。从存在的形式看，可以有四种分类：有形优势与无形优势、绝对优势与相对优势、局部优势与全局优势、空间优势与时间优势。从来源上，又可以分为以下三类：

（1）资源优势。资源优势指通过对资源的数量和质量的区域间的比较分析，认识到某个区域具有比其他区域更丰富、开发条件更好的资源富藏，并可以通过对资源的开发，形成优势的资源产业。单个种类资源的区域比较，可以通过各区域资源储量和品位的横向比较来确定。区域资源综合优势的比较，可以用资源的综合优势度的指标来衡量。资源综合优势度的评价公式为

$$p_i = \left(mn - \sum d_{ij}\right) / (mn - m) \qquad (7-1)$$

式中，p_i 为地区的资源综合优势度，m 为被统计的资源种类数，n 为对比的地区个数，$\sum d_{ij}$ 为地区被统计的资源种类数占全国名次之和。

（2）产业优势。产业优势是指区域的某类产业与其他地区的同类产业相比，生产成本较低、产品质量较好和所占有的市场份额较大，在这三个方面都具有优势。产业优势有时也被称为“竞争优势”，这是因为产业优势一般都是在市场竞争中取得的。

如果单纯进行生产成本的比较，只要符合本地生产的某类产品的成本加上运到销售市场的运费，小于市场当地生产的同类产品的生产成本，就表明该地区的该产业具有比较优势。如果进行综合的比较，仍然可以用区位熵的指标，只要对指标的含义稍加更改即可。产业优势的区位熵是指某地区向全国输出的某类产品的价值比上该地区向全国输出的产品的总价值，与全国市场中该产品的输入总价值比上全国市场的总规模之比，结果大于1，表示有优势；结果小于1，表示没有优势。

（3）环境优势。环境优势是指一个地区拥有良好的自然环境和良好的人文环境，从而吸引更多的企业来落户。良好的自然环境是指废弃物的排放被限制在一定的标准之内，空气新鲜，林木和草地的覆盖率高，人们感觉舒适。良好的人文环境是指一个地区浓郁的文化氛围、较高的政府办事效率和当地人的文明的生活习惯等。由于智力资源的载体是人本身，而人们倾向于选择环境良好的区域生活，所以环境优势常常成为吸引高新技术产业、

旅游业等新兴产业的主要条件。

综上所述，比较优势对区域经济发展的作用，主要是为区域发展中的产业选择提供依据。当一个区域启动发展的战略时，在众多的产业和行业中选择一个自己要发展的产业和行业是十分困难的，比较优势原理则提供了这种选择的基本途径。

二、区域贸易

区域贸易与区域要素流动一样，是区域经济关系的重要体现。区域的分工必然导致区域贸易，而且随着分工的加深，区域贸易也必然日益频繁；反过来，区域贸易的加强，也会拓展区域商品的市场范围，促进区域分工的发展。

（一）区域贸易的产生条件与影响因素

贸易包括商品和劳务的贸易，这里讨论的区域贸易是指区域商品贸易。它是一种与国际贸易相似，但又存在不少差别的贸易。其差别主要表现在：国内区域间进行贸易时，由于制度背景大体相同，不存在关税壁垒，不存在汇率障碍，因而区域贸易要比国际贸易频繁得多。当然，各区域为了各自的利益，也会制定相应的保护政策和贸易壁垒，但相对于国际贸易来说，其阻力要小得多，而且国家可以运用其权力进行协调。同时，国内区域间的历史、文化背景差异较国际间也要小得多，因此国内区域间的商品流动性较国际间也大大增强。在国内区域贸易中，由于各地区实行统一币制，不存在汇率因素，因此收支平衡问题并非十分重要，而在国际贸易中，收支平衡则是一个必须考虑的重要问题。

按照贸易产品的产业关联，区域贸易可分为垂直型、水平型和混合型三种。垂直型区域贸易是指两区域在同一或不同产业链条的不同产业水平上进行专业化生产，并由此进行商品交换。垂直型区域贸易既可发生在同一产业部门，也可发生在不同的产业部门，其根本特征是区域交换的商品属于不同的产业水平和技术层次，商品的增值率差异较大。水平型区域贸易是指两区域在同一或不同产业链条的同一产业水平上进行专业化生产，并由此进行商品交换。判断区域贸易是属于垂直型贸易还是属于水平型贸易，不能以贸易产品所属的产业部门为依据，而应看贸易产品所处的产业水平或技术层次和增值率的高低。混合型区域贸易是从一个地区来看，它在全国区际贸易格局中既有垂直型贸易，也有水平型贸易的情况。

1. 区域贸易的产生条件

区域贸易是以区域分工的利益为基础的，区域分工使得各区域在最适合生产的商品上进行专业化生产。这些专业化商品除满足本地区需要外，还要用来同其他地区的商品进行交换，这样做不但能够获得比贸易前更多样的商品，还能使区域利益增进。

（1）区域商品的相互需求。最初人们认为区域的差异是产生区域贸易的条件，但是后来发现，这个假设的理由是不充分的，即使存在区域差异，区域之间也不一定存在贸易。英国经济学家约翰·穆勒在其《政治经济学原理》一书中提出了相互需求法则。它从供需关系的角度出发，认为贸易的发生必须有一个前提条件，即某一区域有某种东西提供，而其他区域对这种东西恰好有需求。穆勒的相互需求原则还指出，两个区域在贸易利益中各自份额的大小取决于贸易条件，更确切地说是取决于其他区域对本区域出口商品的需求强度和需求的价格弹性。

（2）区域商品的价格差异。假定商品质量和消费者偏好一致，商品价格都等于生产成本，一个区域决定是从区外输入还是在区内自己生产，则取决于输入商品价格与区内生产价格的差异。一个区域从区外输入商品的必要条件是输入商品价格要比区内生产价格更加便宜；同样，向区外输出商品的必要条件，是输出商品价格要比在其他地区生产更为便宜。在符合经济理性原则的情况下，任何一个区域不会输入自己生产更便宜的商品，而输出自己生产更昂贵的商品。

第一，生产要素禀赋差异形成的生产成本差异。生产成本的区际差别，主要是由区域间的生产要素禀赋差异造成的。由于区域生产要素供给存在着差异，而这种供给差异又不能被需求差异所抵消时，就会导致区域生产要素在价格上的差异。在规模经济不变的条件下，要素价格的差异将导致商品价格的差异。因此，也可以说，生产要素相对价格的差异是区域贸易产生的必要但非充分的条件。

第二，规模经济造成的生产成本差异。规模经济是造成生产成本差别的另一个原因。大规模生产可以降低企业的生产成本，提高其生产效率，从而使因生产要素禀赋差异出现的专业化趋势进一步加强。为适应大规模生产的需要，许多产品并非分散在各地而仅限于在少数几个地点生产，然后由此销往全国甚至世界各地。同一产业的不同产业活动和相关企业在地理空间上的相对集中，同样能加强产业的专业化趋势，使区域贸易进一步扩大。因为这种地理集中能够通过相互提供产品、信息和劳务，共同利用公共基础设施和商业服务设施而形成外部经济，使企业在许多方面获得好处。显然，大规模生产和地理集中所达到的节约性即规模经济，会使地区间分工更为有利，有时甚至不必顾及生产要素的价格差异。换言之，因规模经济而产生的专业化鼓励了区域贸易。

第三，商品转运费用造成的生产成本差异。区域贸易中，商品从生产区域运送到消费地需要克服空间阻力。这种为克服空间阻力所花费的代价一般称为转运费。转运费既包括克服地区间非关税贸易壁垒等人为障碍的费用，如地方政府对区域贸易商品征收的各种附加税，也包括克服空间距离等自然障碍形成的运输成本。假定在区域贸易中商品交换按生产地价格成交，那么消费地商品价格等于产地生产价格加转运费用。假设消费者偏好一致，不存在地区性歧视且商品生产价格等于其生产成本，则区域商品贸易产生的充分必要条件是不同地区的生产成本差异要大于商品的转运费用。如果商品转运费用高于地区间生产成本的差别，那么每个地区自然会自己生产而不会从其他地区输入这种商品。

在现实经济中，转运费用特别是运输成本对区域贸易的重要影响是显而易见的。由于不同商品的运输成本差异很大，因而其销售市场的地域范围即市场区大小也具有较大差异。有的商品体大笨重、易腐易烂，不便运输，与其商品价值相比，运输费用相对较高，因而其市场区范围一般较小，区域贸易量所占比例极低；而有的商品体积小、重量轻，或者商品价值较高，运输费用相对较低，因而其市场区范围一般较大，区域贸易量所占比例高。前者多为满足区内市场需求的地方性产品，后者则多为满足区外市场需求的输出产品。

（3）区域间的不同需求偏好。区域的消费水平一般是与其经济发展水平相对应的。随着区域经济发展水平的提高，区域消费水平也不断提高，居民和企业消费偏好出现高档化的趋势。这种消费趋势使得处于不同发展阶段的各个区域的需求偏好表现出一定的层次性特征。一些在国内生产和消费中处于主导地位的经济发达区域的居民和企业的消费层次相对较高，生产者为迎合这种高档消费偏好，不断开发或从国外引进一些新产品。在新产品的研究开发阶段，产品的试制和生产主要集中在具有比较优势的主导区域。由于产品需求量远大于其生产量，生产者往往能够通过垄断价格获取高额利润。随着生产成本的下降，新产品在主导区域由开发进入大批量生产阶段，其生产量开始超过需求量，生产大于需求的部分便会净输出到主导区域以外的其他区域。当这种产品进入成熟阶段，主导区域的比较优势开始消失，区域需求偏好也发生转移，其生产逐渐扩散到其他区域，生产的产品则由主导区域输入非主导区域。

居民和企业的个别需求偏好的差异也促进了区域贸易的发展。一般来说，居民和企业个别需求偏好的形式是千差万别的。这种差异客观上要求同一种产品在设计、商标、规格、性能、质量、价格、包装等细节方面具有差别化和多样化。因此，对任何一个区域来说，都不可能完全通过区内生产来满足其居民和企业消费的各方面需要。各个区域在同种产品的不同细节方面进行专业化分工，并以此进行相互交换，不仅可以满足居民和企业消费的多方面需要，而且可以通过大规模生产降低生产成本。这种按照个别需求偏好差异而进行的区域间同种商品贸易，一般称为“需求偏好型”区域贸易。它可以降低生产成本，提高生产效率，从而使贸易双方受益。

2. 区域贸易的影响因素

区域贸易的影响因素较多，归纳起来主要有供给条件、区外需求、区位条件、国家或区域经济体制和政策等方面。

（1）供给条件。要素的供给包括区内生产要素的禀赋存在条件和区际要素的流量变化两个方面。任何一种贸易产品的生产，都需要在其生产过程中投入不同比例的生产要素，而不同区域拥有的生产要素的种类、数量、比例和组合状况又不尽相同。在区域贸易中，假设每个区域都生产和输出能利用其充裕的生产要素的那些商品，以换取那些需要比较密集地使用其稀缺的生产要素才能生产出来的商品，那么在一定意义上可以说，区域贸易意味着每个区域通过区域商品交换间接输出了自己供给充裕的生产要素，而输入了供给稀缺的生产要素。也就是说，区域贸易在一定程度上改变了要素供给条件；反过来，要素供给条件变化又影响着区域贸易。同时，商品生产所需要的要素是综合的和多方面的，即使一个规模较大的各种要素配合条件较好的区域，有时也难以满足要求。区外各种要素的流入在较大程度上弥补了区内要素供给的不足，增加了要素的种类和数量，通过各种要素的相互匹配，使区域相对充裕要素的优势得以有效发挥，区域贸易得以扩大。

（2）区外需求。要素的供给为区域贸易的发展提供了可能，而区外市场的需求则使这种可能成为现实。区外市场需求包括区域生产的产品在品种、花色、包装和质量上是否符合区外市场的需要，价格是否合理，需要的数量有多大等，如果这些因素发生变化，那么区域贸易也会受到影响。区域消费者的偏好对区域贸易也产生重要影响。由于特定区域的消费者群体一般对本地生产的商品有某种特殊的偏好，本地的需求量极大，由此导致其销售价格甚至比在其他区域还要高，这就在一定程度上限制了区域贸易的发展。

（3）区位条件。

第一，区域所处的地理位置。临近发达区域，或者位于贸易航线和交通干道附近，或者地处交通线网络的交接点的区域，由于贸易的地理障碍较小，商品的输出、输入较为便利，区域贸易的发展一般较快；而地处高原、山区和边远区域，自然条件恶劣，与外界联系不便的区域，由于商品的输出、输入极不方便，区域贸易的发展将受到限制。

第二，区域对内对外交通的通达性。交通网络发达、通达性较好，可以使地理相距遥远的区域变得相对邻近，从而缩短运输时间，降低运输费用，促进区域贸易的大规模开展。

第三，贸易区域之间的空间距离。贸易区域之间的空间距离较长，将增加贸易产品的运输成本，从而在一定程度上抵消其生产成本优势。一些体大笨重、易腐烂变质、不便运输的产品，因运输条件的限制，往往只在产地附近很小的空间范围销售，成为典型的地方性产品。然而，随着运输技术的迅猛发展和运输条件的改善，空间距离因素对区域贸易的制约作用也在日趋减弱。昔日的一些地方性产品，正逐渐发展为区域贸易产品而不断输出到产地以外的其他区域，甚至全国各地。贸易区位条件对区域贸易的影响，综合反映在区域要素流动的转移成本和区域商品贸易的运输费用上。

（4）国家或区域经济体制和政策。

第一，国家经济体制的模式决定了区域贸易的实现机制。不同的经济体制模式，具有不同的区域贸易实现机制。在工业发达国家典型的市场经济体制下，商品的区域交换受价格竞争的支配。企业作为个别交换的主体，在区域贸易中起着决定性的作用。政府主要通过政策调控手段对区域贸易施加间接的影响，而一些地方政府往往通过减免地方税收、提供津贴和服务来吸引区外投资者，支持本区域产业的发展。如果支持的产品属替代输入产品，一旦其发展规模超过本区域的需求量，且本区域有竞争能力，则该产品可能就将由输入产品转变为输出产品，从而改变区域贸易的原有格局。

第二，价格体系直接影响着区域贸易的规模和发展。平等交换、利益兼顾是区域商品贸易必须遵循的一项重要原则。如果价格体系不合理，一些商品定价过高，而另一些商品定价过低，形成区域商品贸易不平等交换的格局，在地方政府拥有相对独立的经济权益、掌握一部分经济调控手段的情况下，就将会产生严重的区域贸易摩擦，直接影响着区域贸易的规模，限制区域贸易的发展，并由此影响全国的产业发展格局。

（二）区域贸易对区域经济发展的影响

1. 生产要素价格的均等化趋势

贸易最直接的后果是各地商品价格趋于一致。通过区域间商品贸易，在某种程度上可以减少由于生产要素分布不均所引起的不利条件，弥补区域间要素流动相对缺乏的不足。贸易促使商品和要素价格出现均等化的趋势是十分明显的。由于每一区域都输出含有较大比例的且自己相对丰裕而廉价的要素生产的商品，输入含有较大比例的且自己稀缺而昂贵的要素生产的商品，或者说，都输出自己生产成本绝对或相对较低的商品，输入自己生产成本绝对或相对较高的商品，那么输入区域的输入商品价格和稀缺要素价格将会下降，而输出区域的同种输出商品价格和相对丰裕的要素价格则出现上升，商品和要素的价格也将会在输出区域与输入区域之间达到一定的均衡。

当然，这种均等化趋势只是相对的，完全的价格均等化是不存在的。即使不考虑因克服地理距离而产生的转运费用，区域之间仍将会存在一定的价格差别，而且这种差别也是必要而有益的。价格的均等化趋势说明商品贸易改变了区域间生产要素的相对稀缺性。由于像土地、矿产等生产要素本身不能流动，即使像劳动力、资本等能够流动的生产要素，其在区域间流动也要比商品贸易困难得多，而且转移费用也极大。因此，通过区域间的商品贸易，可以更有效地利用各种生产要素，充分发挥各区域的优势，提高资源配置效率。

2. 区域利益的增进

区域利益是区域分工和贸易产生的原因，也是区域分工和贸易的结果。区域贸易是一种交换行为，通过这种交换，贸易双方均可以获得一定的利益。在区域贸易中，仅使一方受益而另一方完全不受益的情况是不可能存在的。区域之间发展商品贸易，将能直接或间接地在许多方面获取利益，即区域贸易所带来的利益增进包括静态的和动态的两个方面。

区域贸易的静态利益是指直接从区域贸易中所获得的利益，如通过区域商品输出实现商品的价值，通过进口商品节约消费该产品的成本等。在资源供给量一定和技术水平不变的条件下，通过区域间贸易能够使现有生产设备获得更有效的利用，从而提高商品生产总量。由于各区域消费偏好存在着差别化，而区内需求量又十分有限，因而如果每个区域都自给自足，各自生产自己所需要的全部商品，那么每个区域为满足自己的需要都将不得不建立一个庞大的产业体系，对所需要的各种商品进行小规模生产，这势必会导致区域资源严重浪费，生产设备利用不足，生产效率十分低下。相反，各区域按照要素禀赋差异和需求偏好差别化进行专业化分工，并在此基础上发展商品贸易，则可以使生产设备获得更有效的利用，从而降低生产成本，增加商品生产总量。这种因贸易而引起的生产成本下降一般要远大于商品转运费用的增加。

区域贸易的动态利益，是指区域贸易活动以及现有的贸易格局对区域的经济社会所产生的间接影响，其中最重要的是贸易条件的变化。所谓贸易条件，是指一个区域输出商品的价格指数与其输入商品的价格指数的比率。其计算公式为

$$T = \frac{P_X}{P_M} \times 100 \tag{7-2}$$

$$P_X = \sum_{i=1}^{r} x_i P_i \tag{7-3}$$

$$P_M = \sum_{j=1}^{s} m_j P_j \tag{7-4}$$

式中，T 为贸易条件指数，P_X、P_M 分别为输出商品和输入商品的价格指数，x_i 为基年第 i 个商品占输出商品总值的比重，P_i 为第 i 个商品现行价格与其基年价格的比率即价格指数，m_j 为基年第 j 个商品占输入商品总值的比重，P_j 为第 j 个商品现行价格与其基年价格的比率即价格指数。

一般来说，如果 T 值变大，则意味着本区的贸易条件改善，即本区输出商品价格的上升率超过了输入商品价格的上升率，与基期相比，输出一定数量的商品可以换取更多的输入商品，从而获得区域利益。如果 T 值变小，则意味着本区的贸易条件恶化，与基期相比，输入一定数量的商品要输出更多的商品才能换取。对相对落后的区域而言，一味以自

己外生的成本和资源比较优势来确定贸易格局，会使该区域的贸易条件不断恶化，同时这种贸易格局会强化本区域自身低水平的产业结构，进一步扩大与较发达区域间的经济技术水平的差距；而对发达区域而言，由于其一直处于贸易格局的优势方，而这种优势可能在这种贸易格局中不断累积强化，成为一种相对固定的区域优势。

第二节　区域间经济联系与总部经济理论

一、区域间经济联系理论

区域间经济联系理论主要探讨区域之间是如何发生相互作用与影响的，即它们建立发展关系的方式和对各自影响的机制。在这方面，形成了比较多的理论观点。这些理论大多是探讨区域之间的资源、要素流动，产业的集聚、转移或扩散，经济增长的区域传递等的方式和过程，以及对相关区域的产业结构和经济增长变化、区域之间的经济空间格局所产生的影响。

（一）极化-涓滴效应学说

赫希曼是世界著名的发展经济学家，他对一个国家内各区域之间的经济关系进行了深入的研究，提出了极化-涓滴效应学说，解释经济发达区域与欠发达区域之间的经济相互作用及影响。该学说最早在《不发达国家中的投资政策与“二元性”》一文中提出，后在《经济发展战略》一书中进一步做了阐述。赫希曼认为，如果一个国家的经济增长率先在某个区域发生，那么它就会对其他区域产生作用。为了解释方便，他把经济相对发达区域称为“北方”，欠发达区域称为“南方”。北方的增长对南方将产生不利和有利的作用，分别称为极化效应和涓滴效应。

极化效应主要包括以下三个方面：

第一，随着北方的发展，南方的要素向北方流动，从而削弱了南方的经济发展能力，导致其经济发展恶化。由于北方的经济增长对劳动力需求上升，特别是对技术性劳动力的需求增加较快，同时北方的劳动力收入水平高于南方，这就导致南方的劳动力在就业机会和高收入的诱导下向北方迁移。结果，北方因劳动力和人口的流入促进了经济的增长，南方则因劳动力外流特别是技术人员和富于进取心的年轻人的外流，经济增长的劳动力贡献（实际上也包括了智力的贡献）减小。再就是资金的流动。显然，北方的投资机会多，投资的收益率高于南方，南方有限的资金也流入北方。而且，资金与劳动力的流动还会相互强化，从而使南方的经济发展能力被削弱。

第二，在国内贸易中，北方由于经济水平相对较高，在市场竞争中处于有利地位。特别是，如果北方生产进口替代性产品，南方原来可以按较低价格进口的这些产品，现在不得不在高额关税保护下向北方购买。在出口方面，南方由于生产效率相对较低，无法与北方竞争，导致出口的衰退。

第三，南方本来可以向北方输出初级产品，但是如果南方的初级产品性能差或价格有所上涨，那么北方就有可能寻求其他地区进口。这样，就使南方的生产受到压制。

涓滴效应体现在北方吸收南方的劳动力，在一定程度上可以缓解南方的就业压力，有利于南方解决失业问题。在互补情况下，北方向南方购买商品和增加投资，会给南方带来发展的机会，刺激南方的经济增长。特别是北方的先进技术、管理方式、思想观念、价值观念和行为方式等经济和社会方面的进步因素向南方的涓滴，将对南方的经济和社会进步产生多方面的推动作用。

赫希曼认为，在区域经济发展中，涓滴效应最终会大于极化效应而占据优势，原因是从长期来看，北方的发展将带动南方的经济增长。尤其是北方的发展会出现城市拥挤等环境问题，南方的落后则从国内市场需求方面限制了北方的经济扩张，国家经济发展也将因南方的资源没有得到充分利用而受到损害，于是国家将会出面来干预经济发展，加强北方的涓滴效应，促进南方的经济发展，同时也有利于北方的经济继续增长。

（二）中心–外围理论

弗里德曼认为，在若干区域之间会因多种原因个别区域率先发展起来而成为“中心”，其他区域则因发展缓慢而成为“外围”。中心与外围之间存在着不平等的发展关系。总体上看，中心居于统治地位，而外围则在发展上依赖于中心。中心对外围之所以能够产生统治作用，原因在于中心与外围之间的贸易不平等，经济权力因素集中在中心，同时，技术进步、高效的生产活动以及生产的创新等也都集中在中心。中心依靠这些方面的优势而从外围获取剩余价值。对于外围而言，中心对它们的发展产生压力。例如，中心工资水平的提高，就会使外围面临相应地提高工资水平的压力，或者是被迫增加出口来弥补进口增长所造成的资金压力。因此，外围的自发性发展过程往往困难重重。更重要的是，中心与外围的这种关系还会因为推行有利于中心的经济和贸易政策，使外围的资金、人口和劳动力向中心流动的趋势得以强化。可见，中心与外围之间构成了不平等的发展格局。

弗里德曼对中心与外围关系的进一步研究指出，中心的发展与创新有很大的关系。在中心存在着对创新的潜在需求，使创新在中心不断地出现。创新增强了中心的发展能力和活力，并在向外围的扩散中加强了中心的统治地位。主导效应就是外围的自然、人文和资本资源向中心的净转移；信息效应是中心内部潜在相互作用的增加；心理效应是创新的成功对更多创新的刺激作用；现代化效应是中心为适应创新而发生的社会价值观念和行为方式的转化；连接效应是一个创新引起新的创新的趋势；生产效应是为创新而提供有吸引力的结构支持，包括经济规模的增长和专业化。信息效应和心理效应常常与主导效应相伴随，而现代化效应则与连接效应和生产效应密切相连。在这些效应的作用下，中心不断地成长。相比之下，外围的发展将处于不利地位。

（三）梯度推移学说

区域经济发展中的梯度推移说是建立在产品周期理论基础之上的。在研究区域之间经济发展的关系问题时，所谓梯度是指区域之间经济总体水平的差异，而不仅仅是技术水平的差异。梯度推移说的基本观点是，一个区域的经济兴衰取决于它的产业结构，进而取决于它的主导部门的先进程度。与产品周期相对应，可以把经济部门分为三类：产品处于创新到成长阶段的是兴旺部门；产品处于成长到成熟阶段的是停滞部门；产品处于成熟到衰退阶段的是衰退部门。因此，如果一个区域的主导部门是兴旺部门，则被认为是高梯度区域；反之，如果主导部门是衰退部门则属于低梯度区域。推动经济发展的创新活动（包括新产品、新技术、新产业、新制度和管理方法等）主要发生在高梯度区域；然后，依据产品周期循环的顺序由高梯度区域向低梯度区域推移。梯度推移主要是通过城市系统来进行的，这是因为创新往往集中在城市，而且城市在环境条件和经济能力上比其他地方更适于接受创新成果。具体的梯度推移有两种方式：一种是创新从发源地向周围相邻的城市推移；另一种是从发源地向距离较远的第二级城市推移，再向第三级城市推移，依次类推。这样，创新就从发源地推移到所有的区域。

在我国，梯度推移说于20世纪70年代末引入区域经济研究中，主要探讨国家经济发展的区域重点转移问题。持该观点的人认为，区域经济发展是不平衡的，区域之间存在着经济技术的梯度。经济布局的重点选择应该根据区域之间的经济梯度来决定。首先要重点发展高梯度区域，在高梯度区域实行对外开放政策，国家给予重点扶持，通过引进先进的技术加以消化、吸收，然后依次向低梯度的区域推移。随着高梯度区域的经济发展加速，推移的速度将加快，从而带动低梯度区域的经济发展，逐步达到区域之间的相对均衡。

这个梯度推移观点的提出，在全国引起了广泛的讨论，形成了三种有代表性的观点。

其一，反梯度推移论。该观点认为区域的技术引进和经济开发的次序不能完全依照其所处的梯度，而应该主要根据经济发展的需要和条件来定。只要经济发展需要，而且条件又具备，那么不论区域处于哪个梯度上，都可以直接引进先进技术，进行优先开发。因此，处于低梯度的区域，也可以引进国外的先进技术，实行跳跃式的发展，然后向高梯度的区域扩散技术。

其二，并存论。该观点认为区域之间的经济技术的空间推移同时存在着梯度式推移、跳跃式推移和混合式推移三种形式。但是，在不同的国家、不同的时期，它们的作用大小有区别。在经济发展水平较低的国家或时期，梯度推移作用最大；在经济发展水平较高的国家或时期，跳跃式推移比较多见。

其三，主导论。该观点认为区域之间的梯度推移从不同的层次观察确实存在多种形式。但是，从总体看，起主导作用的是梯度推移，其他推移形式只是发生在少数领域、个别区域或特殊的时期。

梯度推移说引发的各种深度讨论，一方面说明了对区域之间经济技术传递现象研究的深入，另一方面也反映了研究者本身的局限和所持的主观立场，反映了他们所代表的区域利益。相比较而言，主导论更接近客观现实，更具科学性。

（四）区域相互依赖理论

1. 依赖理论

早期的国际贸易和经济关系的研究主要考察了发达的资本主义国家与落后的第三世界国家之间的贸易现象及其对经济发展的影响。不少学者指出，在发达的资本主义与落后的第三世界国家之间存在着一种依赖关系。前者利用其经济、技术方面的优势以及制定游戏规则的优势对后者产生控制作用，进行剩余价值的剥削。后者由于经济的落后而在贸易和经济交往中处于被动地位，发展上形成对前者的依赖或称之为依附。特别是那些殖民地国家，这种依赖关系就更为明显，依赖程度就更深。正如世界体系理论的奠基人之一弗兰克（A. G. Frank）指出的那样，殖民地国家与发达资本主义国家之间的联系并没有给它们自动地带来资本主义经济，没有发生因贸易和劳动力的分化而促成经济的发展；相反，这些国家所存在的各种经济问题却是因与资本主义世界建立联系而产生的，并一直延续了下来。他提出了所谓的不发达模式，说明处于外围的国家在其殖民时代的初期就被纳入了世界经济体系（即资本主义经济体系）之中，从而导致了它们立即陷入困境。在外围国家与资本主义的中心国家之间存在一条无限的宗主-卫星链，外围国家创造的剩余价值就通过这条链而流入到了中心国。可见，如果说卫星国地位是外围国家经济不发达的原因，那么宗主-卫星联系的减弱就可以减轻结构性的不发达或更有可能使外围国家发展起来。因此，他主张唯一的解决问题的办法是外围国家通过社会主义革命而从对资本主义国家的依赖中摆脱出来；否则，继续留在资本主义体系中不可避免的结果就是不发达。

2. 相互依赖理论

依赖理论虽然揭示了世界上发达国家与不发达国家之间贸易和经济发展关系的一些特征，但是也具有一定的片面性，即只从不利的角度去审视这个问题，而没有看到事物的另一面。所以，后来一些学者从双向作用的分析角度来进一步研究发达国家与不发达国家之间的经济发展关系，提出了相互依赖的观点。布鲁克菲尔德（H. Brookfield）在1975年出版的《相互依赖的发展》一书中指出，发达国家的经济发展不仅比不发达国家更依赖于资源和资本密集的技术，而且也依赖不发达国家的资源、劳动力和市场。受依赖关系的影响，不发达国家的内部变革也使得它们越来越依赖发达国家的资源和资本。所以，很难区分出它们谁依赖谁，实际上是相互依赖。

二、总部经济理论

所谓总部经济，是指某区域由于特有的资源优势吸引企业将总部在该区域集群布局，将生产制造基地布局在具有比较优势的其他地区，而使企业价值链与区域资源实现最优空间耦合，以及由此对该区域经济发展产生重要影响的一种经济形态。总部经济的本质是指通过企业总部与生产制造基地的空间分离实现企业价值链与区域资源最优空间耦合。

根据企业总部承担的功能，可以将企业总部划分为研发总部、营销总部、行政总部和投资总部等不同类型。根据总部控制权纽带的主要特征，可以将总部划分为战略导向型总部、操作导向型总部和资产导向型总部。根据总部管辖的区域范围，可以把总部划分为集团总部和地区总部。

（一）总部经济的特性

总部经济作为一种新的经济形态，一般具有以下特性：

1. 知识性

企业总部集中了战略决策、研发、营销、资本运作等企业价值链的高端环节，属于高度密集的知识性劳动，是知识含量最高的区段。

2. 延展性

在总部经济模式下，企业总部发展需要各种知识型服务业为其配套，将第二产业与第三产业紧密联系起来，在实现第二产业向第三产业的知识型服务业延伸与拓展的同时，还通过知识型服务业向一般型服务业延展。

3. 层次性

企业规模不同，其总部对各种战略资源要求的质量、数量也不相同，企业总部所在城市呈现出不同的层次。例如，跨国公司企业总部选址在世界性中心城市，具有区域影响力的企业总部则选址在区域中心城市；同一企业，根据其业务发展需求，在全球范围内也将设立不同层次的企业总部，如跨国公司既有全球性企业总部，又有区域性地区总部。

4. 集约性

企业按照收益最大化原则进行空间结构布局，既能最大限度地获取中心城市发达的现代服务、密集的智力资源、便捷的通信信息等资源优势，又能最大限度地利用生产基地廉价的土地、劳动力、能源等要素优势，形成产业配套，最大限度地降低成本。

5. 辐射性与共赢性

在总部经济模式下，不同资源优势的区域之间通过功能链不同区段的再分工进行合作，能够使中心城市密集的人才、信息、技术资源得到最充分的效能释放，同时可以实现中心城市的区域资源向欠发达地区的辐射，使欠发达地区密集的制造资源得到最大限度的发挥，实现区域共同发展。

（二）总部经济产生的背景

在经济全球化和信息网络技术快速发展的背景下，企业所处经济环境发生了深刻的变化，生产要素和资源在全球范围内的流动速度加快，国际分工不断深化，使得企业组织结构出现了一些新的特征：企业总部与企业加工制造基地在空间上实现分离，即企业总部向中心城市聚集，加工制造基地则向成本较低的区域集中，并呈现集群化发展趋势。总部聚集对中心城市产生深刻影响，由此形成了一种新的区域经济形态，即总部经济。

1. 信息技术对企业组织结构的影响

“总部-生产制造基地”分离的布局模式，虽然在信息网络技术尚未普及的二十世纪六七十年代就已经存在，但是由于管理成本很高，仅仅局限于少数跨国公司。随着电子信息技术的快速发展，同时由于企业总部与制造基地空间分离，组织管理成本也大大节约了，借助信息网络技术，企业将总部布局在中心城市，而与加工基地分离布局的现象已经越来越普遍。

2. 经济全球化与跨国公司战略调整

总部经济的产生与经济全球化的趋势密切相关，总部经济可以说是经济全球化发展过程中的产物。在经济全球化背景下，全球范围内产业转移步伐进一步加快，生产要素配置重组的空间范围更趋广阔，配置重组的速度明显加快，区域间的经济分工与协作以及互补依赖度进一步强化。跨国公司通过在全球范围内建立生产和营销网络，促进了国际产业分工的深化和区域经济合作的加强。跨国公司战略结构调整实质上就是“总部-生产制造基地”分离的一种表现形式。

（三）总部经济理论对区域合作的价值

1. 拓展中心城市与欠发达地区的合作通道

在总部经济模式下，总部在中心城市聚集，周边形成制造加工集群，有效整合各类资源，变水平的恶性竞争为垂直价值链不同区段上的功能合作，实现区域资源要素的最佳组合，最大限度地发挥中心城市和周边地区各自的资源优势，促进区域全面、协调、可持续发展。

2. 推动中心城市产业结构升级与功能转型

它一方面为中心城市制造业的调整提供了一种可行的模式，即按照总部经济模式将企业总部留在城区发展，将生产制造基地迁往周边区域，使得大城市产业选择的思维模式从过去主要考虑“产业选择”，即哪些产业符合大城市经济发展要求，扩展到“功能选择”，即将原来认为不符合大城市经济发展要求的产业中的部分“功能区段”——总部功能作为经济发展的选择范围；另一方面，企业总部的大量聚集将带动金融、法律、会计、咨询等相关知识型服务业的迅速发展，有利于大城市的产业结构升级和功能转型，实现可持续发展。

3. 促进欠发达地区企业实现跨越式发展

欠发达地区企业由于缺乏高层次的人才资源，企业发展速度相对较慢，企业技术创新能力和市场竞争力难以得到提高。总部经济理论的提出为企业在突破发展中面临的人才、技术等高端资源瓶颈提供了一条新的途径。企业可以按照总部经济模式，将企业总部布局在中心城市，获取中心城市丰富的人才、技术、信息等战略资源，从而实现企业的快速发展。

欠发达地区虽然在资金、技术、信息、高素质人才等方面与大城市相比处于劣势，但其自然资源、土地和劳动力等资源，比中心城市竞争优势更明显，对企业制造基地的吸引力较大。欠发达地区可以充分利用这一优势，转变过去的招商引资思路，不仅仅要重视吸引包括企业总部和制造基地在内的完整性企业，而且要重视对企业生产制造基地功能环节的吸引，通过专业化制造基地加强与中心城市合作，进而融入全球产业价值链，以促进区域经济的发展。

（四）总部经济的区域效应

在总部经济模式下，不仅企业实现了跨区域资源最优配置和利润最大化，而且企业总部的聚集也促进了总部所在区域的结构升级，同时通过企业总部的发展带动制造基地规模扩张，进而推动制造基地所在区域经济社会的快速发展。

1. 企业总部对所在区域的贡献

企业通过总部经济模式实现了价值链在区域间的最优配置，这是市场经济条件下企业追求利润最大化的经济行为表现。但是，在区域经济发展的过程中，企业的社会效应与其自身的经济效应同样重要。

（1）税收贡献效应。企业总部对所在区域的税收贡献效应主要包括税收极化效应、税收集约效应、税收结构优化效应三个方面。在实际税收缴纳过程中，制造基地的部分税收由企业总部统一缴纳，或其部分税后利润以“利润分配”形式回流到总部，转化为企业总部的“投资收益”或“资本利得”，成为总部税收贡献的重要来源，使企业税收具有向企业总部聚集的趋势，形成总部的税收极化效应。总部的税收集约效应是指企业总部具有占用空间小、一定区域范围内企业密度较大的特点，使得单位土地面积上产生的税收额较大。

企业总部对所在区域的税收结构也存在优化效应，其主要体现在税制结构和税源产业结构两方面。从税制结构来看，随着总部聚集区域高收入群体数量的增加，该区域的个人所得税的比重也明显提高，从而优化税制结构。总部对区域税源产业结构的优化主要体现在两个方面：一是制造基地外迁直接降低了工业企业在该区域的税收比重；二是总部通过带动金融、商贸、教育、法律等关联服务业的发展，增加了第三产业在该区域的税收比重。

（2）产业乘数效应。在总部经济模式下，企业总部作为产业“诱因”，导致其关联产业新生并聚集，从而实现该区域经济总量的倍数增长。

（3）消费带动效应。一方面企业总部通过总部的商务消费，譬如办公用品等硬件消费、以自备车和航空运输为主的出行消费、总部员工商务套餐、商务文件快递等其他一般性消费来带动区域消费；另一方面通过总部高级白领的个人生活消费对区域消费产生重要影响。

（4）劳动就业效应。在推动城市劳动就业方面，总部经济可以产生两种效应：扩大城市劳动就业总量和优化城市劳动就业结构。企业总部在增加所在区域的劳动就业总量方面的效应表现为三个层次：直接就业带动效应、间接就业带动效应和外围就业带动效应。直接就业带动效应是总部劳动就业带动的第一个层次，即企业总部从当地直接雇用劳务人员。间接就业带动效应，即围绕企业总部经营活动的相关产业所带动的就业。外围就业带动效应，即企业总部直接就业人员和间接就业人员的生活消费带动的相关产业的就业。

（5）社会资本效应。总部聚集对于所在区域社会资本的贡献主要表现在五个方面：一是使得所在区域成为信息、技术、人才等高端资源的集聚地，给所在区域带来获取和组合资源的优势；二是使所在区域内形成开放的信息交流环境和互惠互利的信任机制，降低所在区域的信息获取成本和交易成本；三是使区域内企业间的竞争加剧，促使企业不断改进管理加速技术创新；四是会创造一种不同于其他区域的独特的地域文化，从而增强区域竞争力；五是提升所在区域的知名度、美誉度和国际地位。

2. 制造基地对区域经济的综合效应

制造基地能够从增加区域经济总量、优化区域产业结构、带动区域就业和消费等方面为所在区域的经济社会发展做出重要贡献，但制造基地相对于企业经营的其他环节，将消耗更多能源，造成更大的环境压力，也给所在区域带来了许多挑战。

（1）基地对区域经济发展的贡献。在总部经济模式下，制造基地对于所在区域的积极影响主要表现在产业、就业、税收及消费四大方面。

第一，促进区域经济增长和产业结构优化。制造基地中，一部分是由当地企业依据优越的自然禀赋条件逐步壮大形成的，另一部分则是由企业的产品生产功能从总部分离后直接落户于具有经济资源比较优势的地区形成的，两者都直接带来了区域产业经济总量的迅速增加。同时，由于代表了先进生产力的制造基地在当地落户，所在地的各种经济资源可能被迅速激活，并由于制造基地的扩散效应、产业聚集效应及乘数效应的作用，该区域的关联产业也会逐步兴起，区域产业结构调整升级的步伐加快。

第二，促进区域就业岗位的增加和就业结构的调整。一般而言，除了主要的管理人员和技术人员由企业总部委派之外，制造基地所需的普通劳动者通常实行本土化，以充分利用当地人力资源的比较成本优势。因此，制造基地将大量吸纳所在区域的劳动力，同时通过产业乘数效应进一步扩大区域的就业总量。区域就业结构也将因为制造基地的形成发生变化。

第三，促进区域税收总量增加和税源结构的多样化。制造基地企业的性质绝大部分都属于加工制造业，具有投资规模大、生产资料进出大、市场交易量大的共性，与此相适应，这类企业创造的销售额、利润额直接为当地带来了税收贡献。制造基地企业除了税基大，企业性质的特殊性也使其涉及的税目众多，几乎涵盖了所有税目，促进了区域税源结构的多样化和税目结构的合理化。

第四，促进区域消费水平与质量的提高。制造基地总体上从四个方面来影响区域消费总量：①制造基地形成后企业职工的新增个人生活消费总量；②企业集体新增消费总量，主要是指企业一般性日常消费，如办公用品等；③因为制造基地的形成或入驻而新增的社会公共消费，如地方行政管理、文化、教育等方面的支出；④由于制造基地的产业聚集效应，促使关联产业和就业人数相继增加，从而增加了消费总量。

（2）制造基地给区域带来的挑战。制造基地的功能特征决定了制造基地将给所在区域的能源、环境及社会管理等方面带来很多新的挑战。

第一，制造基地给所在区域自然资源的可持续性利用带来的挑战。制造基地对自然资源的需求是大量的，但自然资源又是稀缺的，而且绝大部分是不可再生的。尽管制造基地的形成或迁移是基于区域自然资源的成本比较优势，但过度的开发利用将导致区域自然资源储量迅速减少，成本比较优势也将逐渐减弱。

第二，制造基地给所在区域环境保护带来的挑战。制造基地给区域环境带来的不利影响有三个方面：一是制造基地在迁移和建设过程中，可能直接对土地、植被、森林等造成了破坏；二是制造基地将带动与之形成产业链配套关系的更多制造企业入驻该区域，众多制造企业的各项生产活动将产生大量污染物，加剧区域生态系统的恶化趋势；三是制造基地的聚集效应导致了人口、交通、居住、文教、旅游及水源等生活条件的改变，造成整体环境质量下降。

（3）制造基地给所在区域社会管理带来的挑战。制造基地的形成使区域社会管理工作变得更加复杂，这主要表现在以下方面：

第一，制造基地的发展增加了区域人口管理的难度。与制造基地相伴而来的是区域流动人口的大量增加，并且大量外来人口的涌入，使得其与原有区域在经济、文化和社会生活等各方面都表现出不同程度的差异性。

第二，制造基地对区域基础设施承载能力和生活服务体系提出了更高要求。制造基地的发展需要有与之相适应的区域基础设施作支撑，如交通运输承载能力、基础能源配送能力、通信网络承载能力等。而且，随着以制造基地为中心的居民的逐步增加与聚集，对居民生活服务体系在总量和质量上都形成新的挑战。

总体而言，制造基地给区域社会管理带来的负面影响具有阶段性、可控性的特点。在区域发展战略制定和实施过程中，我们可以通过科学预测、合理设计、严格执法、社会监督等手段来提高区域社会管理效率，加强制造基地与社会管理部门之间的交流与合作。在为制造基地发展提供一个良好社会环境，加快区域工业化、城市化步伐的同时，也要加强节约能源、保护环境方面的监督和管理，提升区域社会管理水平，促进经济社会持续稳定的发展。

（五）总部经济的发展条件

总部经济是由企业总部聚集而产生的一种新的经济形态，属于企业价值链的高端环节，因此发展总部经济必须具备一定的条件。我们通过对纽约、新加坡、中国香港等总部经济发展较好的国际性城市进行实证研究，概括出一个中心城市发展总部经济需要具备的一般性条件：必须拥有丰富的高素质人才、科技资源；必须形成围绕总部需求的专业化服务支撑体系；必须拥有便捷的交通运输网络和完善的通信系统；必须具备健全高效的法律制度环境和政府服务；必须具备优越的文化、生活环境和良好的区域形象。

第三节　区域创新系统与区域创新发展探索

一、区域创新系统

（一）区域创新系统的构成

区域创新系统是由多层次子系统组成的开放系统。从大的方面来说，区域创新系统包括两部分：第一，主体系统。它包括科技研究系统、企业技术创新系统、创新成果扩散系统。第二，支撑系统。它包括教育培育系统、区域宏观调控系统、社会服务支撑系统。[①]在区域创新系统中，科技研究是基础和源头，技术创新及成果扩散是核心，教育培训提供创新人才保障，宏观调控起到政策引导和系统整合的作用，社会服务支撑则为整个框架体系的运行提供一个适当的物质和文化环境。

（二）区域创新系统的建设

区域创新系统的建设包括创新机构、创新资源、中介服务系统、管理系统四个相互关联、相互协调的主要组成部分的建设。创新机构建设是指企业、科研院所、大专院校和政

---

①郝寿义．建立区域经济学理论体系的构想［J］．南开经济研究，2004，1（1）：68-72.

府有关部门的建设。创新资源建设主要指创新人才的培养和创新资金的筹措，是创新活动的基础要素。中介服务系统建设包括信息中心、培训中心、咨询公司、经纪人组织、技术评估机构、技术争议仲裁机构、创业服务中心、生产力促进中心、技术开发交流中心以及技术市场、科学园区、高新技术产业开发区等的建设。中介服务系统在技术和知识转移过程中起着桥梁的作用，是联系科技与经济的中介。管理系统建设是指建立和管理区域创新系统的政府机构和机制的建设，管理系统在促进技术创新工作中有着特殊的地位与作用。

（三）区域创新系统的运行机制

1. 利益驱动机制

利益驱动机制体现在社会层面上是各种动力机制的确立，体现在经济层面上是各创新主体以企业为核心，在高额预期创新利润的驱动下主动结合，并在合理配置资源与分割利益的基础上进行高效率的创新活动。

2. 学习培训机制

学习培训机制通过吸纳、应用、扩散新的知识，提升创新主体的素质和创新能力。继续教育是学习培训机制的核心。

3. 决策信息机制

决策信息机制是指创新决策主体对整个区域创新过程中涉及的创新目标、创新方案选择、实施及监控作出决定的过程。它包括决策主体、决策权、决策信息和决策原则四个基本要素。

4. 竞争协作机制

竞争协作机制涉及各类创新主体，是各个创新主体间的一种既竞争又合作的关系，其中以企业间的竞争协作最为重要。它具体包括：区域创新主要组成单元——企业、大学、科研机构、教育部门和政府部门之间的关系，大学与企业、独立研发机构与企业、地方政府与其他创新机构之间在创新方面的竞争与协作。

（四）区域创新系统的特性

区域创新系统作为一个特殊的系统，从系统科学的角度来看是一个开放的系统，具有开放系统的一般特性。

1. 整体性

区域创新系统是由各个相互联系和彼此影响的要素组成的统一整体。各个要素的独立机能和相互关系只能统一和协调于系统整体之中。离开整体而存在的单个要素或若干个要素，即使具有良好的功能，也绝不能完全实现整体的功能。相反，创新系统中的各个要素，即使功能还不是很完善，但通过系统整体的综合和统一，很可能成为具有良好功能的系统。

2. 相共性

区域创新系统内各要素之间存在着相互联系、相互依存、相互制约的关系。它们通过特定的关系结合在一起，组成一个具有创新功能的系统。

3. 结构性

结构性是区域创新系统内部各要素有机联系的反映。各要素之间本质的联系决定着该系统的发展和变化规律。当相同的要素具有不同的结构形式时，该系统就会产生不同的功能和效果。因此，对区域创新系统结构的优化是使该系统形成良性循环的最重要的手段。

4. 目的性

区域创新系统是一个具有明确目的的系统。系统内部的各要素是为实现系统的既定目标而协调于一个整体之中，并为之进行活动的。

5. 环境适应性

任何区域创新系统都是存在于一定环境之中的，都与外界进行着物质、能量和信息的交换。该系统要能够生存和具有活力，就必须适应环境的变化，根据外部环境给予的刺激及时调整和作出响应。

6. 开放性

系统除了内部的环境因素、各行为主体自身活动以及相互作用外，还包括区际交流和国际联系。这样，对于某个特定的区域创新系统而言，就可以在更广阔的范围内实现技术、人才和知识等资源的高效配置。

7. 自反馈性

自反馈性是指通过系统各创新主体和要素的相互作用，能在系统内部自发、持续地产生出推动创新发展的动力，并形成连锁反应机制，从而有效地进行创新扩散，促进系统整体技术水平的提高。

8. 多样性

区域创新系统受区域经济、文化和资源等条件与水平的制约。各区域的经济发展要素各具特色，其创新活动必然会有不同的起点、内容和途径，因而区域创新系统具有鲜明的多样性特征。由于区域创新能力的不同，不同区域创新系统的创新效率也存在着差异，使得区域经济发展呈现不平衡的特征。

二、区域创新与区域发展

区域发展离不开区域创新，而区域创新又必定是在一定的环境下进行的，这说明区域创新、区域创新环境与区域发展三者之间存在着相互依存的关系。

（一）区域创新对区域经济发展的推动

区域经济对区域创新的依赖表现在区域创新对区域经济发展的推动作用。具体来说，就是通过区域创新可以优化、整合区域内的创新资源，提高区域的创新能力，形成新产业和新的经济增长点。技术创新对区域经济的巨大“乘数”效应，是技术创新推动区域经济增长的一个关键。具体而言，技术创新使主导产业或主导产业集群成为相关行业新的“增长极”，而增长极的积聚与扩散作用，会使得整个区域内的各产业、各部门都有不同程度和比例的增长，从而引发区域经济全方位的增长。

（二）区域创新对区域经济的依赖

区域技术创新的发展受到区域内具体的历史文化传统及制度、结构因素的影响，一些区域可能因为所建立的区域创新系统与原来的制度、结构和历史等相匹配而产生了协同效应，取得了创新的成功，而另一些区域可能因为其所建立的创新系统与原来的制度、结构和历史等无法形成很好的协调而渐渐失去领先地位。因此，区域创新系统是多样的，没有固定的模式，各个区域应根据自身的特点，找到合适的创新之路，发展独具优势的产业，避免因趋同而造成过度竞争和资源浪费。区域创新系统的定位要结合现实条件和区域经济发展的长远目标，突出优势，避免劣势。区域经济增长不可能在所有产业领域都取得成功，而只能在那些有条件的产业群中获取成功。因此，区域创新还必须有所为有所不为，根据地域发展的比较优势选择不同的产业群。

（三）区域创新环境与区域发展

区域创新环境是一个地区保持持续竞争力、发展力所必须具备的物质、文化、社会环境。它是区域内各行为主体和参与要素在长期的相互作用下形成的以支持、产生和增强区域创新能力为目的的相对稳定的网络系统。区域创新环境是一个大系统，是多种参与要素相互作用的综合表现。区域创新环境包含四个彼此依赖、相互作用的网络层次，即基础层次网络、文化层次网络、组织层次网络和信息层次网络。

1. 基础层次网格

在知识经济发展以及经济全球化背景下，创新产生的区域基础层次网络主要包括基础设施（尤其是交通、通信和信息网络）的建设、教育研究机构的构建以及高素质人才的培养。这些要素是区域内创新产生的最基本的物质和人才保障。现代交通通信信息技术的发展，不仅可以使传统产业经济发展所需的物质资本远距离、快捷地流动，而且可以使关联产业在远距离外的区域也可以发展。也就是说，由于交通通信信息技术的大发展，传统的距离衰减规律在产业发展定位、区位选择和成本核算方面的制约大大降低。并且，随着现代社会向知识信息时代的高速发展，知识信息已成为经济发展的基础资源，高新技术产业的发展成为时代的主导产业。知识信息的生产、传播、反馈以及行为主体之间相互沟通、了解和学习，都必须依赖于现代交通通信信息技术。在此基础上，交通通信信息网络必然成为经济发展的最重要也是最基本的凭借手段，成为现代社会最具有代表性的生产力。有人甚至把这种通过网络进行的经济活动或经济的网络化称为网络经济。

具有创新能力的高素质人才尤其是具有综合素质的人才群体是创新的制造者和生产者。他们对知识技术的掌握、对创新的主动性和敏感性以及具有终身学习的能力是创新产生和持续产生的必要条件。可以说，经济技术的竞争就是创新人才的竞争，而人才的培养需要教育体系的完善及研究机构的建设。

2. 文化层次网络

文化是代表一定民族特点的，反映其理论思维水平的精神风貌、心理状态、思维方式和价值取向等精神成果的总和。它是人的本质力量的外在显现，可以说，凡是体现了人的智慧和实践创造力的事物均属于文化。文化也是一种力量，文化的一个最基本的功能就是聚合、凝结。它使一个社会群体的人们在同一类型或同一模式的文化历史环境中被教化、被培养，从而以相同的思维方式、价值观念、社会习俗、行为方式聚合起来，形成一种向心的抗异力量。这种力量对人自身具有强大的塑造作用，对不同地区的人会产生全面而深刻的影响。它不仅使人在生活的各个方面都具有自身的特色，也将区域经济的发展打上了深刻的文化烙印，使区域经济的发展因区域的不同而体现出不同的特色和结果。可以说，正是由于文化的这种功能，使文化以价值观念和行为规范等表现形式对一定国家、区域和人群的社会生产活动和科学实践活动起主导作用。

3. 组织层次网络

区域创新环境中的主要行为参与者有政府、企业、中介机构、教育和科研机构及个人，这些参与要素在长期的合作和交流学习中所形成的动态联系网络可以称为区域创新环境中的组织层次网络，这是广义上的组织层次网络。狭义上的组织层次网络是指企业由于创新的需要，选择性地与其他企业、机构所结成的持久的稳定关系，如战略联盟、合资企业以及供应商的垂直联系等。这里主要说的是广义上的组织层次网络。广义上的组织层次网络是一个动态的开放系统，其最基本的功能在于行为参与主体彼此之间的交流合作以及相互之间的学习，并在这种过程中促使创新产生。在区域创新环境网络中，行为主体的学习和交流合作越频繁，结点越多越密集，创新能力相应就越强。这是由于区域创新具有经济外向性，其所必需的知识的交易是比较困难的。即使可以交易，也要付出高昂的费用。因而单个企业不能支配创新的全过程，必须对区域创新环境中的其他行为主体开放，同其他参与要素结成关系网络，广泛地进行交流合作和学习。这种联系网络是市场以外以及等级组织以外的新的组织形式，它比市场稳定，比等级组织灵活。

在组织层次网络中，当一种新的思想、技术、信息在某一网络结点产生后，就会在网络内部迅速流动开来。这种创新因子沿着网络连线在网络中快速传递，频繁反馈，在反复的碰撞震荡中孕育了一项创新的诞生；同时，与创新有关的各行为主体分别作出相应的创新决策，在这些涉及不同层次方面的创新决策的相互协调中，一项网络创新就真正诞生了。由此我们可以看出，在区域创新环境中，组织层次网络培育是创新产生的关键环节，应充分认识到它的重要性，并重点培育这一层次。

4. 信息层次网络

信息的定义很多，具有广泛影响的定义是信息是事物的存在方式或运动状态，以及各种方式或状态的直接或间接表述。信息是构成自然界和人类活动以及正在到来的信息化社会最基本的元素。科学技术在 18 世纪至 19 世纪所取得的空前进步，使人们终于认识到信息是可以与物质和能量相提并论的，也是用于维系人类社会存在的三大因素之一。由于我们所面临的环境具有不确定性，而任何理性的决策都必须依赖于信息，因此获得信息能减少不确定性。信息量越大，不确定性就越小，就越有利于优化决策，获得更大的效益。这种效益不只是经济效益，而是更多方面的效益。对于区域创新环境而言，有两种信息对于创新具有直接的关键性的影响，那就是知识和市场信息。

知识是人们通过学习发现及感悟到的对世界认识的总和，是人类认识的结晶。任何创新活动都是人们改进现存事物的努力，都要以已有的知识存量为基础，运用于主体作用客体的各个环节，并且在主客体结合的各种可能方式中，依据一定的知识作出构思和判断。知识不仅本身能够创新，而且可以作为重要的资源参与创新，因此可以说没有无知识的创新。知识具有激励主体创新精神、增强主体创新能力的功能。

不论是知识创新还是技术创新，都与市场有最直接的关系。因为只有与市场有效结合的新思想、新技术和新知识，才能最终实现市场上的效益，才能真正成为创新。因此，最大可能地识别、把握市场与市场约束条件，正确地决定创新方向、规模和形式十分重要，对于创新的成败有至关重要的影响。现实生活中的许多事例都表明：科学技术是第一生产力，但科学技术又并不等于生产力。技术上先进，市场上未必成功。因此，在区域创新环境的培育中，应充分注重市场信息的重要性。

思考与练习

1. 总部经济的特性主要有哪些?
2. 区域创新系统由哪两部分构成?
3. 探讨总部经济理论对区域合作的价值。

参考文献

[1]丁生喜．区域经济学通论[M]．北京：中国经济出版社，2018.

[2]孙久文．区域经济学[M]．北京：首都经济贸易大学出版社，2017.

[3]郝寿义，安虎森．区域经济学[M]．北京：经济科学出版社，2015.

[4]方大春．区域经济学：理论与方法[M]．上海：上海财经大学出版社，2017.

[5]任艳．区域协调发展与现代产业体系构建的政治经济学阐释[J]．经济纵横，2020(6)：11-17.

[6]安虎森，孙久文，吴殿廷．构建中国特色的区域经济学理论体系——兼论马克思主义理论研究和建设工程《区域经济学》教材的中国特色[J]．区域经济评论，2019(5)：74-81.

[7]赵胤斐，冯晖，张冰心，等．基于区域经济学视角的我国城市商业物流配送体系构建研究[J]．商业经济研究，2018(11)：116-118.

[8]邢淑兰，杨孝安．经济学视域下流通产业与区域经济增长相关性分析[J]．商业经济研究，2018(3)：167-170.

[9]夏添，孙久文，林文贵．中国行政区经济与区域经济的发展述评——兼论我国区域经济学的发展方向[J]．经济学家，2018(8)：94-104.

[10]谢蔓．应用型区域经济学专业人才培养的策略探究[J]．中国商论，2016(19)：186-188.

[11]曹细春，谢显慈．区域经济学的发展及其趋势探讨[J]．中国商贸，2014(11)：139-140，142.

[12]韩玉刚，曹贤忠．中国区域经济学研究重点的回顾与展望[J]．经济问题探索，2013(9)：71-76.

[13]白云真．区域主义与国际政治经济学[J]．教学与研究，2011(2)：45-52.

[14]郭克锋．区域品牌形成与引入的经济学分析[J]．统计与决策，2011(7)：68-71.

[15]徐现祥，王贤彬，高元骅．中国区域发展的政治经济学[J]．世界经济文汇，2011

(3):26-58.

[16]杨耀程. 民族乡经济发展探究——基于区域经济学的视角[J]. 学术探索,2012(4):91-94.

[17]王艳,张利群. 桂学研究的区域经济学研究理论和方法[J]. 广西社会科学,2012(6):22-24.

[18]刘静峰. 制度经济学视角下的产业集群与区域经济发展[J]. 商业时代,2012(3):119-120.

[19]李小建,罗庆,祝英丽. 经济地理学与区域经济学的区分[J]. 经济地理,2012,32(7):1-5.

[20]张翎,窦静雅. 空间经济学视角下的产业集聚与区域经济增长研究[J]. 工业技术经济,2007,26(7):79-81.

[21]刘澄,王东峰. 区域经济一体化的新制度经济学分析[J]. 亚太经济,2007(2):26-28.

[22]颜飞,罗永刚. 区域经济学理论范式演进与应用拓展[J]. 财经问题研究,2008(8):24-30.

[23]张颖春. 俄罗斯远东经济发展战略的区域经济学分析[J]. 俄罗斯中亚东欧研究,2008(4):36-40.

[24]陈祖华. 试论经济空间研究的层次性——以空间经济学和区域经济学为例[J]. 西南民族大学学报(人文社科版),2010,31(1):90-93.

[25]高丽娜,蒋伏心. 空间经济学与区域经济学的分异与融合[J]. 南京师大学报(社会科学版),2010(6):50-55.

[26]秦岭. 区域经济学理论与主体功能区规划[J]. 江汉论坛,2010(4):10-13.

[27]郝寿义. 建立区域经济学理论体系的构想[J]. 南开经济研究,2004,1(1):68-72.

[28]金铸. 区域经济政策的演化经济学思考[J]. 现代管理科学,2013(2):41-43.

[29]夏添,孙久文,宋准. 新时代国内外区域经济学研究热点评述[J]. 经济学家,2019(9):15-24.

[30]罗辉,赵泽洪. 基于区域经济学评价标准的行政区划及其变更[J]. 云南行政学院学报,2005,7(3):69-71.

[31]王荣成,丁四保. 关于我国区域经济地理学和区域经济学融合发展的思考[J]. 人

文地理,2005,20(6):23-28.

[32]刘玉奎,潘雄锋. 论区域经济学理论研究方法体系的构建[J]. 生产力研究,2006(5):21-22.

[33]滕少霞,骆玲. 论经济地理学与区域经济学的整合与分异[J]. 西南民族大学学报(人文社科版),2006,26(1):31-33.

[34]曾海鹰,周江. 区域合作的经济学分析——一个新区域主义的视角[J]. 生态经济,2006(10):39-41.

[35]王淑莉. 新经济地理与区域经济学研究述评——以区域为例[J]. 广西社会科学,2006(6):43-47.

[36]成伟光. 区域市场营销与区域经济学拓展理论[J]. 人文地理,2001,16(4):62-66.

[37]杨刚,姚素文. 李靖宇教授:区域经济学的拓荒者[J]. 中国地质大学学报(社会科学版),2006,6(5):7-12,42.

[38]张燕,王江. 区域经济开发对环境影响的法经济学分析[J]. 生态经济,2007(5):44-47,63.

[39]张友国. 区域碳减排的经济学研究评述[J]. 学术研究,2017(1):102-109.

[40]孙玲,陶士贵. 中国区域金融差异对经济发展的影响——基于空间经济学FC模型的实证分析[J]. 财经理论与实践,2012,33(4):7-11.